고객과 경쟁하라

고객과
경쟁하라

| 박낙원 지음 |

http://www.book21.co.kr

우리를 감동시킨 진정한 영업인

내가 어떤 상품을 사고 나서 그 상품을 소개해준 사람에게 진심으로 감사의 마음을 느낀 때는 이 책의 저자인 박낙원 팀장이 처음이자 마지막이다.

나는 고객과 마케터가 상품을 사고파는 차가운 비즈니스를 떠나 마음을 담아 서로 도움을 주고, 서로 감사하고, 상호 존경하는 관계로 발전할 수 있다는 사실을 그를 통해 새롭게 발견했다.

저자는 교보생명 남산법인 영업소장으로 근무할 때 치과의사협회와 협약을 체결하면서부터 서울법인 지점장을 거치는 동안 치밀하고 일사불란하게 마케팅 활동을 펼쳐서 우리 협회 회원들을 40% 가까이 가입시키는 괴력을 발휘하였다.

그 이후 치과의사들인 우리 회원들 중에는 불의의 사고를 당하여 보장을 받은 회원들도 있고, 암진단을 받고 보험사로부터 암치료 자금을 받아 건강한 삶을 유지하는 회원들도 있다. 그리고 따로 퇴직금이 없는 의사들로서 연금보험에 가입하여 나이 예순이 넘어도 노후걱정 없이 안심하고 살아갈 수 있게 되어 한결 표정이 밝아진 회원들을 생각하면 협회장으로서 무척 흐뭇하다.

회원 개개인의 생활 특징을 발로 뛰며 찾아내어 꼭 맞춘 듯한 보험상품으로 사고에 대비할 수 있게 해주고, 노후준비와 의료사고보장기금 등을 제도적으로 도입하여 협회를 안정시키고 위상을 드높일 수 있도록 해준 것이 고마워 우리 협회에서는 1999년 4월 17일 정기대의원대회에서 전회원의 뜻을 모아 박낙원 팀장에게 감사패를 수여한 바도 있다.

이번에 출판하는《고객과 경쟁하라》라는 책의 원고를 읽고는 그 동안 알고 있던 박 팀장의 인간적인 매력만이 아니라 그 이면의 마케팅 철학과 노력까지 느낄 수 있었다. 이 책은 영업을 단순히 상품을 팔고 사는 문제가 아니라 진정으로 고객의 삶을 윤택하게 이끌어 줄 수 있는 차원으로 넓혀가고 있다. 영업으로 고심하는 모든 사람들이 이 책을 통해 한 가지라도 배워서 실천한다면 박 팀장이 우리를 감동시켰듯 모든 고객을 감동시킬 것이라고 믿는다.

보통사람은 자신의 경험을 통해서 배우고, 현명한 사람은 다른 사람의 경험을 나의 교훈으로 살아가고, 바보들은 어떤 경험에서도 배우지 않고 실수를 반복한다고 한다. 현명한 독자라면 이 책을 통해, 목표를 세우는 데 신중하고, 한번 목표를 세웠으면 작은 계산을 하지 않고 끝까지 밀어붙여 목표를 달성하고야마는 승자의 아름다움을 함께할 수 있을 것이다. 그의 오랜 고객으로서 책의 출간을 진심으로 축하하며 이 책을 읽는 독자들이 자신의 고객으로부터 더욱 신뢰받는 계기가 될 것임을 확신한다.

대한치과의사협회장
이기택

내 사람으로 만들어라

우리는 영업과 마케팅에서 그 무엇보다도 고객을 강조한다. 고객을 만족시키고 감동시켜 내 사람으로 만들고 싶어한다. 그러나 고객은 어떤 의미에서는 가장 두려운 경쟁 상대이다. 오늘날의 시장은 주지하다시피 기업이 주도하는 시장이 아니라 고객이 주도하는 시장이다. 풍부한 상품들과 넘쳐나는 정보의 홍수 속에서 고객은 영업인 이상의 지식을 가지고 있다. 이제 상냥한 인사와 선물공세만으로는 고객을 설득할 수 없다.

처음 영업을 시작하는 사람은 보통 상품내용을 이해하고 몇 가지 화법을 외워 고객을 잘 설득하기만 하면, 또 열심히 하겠다는 열의만 있으면 좋은 결과를 얻을 수 있을 것으로 생각하기 쉽다. 또한 영업관리를 처음 맡은 사람은 똑똑한 신인을 열심히 가르치기만 하면 영업을 잘해줄 것으로 기대하기 쉽다. 그러나 현실은 냉정하다.

물론 신입사원으로 입사하여 상품교육을 열심히 받고 회사에서 만들어준 자료로 고객에게 열심히 설명하면 몇 건의 계약을 따낼 수는 있다. 그러나 계약자의 마음을 읽고, 바르게 리드하지 않으면 추가계약이나 소개계약으로 이어지기 어렵고 언제나 새로운 고객을 찾아 헤매야 하는 고달픈 생활만이 남는다.

1980년대 말, 노조 활동을 하다가 아무런 준비도 없이 영업을 시작하게 된 필자도 처음에는 많은 시행착오와 설움을 겪었다. 하지만 영업에 관한 것을 회사로부터 배우지 않고 오히려 고객에게서 배우다 보니 먼저 고객의 입장에서 생각할 수 있게 되었다.

고객의 니즈(needs)를 읽고 자기 분야에 대해 고객보다 더 깊이 고민하고 연구하여 고객에게 이익이 되는 '윈윈(win-win)'의 방향을 제시하고 고객을 리드해 간다면 좋은 결과를 낼 수밖에 없다. 즉, 내 입장보다 상대방의 입장을 더 생각하고, 나의 이익보다 상대방의 이익을 위하여 열심히 하다 보면 자연스럽게 풀리는 것이 영업이다. 나의 경우 치밀하고 꼼꼼하게 고객을 공략해 가다보니 어느새 고객과의 장기적인 관계가 형성되어 고객에 대한 리더십을 가질 수 있었으며 이제까지는 보이지 않던 틈새시장이 보이는 경험을 여러 번 하였다.

이 책의 내용은 필자의 13년 영업현장 경험과 꾸준한 독서와 정보 수집을 바탕으로 영업사원과 관리자들에게 도움이 될 내용들을 정리한 것이다. 우연찮게 시작한 보험영업이었지만 개인고객과 법인고객을 상대로 필드에서 직접 뛰어서 월납계약을 7억 정도, 일시납을 1000억 정도 해보았고, 관리자로서 일할 때는 젊은이 약 400여 명을 직접 도입하여 그들 중 수십 명은 억대 연봉을 받는 설계사로 키워내기도 했다.

돌아보면 나와 함께 일한 사원들이 좋은 평가를 받는 것을 보면서 작은 승부에 목숨을 걸고 치열하게 30대를 보냈다. 또 고객들(대한의사협회, 대한치과의사협회 등)로부터 보험에 대한 인식을 일깨워주고 위험관리를 해준 점을 인정받아 감사패를 여러 차례 받았으니, 나는 감히 고객으로부터 사랑만 받은 것이 아니라 존경받는 영업을 해 왔다고 자부한다.

하지만 필자 개인의 힘만으로 이러한 실적을 올릴 수 있었다고는 생각하지 않는다. 나를 받쳐주고 지원해주는 조직, 즉 교보생명이 있었기에 가능한 일이었다. 고객으로부터 외면받는 영업사원은 살아남을 수 없다. 조직의 지원 또한 마찬가지다. 그러므로 계약을 해주는 외부고객뿐만 아니라 자신을 지원해주는 내부고객의 만족 또한 중요한 것이다.

필자가 이 책을 쓴 이유도 여기에 있다. 기존의 마케팅 관련 서적들은 대개 마케팅을 영업기법 차원에서 접근해서, 자료·화법·도구·신념 등을 다루고 있다. 마케팅 소개가 그 정도로 그치고 만 것은 저자들이 영업사원으로서의 현장경험만을 바탕으로, 혹은 관리자로서의 실무경험만으로 이론서를 만들었거나, 현장경험이 전혀 없는 학자들에 의해 쓰여졌기 때문이다. 그렇다면 현장에서 활용하여 호기심 많은 고객과 장기간 좋은 관계를 유지하는 데는 분명 한계가 있는 것이다.

실제로 영업을 오랫동안 잘하는 사람들 중 상당수는 리더십을 체계적으로 배우지 않았음에도 불구하고 고객들에게 탁월한 수준의 지도력을 발휘하고 있다. 이들은 고객들에게 일정 수준의 카리스마를 갖고 있으며, 상대방에 대한 배려와 포용력과 용기와 겸손함과 끈기와 오기를 가진 멋쟁이들이다. 이 책은 그런 사람들을 위한 것이다. 영업을 처음 하는 초보자들은 물론이고 자신의 경험에서 어느 정도의 한계를 느끼고 있는 베테랑 영업사원들과 영업관리자들에게 새로운 지평을 열어줄 것이다. 고객에 대한 한없는 포용력과 단호한 카리스마로 자신의 고객이 다른 곳에 한눈 팔지 않도록 하는 리더십을 발휘해야 할 것이다.

이 책의 내용은 영업을 처음 시작하는 신출내기 영업사원은 이해하기 어려울 수도 있다. 그러나 억대 이상의 연봉을 바라보는 영업사원이라면 반드시 읽어야 할 책이다. 단순한 영업기법이나 자료들을 넘어서 고객의 욕구와 니즈를 한걸음 앞선 가치를 제공하여 고객에게 존경받을 수 있는 마케팅 리더십을 배울 수 있다.

하루하루의 실적에 쫓기다보면 시장을 넓게 보는 안목을 놓쳐버리기 쉽다. 이 책에 소개된 시장개척, 우수고객 확보기법 등은 당신의 영업 세계를 한 차원 높여줄 것이다. 나아가 디지털 환경변화에 대응하여 당신이 해야 할 일에 대한 확실한 지도를 그려줄 것이다. 다람쥐 쳇바퀴 돌듯 반복되는 일상에서 탈출하여 현재의 힘들고 따분한 영업 패러다임을 바꾸어줄 것이다. 치밀하고 꼼꼼하게 까다로운 고객을 사로잡는 영업기법, 단순히 고객에게 상품을 팔고 보험을 가입시키고 하는 차원이 아니라 고객을 리드할 수 있는 리더십, 다양한 사람들이 모여 일하는 조직 속에서 나와 생각과 행동이 다른 사람을 포용할 수 있는 그릇을 키울 수 있을 것이다.

어설픈 경영이론을 현장과 접목시키다 보니 보는 시각에 따라 무리가 있다고 느껴질지도 모르나 현명한 독자께서 잘 삭여서 승화하는 지혜를 발휘해 주길 바라는 마음으로 용기를 냈다. 이 책을 읽고 고객을 지혜롭고 현명하게 대하는 영업인이 한 명이라도 더 늘어난다면 더이상 바랄 것이 없겠다.

그리고 이제까지 모든 추억을 버리고 아무것도 가진 것이 없는 상태로 돌아가 새로운 길을 더욱 당당하게 걸어갈 것을 사랑하는 나의 아내와 아들과 딸, 그리고 여러분에게 약속한다.

2002년 6월
박낙원

제4장 영업조직의 리더십

부록 예절이 경쟁력이다

모난 돌이 큰 흔적을 남긴다

보험업계에 입문하여 새로운 일을 시작하면서
느꼈던 좌절감, 포기하고 싶은 유혹을 극복하고
성공의 열매를 맛보기까지
필자가 겪고 느끼며 배웠던 바를
간략하게 서술하였다.

둥근 돌과 모난 돌

고등학교를 졸업할 무렵 담임선생님께서 내게 이런 말씀을 하셨다.

"너는 모난 돌이다. 모가 난 돌은 정을 맞게 마련이고 정을 맞으면 아픈 법이다. 네 스스로 모를 깎아서 둥글둥글하게 살도록 해라."

나는 이렇게 대답했다.

"선생님! 둥글둥글한 돌은 아무리 굴러도 흔적이 남지 않습니다. 그러나 모가 난 돌이 구르면 흔적이 남겠지요. 저는 정을 맞아 아프고 힘들더라도 이 세상에 멋진 흔적을 남기는 모난 돌로 살아가겠습니다. 지켜봐 주십시오."

이제까지 나는 선생님과의 그 약속을 잊지 않고 '멋진 흔적을 남기는 사람'이 되기 위해 노력해 왔다. 대학 입학과 동시에 아버님께서 돌아가셨지만 누구의 도움도 받지 않고 졸업을 했고, 교통사고를 당해 척추수술을 받으면서도 다른 누구보다도 열심히 군생활을 마쳤다.

회사에 입사한 후에는 노조운영위원으로서 파업을 치르기도 했고 법인영업소장 10년, 지점장으로 3년을 보험영업 현장에서 보냈다. 영업소장 초기에는 기업체를 방문했다가 서러움도 많이 당했지만 계약도 많이 성사시켰다. 월납을 7억 원 정도, 일시납을 1000억 원 이상 했으니 설계사를 했으면 대상(大賞)도 넘볼 수 있었으리라. 그러나 영업은 영업소장이 직접 뛰기보다는 조직원이 해야 하는 법. 조직에 의한 영업을 위해 많은 젊은이를 영입하여 교육을 시키는 한편 나도 같이 현장을 뛰었다. 그 중에서도 1991년 기업주 일부부담시장과, 96년 치과의사협회를 필두로 협회시장을 업계 최초로 연 것은 가슴 뿌듯한 추억이다.

나는 인생의 진로를 제대로 정하지 못한 젊은이를 데려다가 그들의 숨어있는 능력을 발휘하도록 만들어주는 보람에 시간가는 줄 모르고 30대를 보냈다. 같이 근무하는 영업 사원들의 연봉이 높아가고 집을 사면 내가 집을 사는 것처럼 뿌듯했고, 그들이 결혼을 하면 아들을 장가보내는 부모의 마음으로 눈물을 흘리기도 했다. 내가 인복(人福)이 많은 것인지 나와 근무하는 설계사들은 하나같이 일을 잘했다. 영업소의 설계사들이 받아가는 한 달 수당이 3억 8000만 원이 넘어서고 대부분 수당 월 1000만 원을 넘을 때 나의 연봉은 고작 3000만 원이 안되었지만 나는 사람과 조직을 키워냈다는 성취감으로 세상에서 제일가는 부자가 된 기분이었다.

사실 그런 영광이 있기까지는 어려움도 참 많았다. 처음 부임한 영업소는 이름을 걸어놓고 활동하는 영업사원이 달랑 세 명에 불과했고

치의신보 제996호   1999년 4월 24일

지난 17일 힐튼호텔에서 개최된 제48차 치협 대의원총회에서 교보생명 세종로지점 박낙원지점장이 李起澤(이기택) 협회장으로부터 감사패를 받았다.

朴 지점장은 치협이 교보생명과 지난 92년 12월부터 체결하여 부진한 실적을 올리던 「치과의사연금보험」에 대해 지난 96년 11월 당시 朴 지점장의 관할지점인 서울법인지점과 업무 대리 계약을 체결, 뛰어난 실적을 올려 치협에 약 8억3천만여원의 기금을 확보하는데 큰 기여를 했다. 이에 치협은 그의 공로를 인정하여 이번에 감사패를 수여했다. 〈최종환 기자〉

두번째 부임한 영업소는 보유계약이 제로였다. 몇 번이나 그만두려고 고민을 했지만 그때마다 이런 생각을 했다.

'사소한 어려움에 주저앉아 버리면서 무슨 흔적을 남기겠다는 것인가? 누가 보아도 훌륭하게 해놓고 떠나자!'

나는 사람은 태어날 때 누구나 똑같은 인격을 갖고 태어난다고 생각한다. 누구는 A급 인격이고 누구는 B급, C급의 인격을 갖고 태어나는 것은 아닐 것이다. 그래서 부하직원을 대할 때에도 아랫사람처럼 여기지 않고 지점장이나 임원 이상으로 그들을 존중했다. 반대로 임원이라고 해서 이유없이 머리를 숙이지 않았다. 아랫사람에게 큰소리치면서 윗사람이라고 해서 무조건 따르는 문화는 결국 조직을 병들게 하고 무력하게 만든다고 생각하기 때문이다.

나는 무조건 고분고분한 사람보다 자기 목소리를 당당하게 내는 사람이 좋다. 부당하다고 생각하는 점이 있으면 개선하기 위해 상사를 포함한 이해관계자를 설득해야 하고, 잘못된 점은 바로잡으려는 아름다운 열정으로 가득 찬 사람이 좋다.

철없는 제자가 못내 걱정스러워 충고해 주셨던 당시 30대였던 선생님은 이제 회갑을 바라보는 교장선생님이 되셨다. 그 분의 말씀처럼 나는 모난 돌인지도 모른다. 하지만 그 모가 나를 바로 세우고 이 세상에 큰 흔적을 남기는 기회를 제공한다면, 그래서 좋은 흔적으로 사람들 기억 속에 남게 된다면, 겪어야 할 고초가 많을지라도 그것으로 만족할 수 있다. 앞으로도 나는 이 세상에 올바른 흔적을 남기는 사람이 되기 위해 내가 올바르다고 판단하는 그 길을 당당하게 고개를 들고 걸어갈 것이다.

숫자도 못 맞추던 영업총무 시절

1988년, 필자가 취업할 당시만 해도 88올림픽을 앞두고 3저의 호황을 구가하던 시기였기 때문에 기업들은 너도나도 사원모집에 열심이었다. 그해 6월에 막 제대한 나는 ROTC를 선호하는 사회 분위기에 이끌려 일곱 군데 입사원서를 내고 여섯 군데 최종합격을 했다. 마음이 여유로워진 나는 전국일주를 하면서 오랜만에 친구들을 만나보고 마지막 학창시절의 기분을 만끽하고 서울로 올라왔다. 그런데 합격이 확정되었던 회사들은 거의 입사식이 끝난 뒤였고, 대한교육보험(지금의 교보생명)만이 입사식을 코앞에 두고 있었다. 나와 교보와의 인연은 이렇게 시작되었다.

보험에 대한 인식이 없었던 나는 처음에 대한교육보험이라는 회사가 교육사업을 전문으로 하는 기업인 줄 알았다. 무슨 일이든 잘할 수 있다는 자신감으로 의기양양했던 나는, 이왕 들어왔으니 이 한몸 교육사업에 투신해보겠다는 열정으로 신입사원 연수에 임했는데 연수 내내 교육 이야기는 한마디도 안 나오고 끝나버리고 말아 몹시 얼떨떨했다.

곧이어 나는 J영업소 총무로 발령받았다. 영업소 총무 일이라는 것이 매일 숫자와 씨름하는 일이었는데 어렸을 때부터 숫자라면 알레르기 반응을 일으키고 산수나 수학에서 60점 이상을 맞아본 기억이 없는 나로서는 아무리 눈을 부릅뜨고 계산을 해도 가로를 맞추면 세로가 틀리고, 세로를 맞추면 가로가 틀렸다. 지점의 경리주임은 상고를 졸업한 사람이었는데 마주칠 때마다 호통을 쳤다.

"박 총무는 대학을 졸업하고 군대까지 장교로 갔다온 사람이 더하기 빼기도 못해! 혹시 대학을 뒷구멍으로 들어갔다가 나온 거 아냐?"

다른 총무들은 저녁 6시면 일이 모두 끝나는데 나는 밤 12시까지 해도 숫자를 맞출 수가 없었다. 나 스스로도 한심하다는 자괴감에 빠져 있는데 게다가 아침저녁으로 주임한테 닦달을 당하니 미칠 지경이었다. 어느 날은 출근길에 '육군본부를 찾아가면 재입대가 가능하다는 말도 있던데 군으로 다시 되돌아갈까?' 하고 심각하게 고민하기도 했다. 한편으로는 회사를 잘못 들어왔다는 생각이 들었다. 무슨 회사인지 제대로 알고 왔어야 하는데 막연히 회사는 모두 비슷하리라고 생각하고 들어온 것이 잘못이었다. 그렇다고 그만둬버리면 더하기, 빼기도 못하는 놈이라고 두고두고 손가락질을 받을 게 뻔했다.

고심끝에 내가 선택한 것이 컴퓨터였다. 다른 총무들이 주판과 볼펜으로 일을 할 때 나는 컴퓨터를 배워 일을 처리하기 시작했다. 그러자 자정까지 안 끝나던 일이 오후 5시면 마무리가 지어졌고 일과시간에도 자기계발을 위한 시간을 따로 낼 수 있었다. 나를 구박하던 경리 주임은 다른 지점으로 전출을 갔고, 나는 다른 총무들에게 컴퓨터를 가르치면서 노동조합 활동에도 적극적으로 관여하는 등 한결 여유있게 생활할 수 있었다.

고객은 나의 스승

1990년 봄, 우리 회사 노동조합은 업계 최초로 파업을 실시했다. 노조 운영위원으로 파업을 성공시키기 위해 앞장섰던 나는 파업이 끝나고 얼마 후 아무런 준비도 되어 있지 않은 상태에서 영업소장으로 발령을 받았다.

90년 10월 8일 영업소장으로 부임하니 다음날인 9일이 신인 서류 마감이었다. 10일 아침 영업소장 회의를 하면서 지점장은 될성부른 나무는 떡잎부터 알 수 있는데 영업소장 부임 첫달부터 신인이 없는 사람이 무슨 영업소장을 하겠느냐며 사정없이 면박을 주었다. 노조활동으로 인해 미운 털이 박힌 것이다. 그후 매일 아침저녁으로 나는 사표를 강요받았다.

선배 영업소장들을 찾아가보았지만 나에게 조언을 해주기는커녕 나와 어울리다가 오히려 지점장에게 찍힐까봐 좌불안석인 눈치가 역력했다. 회사 내에서 나에게 보험영업의 활로를 열어줄 사람은 아무도 없는 것이 분명했다.

아침에 일어나면 회사에 나갈 일이 끔찍했다. 출근중 차 속에서 차라리 사고가 나서 이 길로 병원에 입원했으면 좋겠다는 생각이 들 정도였다. 아니면 어마어마한 폭설이 내려서 모든 사람들이 출근을 안해도 되는 상황이 왔으면 좋겠다는 생각을 하기도 했다. 여러 가지 생각이 꼬리를 물었다. 회사를 그만두고 싶은 마음이 굴뚝같았지만 '결국 지점장의 의도대로 회사를 그만두게 되는구나' 하는 생각에 이르면 또다시 내 특유의 오기가 솟기 시작했다.

'내가 그만두면 남아 있는 사람들이 뭐라고 할 것인가? 노조를 한다고 날뛰더니 영업소장 발령나자마자 도망갔다고 하겠지. 내가 열심히 해서 좋은 결과를 낸다면 사표를 써오라는 소리는 쑥 들어가고 계속 함께 일하기를 바랄 것이다. 모든 사람들이 나와 함께 일하고 싶어하게 만들어보자.'

생각을 이렇게 바꾸자 이제는 지점장의 사표 강요를 마음 편하게 넘길 수 있었고, 나는 시간이 나는 대로 부지런히 기업체를 찾아다니기 시작했다.

우선 무조건 빌딩으로 들어가 엘리베이터를 타고 꼭대기층의 화장실에서 옷 매무새와 얼굴을 점검한 후 각 사무실을 차례로 방문했다. 수도 없이 쫓겨나면서 경비원을 따돌리거나 그들에게 협조를 구하는 요령을 배웠다. 생산부서에 찾아가 기업대출을 받으라고 엉뚱한 권유를 하기도 하고, 유통부서에 가서 복리후생 상담차 왔다고 소개한 것이 노동부에서 실태점검 나왔다는 오해를 받아 회사가 발칵 뒤집히기도 했다. 그러면서 차츰 기업체의 어느 부서를 찾아가서 보험영업을 해야 하는지도 알게 되었다. 지금도 여의도와 강남의 오래된 건물들을 보면 몇 층에 어떤 회사가 있는지 줄줄이 외울 지경이다.

그러던 중 하루는 G산업 계열사 중 한 회사의 자금과장이 계속해서 찾아오는 내게 말했다.

"박낙원 씨! 열심히 하는 것은 좋은데 명함은 똑바로 파서 갖고 다니세요."

"뭐가 잘못되었습니까?"

"교보가 큰 회사인데 당신같은 맹탕을 소장으로 발령을 낼 리가 있겠소! 내가 보기에는 입사한 지 얼마 안 된 것 같은데 명함에다 영업소장이라고 찍어서 갖고 다녀서야 쓰겠소?"

순간 눈이 번쩍 뜨였다. 그는 내 실력을 정확히 파악하고 있었다.

"과장님! 좋은 지적을 해주셨습니다. 사실 저는 입사한 지 얼마 안된 설계사보다 더 실력이 없습니다. 입사하여 노조활동을 하다 얼마전 소장으로 발령받았습니다. 알고 있는 것도 없고, 회사 내에서 가르쳐 주는 사람도 없습니다. 과장님께서 좀 가르쳐 주십시오."

그리고는 그날부터 매일 그를 찾아갔다. 자금과장은 옆사람과 웃으며 잡담을 하다가도 나를 보면 몹시 바쁜 시늉을 하며 외면했다. 나는 전략을 바꾸었다.

"과장님! 많이 바쁘시죠?"

"지금 몹시 바쁘니까 다음에 오세요!"

"과장님이 바쁘실 것 같아서 제가 도와드리러 왔습니다. 뭐든지 말씀만 하십시오."

처음에는 시킬 일이 없다며 손사래를 치던 과장이 점차 내게 한두 가지 심부름을 시키기 시작했다. 서류정리, 은행 다녀오는 여사원의 호위 등 시키는 일은 군말없이 했더니 어느날 내게 회의실로 들어오라고 하는 것이었다.

"내가 자금 일을 8년을 보았는데 당신 같은 독종은 처음 봤소. 일단 내가 알고 있는 것부터 가르쳐주리다.

S생명 사람들은 기업대출보다 주로 직장인 보장보험 가입을 많이 권유하고 D생명 사람들은 은행이나 다른 금융기관을 통해 대출을 해결해 준다고 찾아오고, 교보생명 사람들은 오로지 대출만 갖고 찾아옵디다."

자금과장은 내게 은행과 단자사, 금고, 보험사의 대출영업 유형과 필요서류, 대출금리와 예금금리를 종합한 실제비용 산출 등 생생한 지식을 전해주었다. 그리고는 다른 회사에서 만기가 돌아온 상품을 나에게 재가입해 주었다. 월납 500만 원의 큰 계약이었다.

그 이후 자금과장이 가르쳐준 지식을 토대로 나는 많은 계약을 체결할 수 있었고 몇 달 후에는 6개월 후에 받을 계약까지 미리 약속받아 수월한 마감을 하게 되었다. 쭉 뻗은 고속도로를 달리는 기분이었다.

이렇게 나에게 영업을 가르쳐준 스승은 고객이었다. 회사 내에서 어느 누구도 영업에 대한 정보와 지식을 가르쳐 주지 않을 때 고객은 나에게 살길을 가르쳐 주었다. 그래서 나는 언제나 고객에게 감사하는 마음으로, 그들에게서 받은 은혜를 갚기 위해 일했다. 초기에 직접 계약을 할 때에는 계약자들에게는 다른 어떤 보험회사와 거래하는 것보다 나와 거래하는 것이 조금이라도 이익이 되도록 노력했고, 조직에 의한 영업을 하기 시작하면서 다른 곳보다 돈을 잘 벌게 해주는 영업소장이 되려고 전국 어디든 고객이 있는 곳이라면 설계사들과 함께 찾아다녔고, 지점장을 하면서는 나와 함께 근무하는 사원들이 좋은 평가를 받도록 하기 위하여 불면의 밤을 지새웠다. 지점장 시절에는 자정 무렵 잠이 들어 새벽 4시면 설레는 마음으로 동네 사우나에 가서 그들을 도와줄 방안을 궁리하면서 하루를 시작했다. 나를 믿어준 고객들 (계약자, 생활설계사, 남·여사원, 영업소장, 과장, 회사)의 은혜에 보답하는 마음으로 생활하다 보니 어느새 고객들이 나에게 더욱 큰 보람을 안겨주었다. 간혹 나에게 일시적인 슬픔을 안겨준 고객들도 있었지만 돌이켜보면 고객은 언제나 나의 스승이었다.

보험의 불모지, 해방촌

그런데 영업소장 4년차에 접어들 무렵 지점장과 본사의 A이사가 심한 갈등을 겪게 되면서 엉뚱하게도 그 불똥이 내게 튀었다. 당시 보험의 불모지인 해방촌에 육군전담 영업소를 새로 만들라는 명령이 떨어진 것이다.

주로 일반인이 아닌 육군에게 보험계약을 하고 영업사원 도입도 군 출신에 한정한다는 내용이었다. 너무 기가 막혀서 한동안은 신세한탄을 하며 지냈다. 내가 첫 영업소장을 이렇게 저렇게 잘했는데 나를 이처럼 대우할 수 있느냐고 하소연을 하면 처음에는 맞장구를 쳐주던 사람들도 시간이 지나면서 자연 내게 무심해졌다.

나는 혼자였다. 아침에 출근해서 아무도 없는 사무실 문을 열고 들어가 불을 켜고, 주인 없는 책상 열 개와 전화기 한 대만 덩그러니 있는 사무실을 멍하니 지키며 하루를 보냈다. 어쩌다 종로3가에 있는 지점을 방문해보면 사무실 환경부터 엄청나게 차이가 나 보였고 그 안의 사람들은 모두가 행복해 보였다.

그러던 중 한 선배 소장이 전화를 걸어 할 이야기가 있다며 종로로 나오라고 했다. 반가운 마음에 한달음에 가서 만났더니 뜻밖의 말을 했다.

"박 소장, 얼마나 힘들어!"

"괜찮습니다."

"어차피 A이사가 자네 사표를 받으려고 그곳에 보낸 거 아니겠어."

"네? 그럴 리가 있겠습니까?"

"자네만 모르고 있지 주변 사람은 다 아는 사실이야. 생각해보게. 이태원 해방촌이라는 곳이 보험영업을 할 수 있는 위치가 아니잖는가! 누가 그런 곳에 다니려 하겠는가?"

"사실 그런 것 때문에 신인도입이 어렵습니다."

"그래서 말인데, 어차피 안 될 일에 얽매이지 말고 이참에 그만두게. 대신 우리 영업소에 와서 나와 함께 하면 어떨까? 내가 보장급은 특별히 생각해 주겠네. 자네 능력이라면 보험영업으로 돈을 많이 벌 수 있을 텐데…… 어떤가?"

나는 생각해보겠다는 말을 남기고 영업소로 돌아왔지만 그날부터 밤잠을 이룰 수가 없었다. 불과 몇 달 전까지 내가 운영하던 규모보다 작은 영업소 소장으로 있던 선배의 제의도 그렇거니와, 무엇보다도 이런 상황을 어떻게 돌파해야 하는지 앞이 보이지 않았다. 그렇다고 그냥 이대로 있을 수도 없는 일 아닌가!

나는 모교의 은사님을 찾아가서 모든 상황을 말씀드리고 자문을 구했다. 교수님은 이것저것 물어보시더니 심사숙고 끝에 이런 충고를 해주셨다.

"일본의 도요토미 히데요시는 도쿠가와 이에야스의 능력이 너무 출중한 것을 경계하여 물산이 척박한 에도지방 관리로 명령을 냈다네. 에도는 황폐한 땅으로 관리라면 누구도 가기 싫어하는 곳이었고, 그곳에 명령이 나면 모두들 관리로서 생명이 끝난 것이라 여겼지. 그러나 도쿠가와 이에야스는 그곳에서 남다른 노력으로 힘을 키워 결국 천하통일의 발판을 만들었네. 자네는 성격이 강직하고 추진력이 강하며 사심이 없는 것이 큰 장점이긴 하지만 주변에 적을 많이 만드는 게 흠이지. 그러나 큰일은 바로 자네 같은 사람이 해야 하네. 물러서지 말게. 한번 그 상태에서 물러나게 되면 앞으로도 어려울 때마다 물러나게 된다네. 자네는 보험영업에 노하우가 있고 또한 그곳은 잔소리할 사람도 없는 곳인 것 같으니 혼신의 힘을 다해보게. 그러면 좋은 날이 올 거야. 자네는 틀림없이 역경을 멋있게 극복할 것이라 믿네!"

교수님을 찾아갈 때는 그런 회사는 미련없이 그만두라는 말씀을 기대했는데 혹 떼러 갔다가 혹 붙인 꼴이 되고 말았다. 그러나 생각해보니 교수님의 조언은 꺼져가던 나의 열정에 불을 지펴주었다.

마음을 새롭게 다져잡고 일을 하기 시작했다. 그러나 일은 순조롭게 풀리지 않았다. 국방부를 찾아가 전역장교 명단을 받아 연락을 취해보던 중 경기도 광주에 있는 한 부대의 육군대위와 통화를 하게 되었는데 어느 날 이 사람이 보험일을 하고 싶다는 뜻을 밝혔다. 반가운 마음에 부대에 찾아가니 상급부대로 갑자기 출장을 가고 없었다. 결국 세 번을 찾아가서야 만났는데, 그는 인상도 좋고 의욕도 좋았으나 막상 쉽게 결정을 내리지는 못하였다.

나는 장교 출신 설계사가 많은 선배소장을 찾아가서 그를 좀 설득해줄 것을 부탁하며 인적 사항을 주고 왔다. 며칠 후에 선배를 만나보니 이야기가 잘 안 된 모양이었다. 그런데 2개월 후에 나는 그 선배의 영업소에서 그와 마주쳤다.

"아니, U대위! 어떻게 된거야?"

"박 소장님 덕분에 일을 하게 되었습니다. 고맙습니다. 박 소장님 영업소나 이곳이나 마찬가지라고 해서 여기서 일을 하기로 했습니다."

울컥했지만 잘해보라고 말해주고 돌아설 수밖에 없었다.

선배에게 대체 어떻게 된 일이냐고 따졌더니, "나는 모르는 일이야. 우리 설계사들이 데려왔네" 하고 시치미를 딱 떼는 것이었다. 나는 이제 어떤 경우에도 저 선배 영업소보다 더 큰 영업소를 만들어서 본때를 보여주어야겠다는 결심을 하기에 이르렀다.

설계사 한 사람 한 사람을 만나 최선을 다해 설득했다. 일을 잘할 사람이라고 판단이 되면 거기가 어디든 찾아갔고, 한 번 만나서 설득이 되지 않으면 열 번이라도 찾아갔다. 그러나 나와 같이 일하기로 어렵사리 마음을 굳혀도 사무실 위치가 해방촌이라는 점이 매번 걸림돌이 되었다. 하지만, 시간이 지나면서 삼고초려의 노력이 결실을 보게 되어 좋은 사람들을 많이 확보할 수 있었다.

나는 나를 믿고 찾아온 사람들이 열심히 일할 수 있는 곳을 만들어주기 위해 최선을 다했다. 신입사원의 손을 붙잡고 전국 어디든 보험

가입 가능성이 있는 곳이라면 찾아다녔다. 걸음마를 가르치는 부모의 심정으로 강원도 산골짜기의 군부대에서부터 경북 영천의 삼사관학교, 광주보병학교에 이르기까지 설계사들과 함께 1년에 6만여Km를 다니면서 브리핑을 하고 청약서에 사인을 받았다. 어느덧 일에 익숙해진 사원들이 혼자 가서 계약을 받거나 후배들을 도입해서 같이 다니기 시작하면서부터 우리 영업소는 서서히 자리를 잡아갔다. 그러는 사이에 일반 회사원 출신 설계사도 열심히 영입하여 그들이 갈 곳을 만들어 주기도 했다.

그러다가 치과의사협회와 의사협회와 협약을 체결하여 전국적인 영업을 시작하다보니 매월 늘어나는 신입사원 때문에 본사에서 책상을 공급받으랴 사무실을 늘이랴 정신없이 지내게 되었다. 드디어 영업소 출근인원이 80명이 넘어섰고, 신계약 월납 보험료가 1억, 보유계약 제로에서 월수금 보험료가 20억이 넘는 초대형 영업소가 되었다.

1998년 나는 영업소장에서 곧바로 지점장으로 발탁이 되었다. 그 사이 나를 이태원 해방촌으로 발령을 냈던 A이사는 회사를 그만두고 어려운 처지에 놓이게 되었다. 지나간 일은 잊기로 하고 나는 여러 번 그를 찾아가 정성을 다해 위로해 드렸다.

그분은 나중에 나를 찾아와 이런 말씀을 하셨다.

"박 지점장! 나는 회사생활 30년 동안 도와준 사람이 꽤 많다고 생각했네. 그러나 먼저번에 내가 어렵게 되었을 때 자네가 나를 여러 번 찾아준 걸 곰곰 생각해 봤네. 아무리 생각해도 나는 자네를 도와준 일이 하나도 없더란 말일세. 미안하네! 자네에게 피해만 준 나를 용서하게."

"천만의 말씀입니다. 이사님이 없었다면 오늘의 저도 없었을 겁니다."

"아니야. 앞으로 살아가면서 내가 자네에게 진 빚을 하나하나 갚겠네"

나는 A이사님과 선배소장에게 추호도 원망의 감정이 없다. 오히려 고마움을 느낀다. 만약 그때 나에게 그러한 시련을 주지 않았다면 나는 아직도 미풍에도 흔들리는 약한 사람으로 남아있을지도 모르기 때문이다.

1등보다 위대한 110등

1998년, 나는 영업소장으로서의 실적을 인정받아 곧바로 지점장으로 발탁이 되었다. 하지만 내가 부임한 서울법인 지점은 전부분 꼴찌를 도맡아하고 있는 부진지점이었다. 지점장에 처음 부임하니 지점 과장 두 명이 내게 이렇게 말했다.

"나는 알아서 다른 곳으로 갈 테니 박 지점장은 지점과장을 잘 선발하세요. 참고로 알려드릴 것은 만만한 지점은 아니지만 잘하시면 잘 될 거라는 정도입니다."

한마디로 후배를 지점장으로 모시고 일하기 싫다는 거였다. 영업소장 12명과 개별 면담을 실시하니, 10명이 다른 곳으로 보내 달라고 했다. 나머지 2명은 설계사에서 영업소장으로 발령을 받은 사람들이라 다른 지점으로 가는 것이 어떤 것인지도 모르는 상태였기 때문에 잠자코 있는 거였다.

지점 대리 2명까지도 모두 다른 곳으로 보내 달라고 요구해 왔다. 결국은 가겠다는 사람을 모두 보내고 함께 일하겠다는 몇 안 되는 사람으로 진용을 새로 짰다.

입사한 지 1년밖에 안된 주임과 총무를 모두 영업소장으로 발령을 내고도 빈자리가 너무 많았다. 꼴찌하는 지점에 영업소장으로 오겠다는 사람은 없고, 결국은 해방촌 영업소장 시절에 같이 일하던 설계사를 불러다가 영업소장을 시켰다.

어린 주임은 설계사 평균연령 60세가 되는 영업소의 소장으로 발령이 나니 조직 장악은커녕 설계사를 보기만 해도 말을 못하고 얼어 버렸다. 영업소 조회중에 50대 중반의 남자팀장이 앳된 영업소장에게 "잘 좀 하시오!" 하고 큰소리를 지르기도 했다.

본사에서는 업적이 부진한 지점장의 소환 관리에 들어갔는데 나는 전국에서 업적이 부진한 하위지점 지점장 3~4명에 꼭 뽑혀 반성문을 써야 했다. 지역본부에서도 걱정을 많이 했고, 동료 지점장들도 지점장은 아무나 하는 것이 아니라며 나를 동정했다.

확실하게 똥통에 빠진 느낌이었다. 똥통에 빠진 사람에게 손을 내밀어 주는 사람은 없다. 손을 잡는 순간에 내민 손이나 옷에 똥이 묻을 것이 뻔한데 어느 누가 손을 뻗어 주겠는가? 결국 본인의 힘으로 빠져 나오는 수밖에 없다. 나오지 않으면 서서히 독이 올라 죽을 판이니까…….

나는 이렇게 극한 상황이 오면 오히려 무서우리만큼 침착해지는 경향이 있다. 일단 아무리 힘들어도 조직원들에게 힘든 표정을 짓는다거나, 야단을 치지 않았다. 조금이라도 잘하는 부분이 있으면 칭찬하고 열심히 가르치려 노력했다. 3개월째 되는 어느날 지점장실에 있는데 관리과에서 "와아~"하는 함성이 들려왔다. 나가 보니 여사원과 주임, 대리, 과장이 컴퓨터 앞에 모여 있었다.

"지점장님! 우리 지점이 신장률 부분에서 110등을 했어요"

당시 지점이 111개였는데 3개월 동안 계속 꼴찌를 하다가 한 부문에서 110위를 한 것을 보고 사원들이 함성을 지른 것이었다.

지점장실로 들어오니 나도 모르게 눈물이 났다. 지점의 전 조직원들은 나보다도 더 꼴찌를 벗어나고 싶었던 것이다.

나는 결심했다.

"걱정하지 마라. 이렇게 지점을 사랑하는데 우리가 일등을 안 할 수가 있겠는가? 어떤 어려움이 있어도 서울법인 지점을 일등으로 만들어 주마. 그 전에 회사가 발령을 내면 내가 여기에서 설계사를 해서라도 일등을 만들고야 말테다."

그때부터 정말 피눈물나는 전투가 시작되었다.

몇몇 팀장들은 설계사를 하면서 받아왔던 월 1000만 원 이상의 수당을 포기하면서 영업소장을 했고, 전 조직원이 각자 맡은 과업을 정말로 열심히 수행했다. M영업과장은 기존 설계사의 동반지도뿐만 아니라 교육도 열심히 했으며, 육성과장은 아침부터 저녁까지 교육을 하고 계단을 내려오면 다리가 후들거린다고 했다. 우리는 서로의 힘든 얼굴을 볼 때마다 상대방이 저렇게 열심히 하는데 나도 더 열심히 해야겠다는 마음뿐이었다.

설계사들은 아침 8시에 조회를 하는데도 불만 없이 전원 출근했다. 오히려 지점 관리자들이 이렇게 열심히 하는데 안이하게 영업을 해서는 안 되겠다며 팀장들이 스스로 결의대회를 하면서 힘차게 뛰었다. 그야말로 전 지점이 아침부터 저녁까지 펄떡이는 물고기처럼 뛰었다.

부임 5개월째 서울법인지점은 전부분 1등을 차지했다. 그리고 그러한 결과는 법인지점이 해체될 때까지 지속되었다.

고난은 신이 준 선물…

밤중에 산길을 걷다보면 길을 잃고 헤매는 경우가 발생한다. 야간에 산행을 할 때에는 처음 출발할 때 가고자 하는 방향을 분명히 정하고, 능선이나 하늘의 북극성과 같은 목표를 익혀 두고, 가끔 쳐다보면서 가야 한다. 그래야 방향을 제대로 잡아서 중간에 길을 잃더라도 목표에 도달할 수 있다.

영업을 처음 하는 사람도 마찬가지다. '나는 이 영업을 통해서 100명의 고객에게 보장을 해 주겠다' 또는 '월 소득 1000만 원이 되도록 하겠다' '회사의 대상을 받아보겠다' 라는 등의 목표를 정할 필요가 있다. 까다로운 고객이나 동료사원이나 영업관리자와 다툼이 발생했을 때, '내가 가야 할 길이 어디였던가?' 하고 목표를 쳐다보면 많은 것이 해결될 것이다. 발끝만 보고 걷다가 작은 숲에서 길을 잃고 포기하는 것은 결코 젊은이가 취할 행동이 아니다.

영업소장을 처음 하는 사람이라면 영업소를 보다 크게 만들겠다는 것이 목표가 될 것이다. 목표를 정했으면 무조건 그 방향으로 가면 된다. 설계사가 지시에 따르지 않거나 고객이 민원을 일으키거나 상사로부터 야단을 맞는 일쯤은 목표가 뚜렷한 사람에겐 아무것도 아니다.

기업을 크게 키우고 싶은 기업가는 기업의 비전을 잘 설정해야 한다. 기업의 비전은 업(業)의 본질을 제대로 파악하고 나서 업을 통해 세상을 이롭게 할 목표를 정하는 것이다. 기업의 환경이 어려워지더라도 비전을 보고 계속 나아가면 언젠가 목표에 도달할 수 있다.

나무를 새로운 곳으로 옮겨 심으면 이상하게도 나무는 한동안 시들시들하면서 스트레스를 받는다. 인간뿐만 아니라 식물이든 동물이든 생명체는 무엇이든 새로운 세상을 접하면 공포감을 느끼는 것이다. 그런데 지구의 역사는 새로운 환경을 접하고 스트레스를 받는다고 포기하는 무리에 의해서 이루어진 것이 아니라 오기와 끈기를 갖고 이를 극복한 생명체에 의해 유지되어 왔다.

누구나 살아가는 과정에서 어려운 문제에 부딪힌다. 어떤 사람은 문제가 발생하면 무조건 피하려고 한다. 문제를 피하는 방법은 간단하다. 그냥 누워버리는 것이다.

그 순간 모든 문제는 당신에게서 사라진다. 그러나 당신은 살아있는 사람이 아니라 이미 죽은 사람이다. 역사는 어려운 문제를 정면돌파하는 사람들의 고통을 모은 잠언록이다. 문제와 정면승부하여 승리를 해본 사람만이 다음 승부에서도 승리한다.

처음 시속 60km 속도로 차를 달리다보면 엄청난 공포를 느끼게 된다. 그러나 시속 80km를 달려보게 되면 60km 정도는 우스워진다. 마찬가지로 100km를 처음 달릴 때는 두렵지만 120km를 달려보고 나면 100km의 공포는 온데간데 없어진다.

새로운 세계에 과감하게 도전하라. 당신의 인생의 폭이 넓어지고 깊어지는 것을 느낄 수 있을 것이다.

새로운 사람을 만나서 일을 성사시켜야 하는 두려움, 새로운 환경에 적응하면서 받는 스트레스를 즐길 수 없는 사람은 결코 현재보다 나은 미래를 기대할 수 없다.

새로운 일을 만나 어려움에 직면했을 때 주저앉을 것인가 아니면 이겨낼 것인가는 순전히 본인의 의지와 능력에 달려 있다. 인생의 오르막길에서 숨이 차고 가슴이 터지는 고통이 있더라도 계속 걸어가야 한다. 멈추거나 돌아서는 순간에 당신은 패배자가 된다. 시련을 참고 이겨내는 만큼 당신의 인격은 훌륭해지며 또 정신력이 강해지며, 당신은 주변 사람들의 존경을 받게 된다. 고통 없는 인생은 아무것도 만들어 내지 못한다.

지금까지의 사회생활을 되돌아보면 노조간부로서 참여한 파업에서부터, 영업소장, 지점장 시절을 거치면서 나는 문제에 대하여 늘 우회하지 않고 정면승부를 해 왔다. 이제껏 나는 일에 관하여 상사들에게 뜻을 굽히지 않고 내 뜻대로 모든 일을 해 왔다. 돌이켜보면 조금만 머리를 숙였으면 편할 수도 있었다.

그러나 내 삶의 기준에 '불의'라고 판단되는 것에 대해서는 타협을 해서는 안 된다고 생각한다. 설령 목적하는 일이 조금 늦게 달성된다고 하더라도 옳고 바른 길을 걸어가는 것이 자신의 흔적을 바르게 남기는 것이며, 후배들에게 귀감이 되는 선배가 되는 길이다. 목적달성을 위하여 조금이라도 부정한 방법을 사용하게 되면 일시적으로 빨리 갈 수는 있겠지만 아름다운 결실을 맺지 못할 것이다. 자신의 양심에 떳떳해야 하고, 무엇보다 자기 자식의 눈을 똑바로 보고도 부끄럽지 않을 만큼 당당한 언행을 해야 한다.

내 비록 힘들고 어려운 길이었지만 그 길을 똑바로 걸어왔다고 자부한다. 선배들의 사랑을 받는 후배는 되지 못했지만 적어도 나는 나와 거래하는 고객들에게 도움을 주는 삶을 살았고, 함께 근무한 후배들에게 모범이 되는 삶을 살았다고 생각한다.

당신에게 닥친 모든 어려움은 신이 당신에게 준 선물이다. 그러나 포장지를 뜯는 수고도 없이 선물을 볼 수는 없는 노릇이다. 부지런히 머리와 손발을 움직여 동여매진 줄을 풀고, 포장지를 걷어내라. 그러면 신이 당신에게 주는 멋진 선물이 기다리고 있을 것이다.

제 1 장

진정한 영업인의 조건

보험업계에 뛰어들었다고 해서
누구나 보험인이 되는 것은 아니다. 영업인으로서의
마음가짐과 자세를 바르게 하여 진정한 영업인으로
거듭나야 한다.

I 자기 일의 가치를 인식하라

처음 영업을 시작했을 때의 일이다.

나는 여의도나 강남에서 근무하는 사람들을 타깃으로 정하고 한 빌딩을 들어가면 무조건 엘리베이터를 타고 최고층에 올라간 후 한 층 한 층 내려오며 모든 사무실을 방문했다. 일단 부딪히고 보자는 생각이었지만 지금와서 돌이켜보면 그리 효율적인 영업방법은 아니다. 아는 사람이라고는 전혀 없는 사무실 문을 열고 들어갈 때의 공포와, 보험가입을 권유하면서 나도 모르게 밀려오는 창피함이 나 자신을 위축시켰고, 특히 이런 식으로 보험을 팔아 돈을 벌어야 한다고 생각하니 자신이 너무 초라해지는 느낌이었다. 하루이틀도 아니고 계속 이렇게 살아야 하나 생각하면 정말 피가 마를 지경이었다.

그러던 어느 날 '내가 왜 이걸 하고 있는가?' 라는 질문을 나 자신에게 던져보게 되었다.

계약체결로 인해 생기는 이익이 어떻게 나뉘어지는지를 곰곰 생각해 보니 내가 위축될 이유가 하나도 없었다. 보험계약 체결 후 질병이 발생하든 입원을 하든 사망을 하든 보험상품이 주는 모든 수혜자는 계약자이지 내가 아니라는 데 생각이 미친 것이다. 나는 단지 고객에게 좋은 길을 알려주는 안내자이며, 계약으로 인해 발생하는 약간의 수수료는 자본주의 사회에서 무슨 일을 하든 당연히 발생하는 노력에 대한 정당한 대가일 뿐이었다.

내가 보험 판매를 하는 것은 나를 위한 일이기도 하지만 고객을 위하는 것이기도 했다. 나는 그동안 어리석게도 제사에는 관심도 없이 젯밥에만 관심을 기울였던 것이다.

'보험을 가입하지 않겠다고 끝까지 우기는 사람은 자신의 미래를 준비하지 않는 대책 없는 사람이다. 무엇이 진실로 가족을 사랑하는 일인지 깨닫지 못한다면, 매일 처자식 먹여살리느라 고생한다 해도 정작 그 행복을 지키기 위해 아무런 노력을 하지 않는 것과 마찬가지인 것이다.'

생각이 여기에 미치자 보험 가입을 하지 않겠다는 사람을 만나면 측은지심이 들었다. 그리하여 예전보다 훨씬 적극적으로 상대를 설득할 수 있었고, 단기간에 설득되지 않으면 시간이 걸리더라도 끝까지 설득하여 그를 구제(?)해 주어야겠다는 사명감까지 가지게 되었다. 이렇게 자신있게, 단순히 보험을 팔러다니는 게 아니라 보험의 효용가치를 모르는 사람들을 도와준다고 생각하니 일에 힘이 나고 재미가 있었다. 돈을 벌기 위하여 보험을 팔러다니는 세일즈맨의 처지에서, 갑자기 미래의 불행을 예방해 주고 후생복지 향상을 통하여 기업과 종업원을 도와준다고 사고의 틀을 전환하니 이거야말로 재미있고 신나는 일이 아닐 수 없었다.

비로소 나는 아무런 성과가 없는 날도 즐거운 마음으로 귀가할 수 있었다.

1991년으로 기억된다.

단체보험 거래가 활발했던 K기업의 경리과에 근무하는 H대리는 신혼이었다. 막 걸음마를 시작한 아들의 걸음마 자랑을 늘어놓길래 직장인보장보험을 권유했다.

"아들녀석 때문에 들어갈 돈이 늘어났는데 보험은 무슨 보험입니까? 우리 회사에서 그렇게 보험을 많이 들어주었는데 박 소장님은 욕심이 너무 많으십니다."

"나는 보험 한 건 있어도 그만 없어도 그만입니다. 그러나 대리님의 아들과 부인에게는 큰 힘이 될 겁니다."

"다음에 들겠습니다."

"그럼 여기에 사인을 하십시오!"

"뭡니까?"

"사고시 최고 1억이 보장되는 직장인보장보험인데 내가 대리님이 필요성을 느낄 때까지 보험료를 대신 납부해 드리겠습니다."

"정 그러시면 사인은 하겠지만, 뒤에 가서 나더러 보험료 내라고 하시면 절대로 안 됩니다."

"몇 달 내에 대리님 스스로 납부하겠다는 마음이 들 겁니다."

"절대로 그런 일은 없을 겁니다."

월보험료 3만 7800원짜리 보험계약을 체결하는 것으로 우리의 대화는 일단락되었다. K기업은 우리 회사에 월보험료 5000만 원 정도를 가입한 큰 고객이었고 H대리는 매월 보험료를 납입하는 실무자였기 때문에 서비스 차원에서 1년 정도 보험료를 내준 뒤 그를 설득할 생각이었다.

그런데 2개월 후 H대리가 술을 먹고 귀가하다 교통사고로 사망했다는 가슴아픈 소식을 접했다. 참담한 마음으로 문상을 가보니 서글피 우는 30대 초반의 젊디젊은 미망인 옆에서는 어린 아들이 정신없이 울고 있었다.

내가 미망인의 연락처를 물었더니 주변 사람들이 의아하게 쳐다보았다. 고인이 두 달 전 든 보험의 보험금 1억을 지급하려고 한다고 말했더니 다들 깜짝 놀랐다. K기업 사람들은 "그렇게 좋은 보험을 왜 나에게는 권하지 않았느냐"고 하면서 내일 당장 만나 계약을 맺자고 신신당부를 했다. H대리의 미망인은 생각지도 않은 보험금 1억이 생겨 나중에 과천의 한 학교 앞에 문방구를 차려 어린 아들을 잘 키우며 살수 있었다. 보험의 필요성을 뼈저리게 느끼게 해준 사건이었다.

그 일 이후 나는 이제 누구에게나 보험을 자신있게 권유할 수 있게 되었다. 나와 우리 영업소의 실적만을 위해서가 아니라 진심으로 상대방을 도와주고자 하는 마음이 생긴 것이다.

다른 어떤 영업보다 보험 영업이 보람있는 이유도 바로 여기에 있다. 대부분의 상품은 구입하고 나면 일시적인 생활의 편리함은 주겠지만 시간이 지날수록 차츰 처음에 느꼈던 효용가치가 희석되어버린다. 그러나 보험은 가입을 결심하기는 어렵지만 어떤 경우에도 고객에게 도움을 준다. 중도에 사고가 나면 큰 보장을 해주고, 만기가 되면 목돈을 받을 수 있는 것이다.

2 보험만큼 가치 있는 일도 없다

　내가 하는 일의 진정한 가치를 스스로 정하라. 단지 생계를 꾸려나가기 위해 일하기보다는 자신이 하는 일의 가치를 인식하고 찾아 하나하나의 언행에 의미를 부여해 보라. 똑같은 일이라도 일을 대하는 태도에 따라 결과는 엄청나게 달라진다.

　교보생명의 창업자 대산 신용호 선생은 자신의 사업을 통하여 교육에 기여하고, 민족자본을 형성하여 국가발전에 기여해야겠다는 결심을 확고히 했다고 한다. 그리하여 국민교육진흥(國民敎育振興), 민족자본형성(民族資本形成)이라는 창립이념으로 교보를 일으켜 교육과 생명보험을 세계 최초로 연결, 교육보험 사업을 시작하였다. 그는 교보문고라든가 교육 관련 혹은 금융 이외의 사업에는 한 번도 한눈팔지 않고 사업을 해왔다.

　오늘날 LG그룹을 창업한 연암 구인회 선생은 '인화(仁和)'를 실천하기 위하여 사업을 시작했다고 한다. 당시 박정희 대통령은 나라를 자국민의 힘으로 지키지 못하는 국가는 생존을 보장받을 수 없다는 신념으로 자주국방을 내세웠다. 박정희 대통령은 많은 기업 중에서도 특히 럭키 금성이 군수공장을 세워 무기를 만들어 국방부에 납품하기를 원했다. 당시 군수산업은 황금알을 낳는 거위로 다른 기업들은 사업자로 선정되지 못해 안달이었는데 구인회 씨는 사람들을 잘살게 하기 위하여 사업하는 사람이 어떻게 사람을 죽이는 무기를 만들겠냐며 끝까지 이를 고사했다. 이처럼 대통령이 권유하는 사업을 거절할 수 있을 만큼 자기 일에 대한 신념이 있어야 한다. 영업이든 사업이든 바로 이것이 성공하는 길이다.

돈만 좇는 불쌍한 사람이 되지 말고, 일을 통하여 사람을 돕겠다는 가치를 분명히 세워야 성공할 수 있다. 이것이 업(業)의 본질이다. 즉 업의 본질이란 사업을 영위하는 기본정신과 목적이 무엇이며, 제품의 특성·핵심기술·유통구조상의 특성이 무엇인지를 파악하고, 관련 법규·제도·소비자의 의식변화 등 외부여건의 변화 추세를 아는 것이다.

그러므로 보험으로 성공하기를 바라는 사람은 보험업의 본질을 제대로 알고 있어야 한다.

첫째, 보험의 기본정신과 목적을 분명히 해야 한다. 이것은 당신이 판매한 상품에 가입한 고객이 얻는 가치로 판단해야 한다. 상해보험에 가입하면 삶의 안전을 보장받고, 연금보험에 가입하면 노후준비를 할 수 있고, 종신보험에 가입하면 사망시 가족에게 사랑을 실천할 수 있다. 다시 말해 보험영업은 다른 사람의 삶의 안전을 도와주는 것이고, 노후준비를 도와주는 것이며, 가족사랑의 실천을 도와주는 것이다. 따라서 보험인의 기본정신은 남을 도와주는 것이다. 남을 도와주겠다는 마음가짐이 없는 사람과, 다른 사람을 이용해서라도 자신의 이익을 도모하겠다는 생각을 가진 사람은 보험인으로 결코 성공할 수 없다. 잠시잠깐이라면 몰라도 오랫동안 고객의 사랑을 받는 영업관리자나 설계사는 잔머리를 잘 쓰는 사람이 아니라 다른 사람의 행복을 위해 기꺼이 자신의 고통을 감수하는 사람들이다.

둘째, 보험상품의 특성은 무형이며 처음 구입할 때 망설일지도 모르나 시간이 지날수록 가치가 더해지고, 반드시 보람과 행복이 온다는 사실이다. 자동차를 구입하면 처음에 큰돈이 들어가지만 시간이 지날수록 가치는 떨어진다. 그리고 일시적 편리는 주지만 뜻하지 않은 사고로 인해 크나큰 고통을 줄 수도 있다. 보험은 선뜻 가입하게 되지 않지만 일단 가입하면 사고시 보험금을 받을 수 있고, 만기시 목돈을 만질 수 있고, 늙어서 노후생활자금을 받을 수 있다. 즉 보험은 가입한 고객이 약속을 파기하지 않는 한 손해를 보는 경우는 없다. 보험에 가입하면 상품에 따라 차이는 있지만 고객에게 무조건 이익인 것이다.

셋째, 보험영업의 핵심기술은 고객에 대해 한없이 주고 싶어하는 사랑이다. 나를 위하는 마음이 아니라 상대방을 위하는 마음이 있으면 보험영업은 90% 성공할 수 있다.

고객을 만나게 되면, 이 사람은 노후준비가 되어 있을까, 사고를 당하여 장해라도 입는다면 대비책은 마련되어 있을까, 사망한다면 가족들의 생계대책은 준비되어 있을까, 그리고 목돈마련 대책은 세웠을까 등을 자신의 일처럼 고민해보라. 이렇게 고객을 걱정하고 도와주려는 마음이 있으면 보험영업은 반드시 성공한다.

1998년에 연봉 10억을 달성했던 김모 팀장은 40대의 한 치과의사에게 연금보험을 설명했는데 가입하지 않겠다는 그의 말을 듣는 순간 이런 생각을 했다.

'이분의 노후는 어떤 모습일까? 이렇게 노후준비를 하지 않고 있다가 불행한 노후를 맞는 것은 아닐까?'

생각이 여기에 미치자 그가 불쌍하다는 생각이 들어서 자신도 모르게 눈물을 흘렸다고 한다. 치과의사는 당황해서 갑자기 왜 우느냐고 물었다.

"선생님같이 훌륭하신 분이 노후준비를 하지 않으면 어떡합니까? 선생님의 노후가 불쌍해질지 모른다고 생각하니 저도 모르게 눈물을 흘렸어요. 죄송합니다. 저에게 꼭 가입하지 않아도 좋으니 연금보험은 꼭 가입하시기 바랍니다. 안녕히 계세요."

"아니, 잠깐만요. 노후 준비방법을 다시 한 번 설명해 주시겠어요?"

결국 그 치과의사는 가입한도 최고액의 연금보험에 가입하였다.

법인영업을 하는 마음도 마찬가지이다. 이 회사는 부족자금을 어떻게 조달하고 있을까, 종업원의 퇴직금을 제대로 적립하고 있을까, 또 종업원의 사기양양과 생산성 향상을 위하여 올바른 후생복지제도를 갖추고 있을까? 이렇게 고객을 걱정하는 마음, 미처 생각하지 못하는 것을 도와주려는 마음을 가져보라. 당신은 틀림없이 큰 영업인으로 성장할 것이다.

넷째, 보험상품의 유통구조상 특징은 '신뢰 우선'이라는 점이다. 다른 상품은 신뢰 없이도 유통이 가능하다. 자동차를 구입하려는 사람은 아무 대리점이나 방문하여 구입할 수 있고, 식료품을 사려는 사람은 상점에 가면 된다. 그러나 생명보험에 가입하려는 사람은 어떤 회사의 상품인지 영업사원이 누구인지를 꼭 확인한다. 한번 가입하는 것에서 끝나지 않고 평생의 삶과 관계된 것이기 때문이다.

그러므로 보험인은 계약에 대한 책임감과 금전관계가 명확해야 한다. 남의 돈 무서운 줄 모르는 사람, 법과 질서를 지키지 않는 사람은 결코 보험으로 성공할 수 없다.

다시 한 번 강조하지만 보험영업은 돈을 벌기 위해 마지못해 하는 일이 아니고, 다른 사람을 도와주는 일이다. 다른 사람을 도와주기 위해서는 남보다 강해져야 한다. 강하다는 것은 상대방에게 도움을 주는 정보와 지식을 갖고, 열정과 끈기가 상대방보다 많다는 것이다. 믿을 만한 사람이 되지 않으면 성공할 수 없다.

3 외부의 멋과 내부의 멋

영업사원은 누구나 계약을 많이 하고 싶다. 고객으로부터 환영받고, 기계약자로부터 인정받고, 이를 바탕으로 높은 실적을 올리고 싶다. 고객으로부터 인정받으면서 고소득을 올리는 설계사와, 실적이 저조한 설계사의 차이는 무엇일까?

우선 생각나는 것은 뛰어난 외모, 해박한 상품지식, 유창한 언변, 넓은 연고 기반 등 특별한 자료나 정보를 갖고 있기 때문이라고 생각하기 쉽다.

물론 이같은 요소가 구비되면 영업을 조금 더 잘할 수는 있겠으나 영업의 기본은 예절이다. 영업을 처음 시작하는 사람은 자신이 팔 상품 공부를 열심히 하기만 하면 높은 실적을 올릴 수 있다고 생각한다.

그러나 똑같은 물건을 동일한 장소에서, 같은 시간에, 같은 가격으로 판매해도 사람에 따라 30% 내외의 격차가 있다. 때로는 그 이상도……. 무엇이 그 30%의 차이를 나타내는 것일까?

정답은 영업사원의 멋(인간적 매력, 기품, 호감도, 예의바름)이다. 누구에게나 어느 정도의 멋은 있다. 중요한 것은 스스로 멋있다고 생각하는 것이 아니고 다른 사람이 멋있다고 인정해 주는 것이다.

멋은 외부적인 멋과 내부적인 멋으로 구분된다. 외부적인 멋이란 첫인상으로 대변되는 외부로 드러나는 멋을 말하며 내부적인 멋은 시간이 지나면서 알게 되는 머리속에 들어 있는 정보와 지식, 감수성 등을 말한다. 내부적인 멋을 키우기 위해서는 오랜 학습이 필요하지만 외부적인 멋은 노력 여하에 따라 단기간에 키울 수도 있다.

예의 바르다는 것은 주변환경과 잘 조화를 이루는 것을 말한다. 때와 장소에 따라 상대방의 입장을 배려함으로써 고객이 당신을 만난 것을 자랑스럽게 생각해야 한다. 이렇게 되면 영업사원은 매일 반가운 사람을 만나 즐겁고, 보람 있는 영업을 하게 된다. 그러나 고객이 귀찮게 생각하면 추가계약을 하지 않고 다른 사람을 소개해 주지도 않기 때문에 매일 모르는 사람을 찾아다니는 힘든 영업을 해야 한다. 때문에 매너 있고 예의바른 영업사원이 되어야 한다.

영업사원은 고객이 누구인지 제대로 파악하고 있어야 한다.

고객은 계약해 줄 사람만이 아니고, 주변의 모든 사람이다. 가정에서는 배우자와 자녀 그리고 부모와 형제자매도 고객이다. 나는 가정이 엉망진창인 채 오랫동안 영업을 잘하는 사람을 본 적이 없다. 영업소의 총무나 소장은 무조건 영업사원을 도와주는 사람이라고 착각하면 안 된다. 그들은 당신이 잘했을 때만 도와주는 사람이다.

선배나 동료사원은 가장 훌륭한 협력자다. 이들에게 신뢰를 얻었을 때 살아있는 경험담을 들을 수 있고, 미처 생각하지 못했던 아이디어를 얻을 수도 있다.

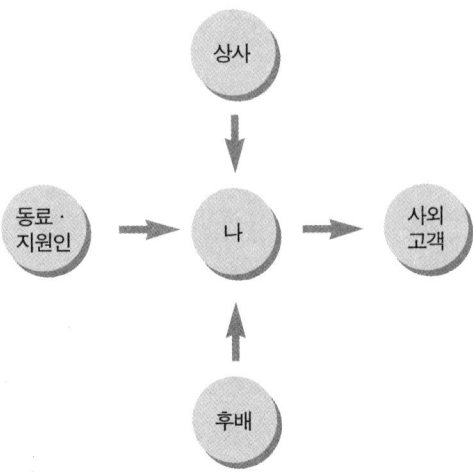

직장인의 능력에 대한 한 조사에 따르면 업무처리 능력이 43.3%, 직장예절과 매너가 41.5%로 나타나고 있다. 이는 예절과 매너가 제2의 실력임을 의미한다.

가정에서 예의범절을 지키지 않으면 웃어른의 지적을 받지만, 사회에서는 예절에 어긋났다고 해서 나무라거나 충고해 줄 사람이 없다. 그냥 외면당하는 것으로 끝난다. 따라서 항상 예절에 대해 신경쓰고 스스로 판단해야 한다.

또 자신은 절제할 줄 모르면서 섣불리 남을 충고해서는 안 된다. 항상 나를 낮추고 상대방의 기분과 일의 성과, 가정의 행복, 삶의 질의 향상을 생각해야 한다. 그러면 모든 일이 잘 풀린다.

4 계약 우선이 아닌, 관계 우선

영업 초보자들은 이런 말을 한다.

"보험 가입할 사람을 좀 소개해 주십시오."

"자동차를 살 사람을 소개해 주십시오."

이런 사람들에게 소개를 해주면 찾아가자마자 보험계약서를 들이밀거나 당장 상품을 판매하려고 덤빈다. 그리고 즉시 계약이 체결되지 않으면 그것으로 그만, 다시는 그를 찾지 않는다. 그들은 힘들고 고통스럽게 영업 일을 하다가 조만간 그만둘 사람들이다.

조금 영특하다 싶은 영업사원은 이렇게 말을 한다.

"선생님 주변에서 가장 성공한 사람을 소개해 주십시오!"

"돈이 많은 사람을 소개해 주십시오!"

그리고 소개를 받은 성공한 사람을 찾아가서 훌륭한 점을 배우려고 노력한다. 마찬가지로 돈이 많은 사람을 찾아가서 재태크의 지혜를 배우고 친해지려고 노력한다. 그러는 사이에 서로가 친숙해지고 신뢰가 생기면 자연스럽게 계약이 체결된다.

과거에 내가 거래했던 한 업체의 경우 다른 보험회사에서 아무리 좋은 제안을 해도 결국 모든 계약은 나에게로 왔다. 나를 신뢰하는 고객은 다른 보험회사의 영업사원을 돌려보내고 나에게 전화를 했다.

"박형! D생명에서 이렇게 기가 막힌 제안을 해왔는데 박형 회사에서도 가능한 것이지요?"

내가 자료를 보내달라고 하면 그는 D생명에서 제안한 제안서의 원본을 나에게 보내주었고, 나의 결정에 따라 그 계약은 가입처가 결정되었다. 처음부터 무조건 계약을 받으려고 덤비면 계약자는 도망가게 되어 있다. 그러나 몇 번 만나 신뢰가 형성되고 나면 원하는 계약은 저절로 따라오게 되어 있다. 따라서 영업사원은 무조건 계약을 받으려고만 하지 말고, 계약해줄 사람을 만나려고만 하지 말고, '좋은 사람, 성공한 사람, 돈 많은 사람'을 만나서 정보와 지식과 지혜를 배우고 혹 그에게 부족한 것이 있으면 도와주겠다는 식으로 패러다임을 바꾸어야 한다. 이렇게 게임의 방법을 바꾸면 영업은 깜짝놀랄 정도로 신나고 재미있어진다. 리더도 마찬가지이다. 그 자신의 직접적인 성과도 필요하지만 업적을 많이 이룰 수 있는 인재를 키우는 노력을 해야 한다.

변호사나 의사, 회계사처럼 서비스직에 종사하는 사람들은 자신의 전문적인 지식을 소비자가 구매하는 것이라고 생각한다. 그러나 현실은 그렇지 않다. 전문적인 기술이나 지식을 객관적으로 평가할 수 있는 능력이 대부분의 고객에게는 없다. 보통 사람들은 세금환급 신청서가 잘 작성되었는지, 정말 법적으로 훌륭한 변론인지, 정말 의학적으로 정확한 처방인지 구분할 능력이 거의 없다.

그렇지만 고객은 보험회사가 친절하고 정확하게 약속을 지키며 고객과의 관계를 어떻게 유지하는지는 판단할 수 있다. 따라서 서비스업에 종사하는 것은 곧 고객들에게 관계를 판매하는 것이다. 당신은 보험인으로서 고객에게 어떤 관계를 판매하고 있는가?

처음 만나는 사람에게서 계약을 받으려고 너무 서두르면 안 된다. 그것보다는 상대방이 어떤 사람인지, 어떻게 가정을 이끌어가는지, 어떤 일을 하고 있는지 알려고 노력하라. 그러는 사이에 상대방은 당신에게 호감을 느끼게 되고 자연스럽게 일이 추진될 것이다.

계약을 많이 체결하여 돈을 벌고 가까운 기일 내 그만두려고 생각한다면, 당신은 진정한 의미의 보험인도 영업사원도 아니다! 사기꾼이나 마찬가지다. 사기꾼은 상대방이 어떻게 되든 나의 이익을 챙기면 그만인 사람들이다. 당신을 믿고 계약을 했는데 그만둬버리면 고객은 어쩌란 말인가? 당신을 믿고 계약한 사람의 계약이 만기될 때까지 관계를 유지할 책임감을 가져야 한다.

20대 중반의 한 계약자에게 이렇게 말하는 40대 중반의 설계사를 본 적이 있다.

"연금보험을 통해 완벽한 노후준비를 하신 것을 축하합니다. 이제 보험만 잘 유지하시면, 고객께서 늙어서 연금을 마지막 탈 때까지 제가 관리해 드리겠습니다."

"아니, 내가 더 젊은데 설계사님께서 어떻게 저의 마지막 연금을 관리해 주신단 말입니까?"

"저에게는 고등학교 다니는 아들이 있습니다. 10년 내에 사회생활을 하게 될 것이고, 본인이 원하면 아들에게 계속 이 일을 시킬 것입니다. 싫다고 하면 며느리에게 부탁해서 고객님을 관리해 드리도록 하겠습니다."

당신은 이런 설계사를 어떻게 신뢰하지 않을 수 있겠는가! 당장이라도 당신이 가장 아끼는 친구를 소개해 주고 싶어질 것이다.

변화의 속도가 느리고, 경쟁이 치열하지 않고, 정보가 부족하던 옛날에는 제품을 중심으로 모든 전략과 시스템을 구축했다.

오늘날 세상은 너무나 빠르게 변하고 있으며, 경쟁이 점점 심해져서 정보관리능력이 있는 소비자들은 집이나 사무실에 앉아서 인터넷을 통해 쇼핑을 하고 있다. 기업의 모든 전략·시스템·업무 프로세스들은 이제 상품을 고객에게 제공하고, 고객들과 장기적인 관계를 맺을 수 있도록 설계되어야 한다.

고객과의 긴밀한 관계×독특한 가치를 지닌 상품=성공

기업의 임무는 고객에게 독특한 가치를 지닌 상품을 공급하여 고객들의 마음속에 각인되는 것이다. 관계를 구축할 필요성이 절실한 것은 당신이므로 잠재고객들에게 처음부터 가치있는 것을 제시하는 것도 당신 몫이다. 당신이 상품을 선전하는 것에만 급급하다면 고객들은 흥미를 보이지 않겠지만 고객에게 꼭 필요한 뭔가 구체적인 가치 있는 것을 제시한다면, 많은 관심을 보일 것이다.

IT의 발전에 따라 CRM을 영업도구적 차원에서 접근하는 보험회사가 많은데 그것은 큰 오류라는 것을 시간이 지나면 알게 될 것이다. 보험회사에서 최고의 CRM은 IT에 의한 정보축적이 아니라 우수하고 열정적인 영업사원이다.

5 가족 사랑은 행동으로!

보험영업을 하면서 가장 많이 듣는 말이 '가족 사랑'이다. 가장이 생업전선에 나와 겪는 고생이 처자식을 위하는 것이라면, 만의 하나 사고시 처자식의 생계를 위하여 대책을 만들어놓는 것이 바로 보험이다.

고객에게 가족 사랑의 중요성을 알려주고 유사시 보험 혜택을 받게 하는 것도 중요하지만, 보험인 스스로가 가족을 사랑하며 사는 것이 더욱 중요하다. 또한 영업관리자들은 소속 영업사원들의 가정이 행복할 수 있도록 도와주어야 한다.

영업소장을 하면서 팀장들과 부부동반으로 해외여행을 가기도 했다. 그때 모 팀장의 부인은 임신 9개월로 못 가겠다고 했지만 외국에 가면 만약의 경우에 그곳에도 산부인과가 있고, 임신 9개월이면 언제든지 출산을 해도 문제가 없다고 우겨서 전원이 여행을 갔었다. 그 당시 함께 여행을 갔던 분들을 지금도 만나면 무성한 이야기꽃을 피우게 된다.

영업소장들과 부부동반으로 제주도 여행을 갔을 때의 일이다. 연세가 많은 한 여성 영업소장의 남편이 직장일 때문에 못 온다고 하자 행사의 전체를 취소하겠다고 으름장을 놓아서 결국은 모두 함께 여행을 갔다. 즐거운 여행을 마치고 서울로 돌아오는 비행기 안에서 50대 중반의 그 영업소장 남편은 거듭 고맙다고 인사했다.

"아닙니다. 바쁘신데도 참가하여 행사를 빛내주셔서 고맙습니다."

"결혼을 하고 20여 년 동안 직장생활을 하면서 자식들 키우고 바쁘게 살다보니 신혼여행 이후 오늘 처음으로 여행을 왔습니다. 사실 처음에는 제가 나이가 많아서 안 오려고 했는데 집사람이 제가 불참하면 행사가 취소된다고 하여 마지못해 왔습니다. 그런데 저희 부부간의 사랑을 다시 확인할 수 있는 소중한 기회를 갖게 되어 진심으로 감사드립니다."

그런가하면 돌아와서 며칠 후 제주도 여행의 추억을 담아서 감사의 편지를 보내준 부인도 있었다. 이제까지는 밤늦게 들어오는 남편에게 바가지를 많이 긁었는데 앞으로는 적극적인 후원자가 되겠으며 이웃 사람들이 남편의 직장을 부러워한다는 내용이었다. 그러니 부부동반으로 뮤지컬이나 음악회 등에 초대하는 것은 가족사랑을 위하여 회사가 베풀어줄 수 있는 작은 선물이 될 것이다.

나는 일 때문에 만난 고객의 가족들에게도 신임을 받을 수 있도록 여러 가지로 노력했다. S그룹의 모 부장은 술을 먹고 늦게 들어가면 부인의 바가지가 그렇게 심하다는 것이었다. 그래서 함께 술을 마시고 모 부장의 집으로 가기로 하고, 장미꽃 한다발과 선물을 푸짐하게 사가지고 갔다. 그리고 부인과 함께 대화를 하면서 내가 얼마나 건전하게 사회생활을 하고 있는지를 알려주면서 또 부인의 장점을 보이는 대로 칭찬해 주었다. 그 후 그 부장은 술을 먹고 늦게 집에 들어가도 나와 술을 마셨다고 하면 만사 오케이라는 것이다. 고객의 가족으로부터 신임을 받는 것은 큰 영업을 하기 위한 필수조건일 수 있다.

보험은 만약의 사고시 가족을 지켜주는 소중한 것이다. 그러나 더욱 중요한 것은 사고가 없을 때도 가정과 가족사랑의 소중함을 생활화할 수 있을 때 더욱 빛나는 것이다.

제 2 장

영업능력 업그레이드 기법

풍부한 상품들과 넘쳐나는 정보의 홍수 속에서 기본적인 정보를
이미 숙지하고 있는 고객들은 어쩌면 영업인
이상의 지식을 가지고 있다.
그러한 고객을 상대로 나의 상품을 설명하고 팔 수
있으려면 고객을 뛰어넘는 상품지식,
다양한 정보와 인품 등 한층 업그레이드된 영업능력으로
고객을 이끌어야 할 것이다.

I 호기심이 첫 출발점이다

호기심이 있어야 아이디어가 생기고 창의력이 생긴다. 창의력이 없으면 급변하는 시장에서 살아남기 어렵다. 목에 힘이 들어가면 생각의 유연성도 떨어지기 마련이다. 긍정적인 사고로 상대방의 입장에서 생각하고 주인의식을 가지면 이제까지 보이지 않던 것이 보인다.

신상품이 나오면 아무 생각 없이 그저 습관적으로 설계사 교육을 하는 관리자들이 있다. 신상품이라고 모두 좋은 상품은 아니다. 이 상품을 내가 구입한다면 기존 상품과 어떤 차이점이 있을까, 이 상품을

새로운 상품이 나오면 생각한다
이 상품이 필요한 사람은 어떤 사람일까?
이 상품을 만든 사람은 어떤 의도로 이 상품을 만들었을까?
이 상품을 구입한 사람은 어떤 이익이 있을까?
이 상품을 판매한 사람은 어떤 이익이 있을까?

내가 판매한다면 나에게 어떤 이익이 있을까를 생각하지 않고 마냥 좋은 상품이라고 교육을 한다면 낭패를 보게 된다. 만약 상품에서 하자라도 발생하면 고객으로부터 회사가 입는 손실은 실로 엄청나다.

1999년 S생명에서는 여성을 대상으로 한 건강보험을 판매해 꽤 높은 실적을 올렸다. 그런데 이 상품은 요실금 수술시 보험금을 지급하는 부분에 허점이 있었고, 이것을 악용한 산부인과 및 성형외과 들에서는 이른바 '이쁜이수술'로 호황을 누렸다는 것이다. 이 상품을 만들고 판매하는 과정에서 이러한 보험급부를 왜 만들었는지, 또 보험금을 받으려면 어떻게 해야 하는지 의문을 제기하는 사람이 있었다면 회사의 손실은 사전에 어느 정도 막을 수 있었을 것이다.

상품교육을 하다보면 고객이 제기할 수 있는 의문사항에 대하여 예습이라도 하듯 끊임없이 질문하는 설계사가 있다. 이런 사람은 실제로 고객에게도 성심을 다해 일한다.

그러나 아무 생각없이 고개만 끄떡이며 외우는 사람은 고객의 질문에 대하여 적절한 대응을 하지 못하고 결국 좌절하고 만다. 호기심은 창의력을 낳고 창의력은 실적을 낳는다. 반면 아무 생각 없이 암기만 하는 사람은 다른 사람의 흉내를 내려고 하지만 만나는 고객의 성향이 다르니 어려울 밖에…… 그들은 운이 없다고 신세한탄을 하다가 집으로 간다.

길을 걸으면서 생각한다
저 사람은 무슨 일을 하는 사람일까?
저 사람은 가족이 몇 명일까?
저 사람은 얼마만큼의 보장성보험에 가입했을까?

연고도 없이 고객을 확보하기 위하여 돌입 개척을 하던 시절에는 하루종일 빌딩을 오르내렸다. 말 그대로 오라는 곳은 없어도 갈 곳은 많다는 식이었다. 어떤 날은 하루종일 거절만 당하기도 했다. 조금 안면이 있는 업체에 가서 차라도 한잔 마실까 하다가도 "오늘은 바쁘니 다음에 오라"는 말에 무안한 마음으로 발길을 돌리곤 했다. 하지만 모르는 기업체에 들어가서 잡상인 취급을 당하고 나오면서도 앞에 있는 다른 건물에 들어가면 어쩐지 반겨줄 사람이 있을 것 같은 느낌이 들었다. 저 건물, 저 사무실에는 어떤 사람이 근무하고 있을까 하는 호기심이 생기고, 왠지 모르게 보험가입이 필요한 사람, 또 대출받기를 원하는 사람이 나를 기다리고 있을 것 같은 생각에 또 문을 두드리게 되는 것이었다. 발바닥에 땀이 나도록 뛰어다니다가 거절을 당하고 나오면 오히려 다음에 그곳에는 더 가보고 싶었다. 저 사람이 이번에는 무슨 이유로 거절을 할까 궁금해서 그냥 지나칠 수가 없었다. 그러다 보면 싸움 끝에 정이 난다고 곧 친해지게 되고 점차 신뢰가 쌓여갔다.

같은 일을 하더라도 끊임없이 고민한다
이 일은 정당한 일인가?
이 방법보다 더 좋은 방법은 없을까?
이 문서를 왜 만들어야 할까?
관례라고 하는데 왜 이러한 관례가 생긴 것일까?

생각 없이 전임자의 관례에 따라서 일하는 사람이 전임자보다 좋은 결과를 만들어 낼 수는 없다. 각 보험회사에는 수많은 설계사가 있다. 모두들 동일한 상품의 안내장을 제공받고 있고, 상품을 판매했을 경우

동일한 수수료 규정을 적용받고 있으나 이들이 매월 받는 수수료는 그 야말로 천차만별이다.

또한 본사에서는 전국의 영업소에 동일한 조건의 지원을 하고 있어도 영업소장에 따라서 상이한 실적을 나타내고 있다. 똑같은 일을 하더라도 단지 머리 좋은 것 하나만 믿고 태만한 사람은 '더 좋은 방법은 없을까?'라는 의문을 끝없이 제기하는 사람을 쫓아갈 수는 없다. 지금 하는 일이 최상이라고 생각하는 순간부터 당신은 추락하기 시작한다. 지금 나는 뭔가 조금 부족한 방법으로 일을 하고 있으므로 빨리 더 좋은 방법을 찾아야 한다고 생각하는 사람들이 발전할 수 있다.

가령 강남에 있는 회사에 서류를 갖다주고 오는 일 한 가지에도 사람마다 방식이 다르다. A는 광화문에서 버스를 타고 갔다가 지하철을 타고 돌아오면서 정류장 이름과 특이한 건물과 환경을 모두 익히고, 회사의 담당자를 만나서 그 회사의 사정에 관하여 질문을 통해 정보를 파악하고 온다. B는 버스나 지하철을 타고 졸면서 가서, 서류만 전달해주고 졸면서 온다. 아무것도 얻는 게 없다. 이 두 사람의 5년 후의 모습은 어떻게 달라질 것인가는 삼척동자도 예측할 수 있을 것이다.

새로운 곳으로 이사를 가면 먼저 생각한다
이웃집에는 어떤 사람이 살고 있을까?
이웃집 사람의 직업은 무엇일까?
집 주변의 도로는 어떻게 연결되어 있을까?
친절하고 저렴한 슈퍼는 어디에 있을까?
깨끗하고 친절한 사우나는 어디일까?
동사무소는 어디에 있을까?

한동네에 10년을 살고도 이웃이 무엇을 하는지 모르는 경우가 있다. 만약 이웃사람이 월보험료 500만 원짜리 보험에 가입하려고 고민한다고 생각해 보라. 또 당신 이웃 중 한 사람은 일을 하고 싶어서 안달을 하다가 어떤 보험회사를 직접 찾아가 설계사로 일을 하려고 하는데, 당신은 신인이 없다고 변명하고 있지는 않은가! 회사에서 나온 작은 판촉용품이라도 이웃과 나누면서 이웃을 도와줄 수 있는 방법이 뭐 없을까를 고민하는 사람이라면 더 좋은 이웃이 되는 것이다.

나는 산에 가면 잘 알려진 등산로가 아닌 계곡으로 올라갔다가 다른 능선으로 내려온다. 나무와 돌과 새들과 곤충을 관찰하고, 계곡물에 발도 담그고, 또 호젓하게 상념에 젖기 위해서이다. 어찌 보면 그 산과 대화를 나누고 돌아온 듯하다.

호기심 어린 눈으로 세상을 보자. 우리는 혼자서는 살 수 없다. 조직 속에서 일하는 사람은 조직 내에서 자신의 역할을 수행해야 하고, 조직의 목표를 달성하기 위해 상사와 부하직원 등 다양한 관계 속에서 일한다.

호기심을 갖고 모든 것을 바라보자. 신인 도입을 해야겠다고 목표를 정하면 눈에 보이는 사람이 모두 신인이 될 수 있다. 보는 사람마다 '저 사람은 무슨 일을 하고 있을까, 혹시 지금 하는 일에 불만을 느끼

새로운 보직을 맡게 되면 먼저 생각해본다
회사가 나에게 부여한 보직의 의미가 무엇일까?
나와 함께 일할 사람들은 어떤 사람일까?
성과를 더욱 크게 내는 방법은 무엇일까?
이 부서를 더욱 활성화시킬 방안은 무엇일까?

고 전직을 고려하는 사람이 아닐까' 하고 생각하게 되는 것이다.

계약을 늘리고 싶으면 호기심이 가득 담긴 눈으로 세상을 보라! 가망고객은 무궁무진하게 널려 있다. '저 사람은 만약 중대한 병에 걸렸을 때를 대비해 어떤 대책을 갖고 있을까? 사망하면 그의 가족은 대책이 있을까? 노후준비는 되어 있을까? 저 사람의 회사는 어떤 후생복지 제도를 갖고 있을까?'

별로 궁금하지 않다고, 혹은 이미 알고 있다고 마음의 문을 닫는 순간 당신이 할 일은 없어지고 세계는 좁아진다. 그러나 호기심의 눈으로 보는 세계는 한없이 넓고 그 속에 당신이 할 일은 틀림없이 넘쳐날 것이다.

2 장기적으로 보라

　보험영업은 고객에게 비굴한 자세로 굽신대다가 일이 잘되면 기고
만장했다가 잘 안 되면 상황을 탓하면서 그만둬버려도 되는 그런 하찮
은 일이 아니다.

　고객보다 고객의 문제를 더 깊이있게 고민하여 고객이 미처 발견하
지 못한 가치를 제공하고 고객이 삶의 역경을 극복하여 보람있는 인생
을 계속 누릴 수 있도록 도와주는 정말로 아름답고 성스러운 일이다.

　오늘 당신이 나타내고 있는 실적은 단순히 상품에 의한 것이 아니
고, 이제까지 살아오면서 형성된 인격과 소속회사의 브랜드와 함께 근
무하는 동료, 선배, 관리자들이 물심양면으로 도와준 결과이다. 큰 성
과를 나타내고 있다면 주변 사람들에게 정성을 많이 들였다는 것이고
실적이 저조하다면 주변 사람들에게 조금 더 감사하고 우호적인 태도
를 취해야 한다. 그리고 당신의 능력은 무궁무진한데 이때까지 게을러
서 문제였다고 생각하고, 부지런히 주변 모든 사람으로부터 배우는 겸

손한 마음자세로 새로운 것에 도전한다면 지속적으로 더 나은 결과를 창출할 수 있을 것이다. 영업을 장기적으로 잘하기 위해서는 개인의 능력뿐만이 아니라 회사나 조직의 능력 또한 중요하다.

첫째, 소속회사의 고객만족지수는 영업사원의 영업에 무엇보다 큰 변수로 작용한다. 고객으로부터 신뢰받는 회사와 불신받고 있는 회사의 경우 영업사원이 똑같은 노력을 투자하여 창출할 수 있는 결과는 차이가 날 수밖에 없다.

또한 소속회사의 브랜드 로열티는 영업사원의 역량에 힘을 실어준다. 따라서 회사가 브랜드 로열티를 높여주기를 방관자적 입장에서 기다리지 말고, 회사 내부에서는 고객의 불만을 해결하기 위해 적극적으로 노력하고 회사 밖에서는 회사에 대한 자부심이 가득 찬 모습으로 고객의 신임을 얻음으로써 회사의 이미지 향상에 보탬이 되어야 한다. 영업사원 개개인의 이러한 노력은 회사에서 언론매체를 통하여 엄청난 비용을 들여 실시하는 광고보다 더 큰 효과를 거두게 된다.

그러므로 새로 영업을 시작하는 영업사원은 기왕이면 브랜드 로열티가 있는 회사를 선택하는 것이 목표달성에 유리하다. 그리고 잘나가는 영업사원의 경우 오늘의 실적의 상당 부분은 당신의 능력보다 영업관리자와 회사의 도움이 있었기에 가능한 일이었다고 생각하고 주변에 감사해야 한다. 영업이 잘된다고 하여 상사와 회사를 무시하고 잘난척하는 사원이 금방 탈락하는 경우는 우리 주변에 얼마든지 있다.

둘째, 영업사원이 제공하는 상품과 서비스는 고객의 기대치와 니즈를 경쟁자의 그것과 객관적으로 비교하여 무엇이 우수하고 가치 있고 혁신적이고 고객의 삶에 도움이 되는지, 끊임없이 고민해야 한다. 고객이 회사의 안내장을 처음 보는 순간부터 일목요연하게 확인할 수 있고, 계약을 변경하고, 보험금을 수령하는 모든 서비스가 경쟁자에 비하여 얼마나 적합하고 적시의 것인지 검토해야 한다. 고객에게 상품을 권유할 때는 고객의 입장에서 상품을 구입하여 삶이 윤택해질 이유를 찾아서 논리를 전개해야 한다. 일단 거래를 하기 시작한 계약자들의 만족도는 현재와 향후 영업에 큰 영향을 미친다. 고객의 만족도는 영업사원 입장이 아닌 경쟁관계에 있는 다른 영업사원들과 비하여 우수해야 하며, 특히 해약하거나 중도에 이탈하는 고객의 원인을 철저히 분석하여 차후 발생요인을 줄여 나가는 노력이 필요하다. 마케팅을 하는 사람의 입장에서는 시장점유율이나 실적을 중시하는 경향이 있으나 장기적으로 영업을 잘하기 위해서는 고객만족도가 더욱 중요하며, 어찌 보면 신규고객 창출보다 이탈하려고 하는 기존 계약자에 대한 원인분석 및 서비스가 더욱 중요하다.

셋째, 영업사원 개인의 브랜드와 개인적으로 갖고 있는 역량은 장기적인 실적에 중요한 영향을 미친다. 예를 들어 영업사원의 도덕성, 책임감, 인맥, 매너, 다방면의 지식, 정직, 끈기, 도전정신, 일에 대한 열정, 겸손함 등은 회사가 키워주기 어려운 부분이며 스스로 노력에 의하여 발전시켜야 할 부분이다. 이러한 부분들에 대한 자기계발 노력은 장기적으로 영업을 잘하는 데 꼭 필요한 요소이다.

예를 하나 들어보겠다.

2000년 교보생명 대상을 수상한 J팀장은 월 200만 원씩 20년을 납부하는 연금보험에 가입한 고객이 어느 날 청약철회를 요청하자 즉시 고객을 방문하여 청약철회 이유를 확인했다.

"이렇게 좋은 상품을 왜 청약철회 하셨습니까?"

"예금자보호법에 의하면 5천만 원만 보호된다면서요? 내가 납부하는 원금이 5억이나 되는데 교보가 부도나면 노후준비는커녕 원금의 10%밖에 못 건지는 것 아니오?"

"교보생명의 재무구조는 업계 최고 수준이며 여기 각종 신문자료가 이를 증명하고 있습니다."

"지금은 좋아도 앞으로도 계속 좋으라는 법은 없지 않소."

"그럼 이렇게 하시죠. 제가 살고 있는 아파트가 40평인데 제 아파트를 담보로 제공하겠습니다. 만약에 교보가 잘못되면 나의 집을 가져가십시오."

고객은 잠시 말을 잊었다.

"알겠소. 당신 같은 사람이 근무하는 회사가 잘못될 리 있겠소? 그냥 계속 유지합시다."

그 후 그 고객은 추가계약은 물론, 주변 사람들을 많이 소개해 주었다고 한다. 사람들이 이유를 몰라 물으니 그 영업사원이 잘살아야 나중에 혹시 보험회사가 잘못되더라도 자신의 노후준비에 차질이 없다고 했다나!

넷째, 누구나 돈을 벌기 위해 영업을 하지만 역으로, 돈을 효과적으로 잘 써야 돈을 많이 번다. 고객을 위하여, 본인을 위하여, 미래를 위하여 효과적으로 비용을 사용하여야 한다. 비용을 사용하는 데는 일정 룰을 지킬 필요는 없다. 그러나 장래에 발생할 이익과 상대방에 따라 적절하게 투자해야 한다. 예를 들어 단체보험에 일괄적으로 가입한 고객인 경우 한번 거래를 하기 시작하면 추가적으로 거래할 가능성이 높으므로 과감한 비용지출이 필요하다. 그러나 정성이 깃들지 않은 일상적인 지출(판촉상품, 선물 등)은 줄여야 하며, 악의적으로 타 영업사원과 비교를 하며 부당한 이익을 취하려고 하는 고객은 과감하게 상대하지 않는 것이 좋다. 즉 비용과 가치에 관한 상관관계를 장·단기적으로 고려해야 하는 것이다.

다섯째, 영업사원은 새로운 세계에 대한 도전정신이 있어야 한다. 활동시장의 범위를 지속적으로 넓혀 가면서 고소득 계층과 집단화된 단체고객 쪽으로 질을 향상시켜야 한다. 상품도 고객의 니즈에 맞추기보다는 한발짝 앞선 유인이 필요하다. 뿐만 아니라 고객의 입장을 고려하여 필요한 서비스를 적시에 제공할 수 있어야 한다.

여섯째, 영업사원이 얼마나 많은 능력을 갖고 있는가도 중요하지만 갖고 있는 능력을 얼마나 발휘하는가는 더욱 중요하다. 또한 얼마나 훌륭한 협력자를 많이 확보하고 있는가도 중요하지만 그들이 얼마나

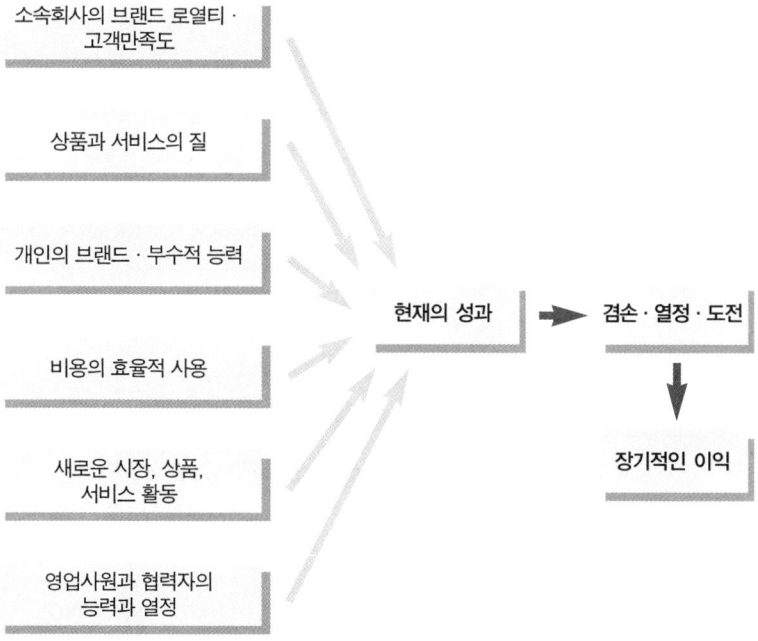

적극적으로 협조를 해주는가가 더욱 중요하다. 똑같은 말을 해도 얼마나 뜨거운 가슴으로 간절한 열망을 담아서 하는가에 따라 일의 결과는 크게 달라진다.

결론적으로 짧은 기간 동안 영업을 잘하는 것은 누구나 가능할 수 있다. 그러나 오랫동안 영업을 잘하기 위해서는 무엇보다 진실해야 한다. 고객을 위하는 마음을 바탕으로 전략이 필요한 것이다. 간단히 말하면 고객이 무엇이 필요한지를 고객보다 더 깊이 고민하여 경쟁자보다 더 빨리 신속하고 정확하게 고객이 목표를 달성할 수 있도록 도와주면 된다.

어느 정도 목표를 달성하게 되었으면 이에 만족하지 말고 경쟁우위를 유지하기 위하여 끊임없는 개선을 도모해야 한다. 개선과 혁신작업을 위한 노력을 멈춘다면 보다 역동적인 경쟁자들이 당신을 모방하고, 한발 앞선 서비스를 제공하여 당신의 고객을 빼앗아 갈지도 모른다.

지점장 시절, 아침에 상품교실을 운영해보면 일을 잘하는 설계사들이 대부분 일찍 나와서 교육을 받는 것이었다. 반면 일의 성과가 미약한 설계사는 다 아는 이야기라며 교육에 참석하지 않는다. 모 팀장은 20년 이상 억대 연봉을 받는 유능한 분이었는데 신임영업소장이 하는 암보험 교육을 제일 앞자리에서 열심히 듣고 있었다.

"팀장님은 배울 것이 별로 없지 않습니까?"

"지점장님! 아침에 한 시간 교육을 들으면 언제나 고객에게 할 말이 몇 가지는 새로 생깁니다. 그러기 위해선 교육이 꼭 필요합니다."

진정한 프로의 답변이 아닐 수 없다.

경쟁우위를 지속시키는 유일한 방법은 경쟁우위를 더욱 첨단의 형태로 개선하는 것이다.

3 아름다운 오기를 가져라

　일본의 한 경영연구소에서 다음과 같은 실험을 했다.

　수족관 중앙에 투명한 유리로 차단하고, 한쪽에는 자기보다 작은 물고기라면 닥치는 대로 잡아먹는 꼬치고기를, 다른 쪽에는 작은 물고기를 넣었다. 포악한 꼬치고기는 작은 물고기를 잡아먹으려고 돌진을 했고 작은 물고기는 겁을 먹고 한쪽 모퉁이로 도망치려고 모였다. 그러나 중앙에 차단된 유리 때문에 꼬치고기의 돌진은 번번이 무산되었고 계속되는 돌진으로 꼬치고기의 주둥이가 터지고서야 돌진하는 회수가 줄어들었다. 며칠이 지나자 꼬치고기는 작은 물고기를 잡아먹는 것을 포기하고 돌진을 멈추었다. 작은 물고기들도 시간이 지나면서 꼬치고기를 겁내지 않고 자유스럽게 놀기 시작했다. 나중에 연구원들이 중앙차단유리를 제거해 버렸더니 꼬치고기는 작은 물고기를 잡아먹을 생각을 하지 않은 채 굶어죽고 말았다고 한다.

　우리 인간사회에도 꼬치고기 같은 사람이 꼭 있다. 한두 번 시도해보다가 결과를 얻지 못하면 바로 포기하고 상황이 바뀌어도 새롭게 재시도해볼 엄두를 못 내는 사람이다. 보험영업에서 보자면 거절은 계약을 위한 당연한 순서이다. 몇 번의 거절로 포기해버린다면 당신은 꼬치고기와 같은 사람이 되는 것이다.

아무래도 사람은 자신이 인내해본 한계만큼의 인생을 누리며 살아간다. 시련이 닥치더라도 이 일을 꼭 쟁취하겠다는 끈기가 없으면 설계사로서 성공하기 어렵다.

누구나 한 번쯤은 공중목욕탕의 뜨거운 온탕이나 사우나실에서 버틸 수 있을 때까지 버텨본 경험이 있을 것이다. 땀이 흐르고 숨이 차오르더라도 꾹 참았다가 나오면 어질어질해서 몸을 가누기 힘들어도 무언가를 해냈다는 묘한 성취감을 느낄 수 있었을 것이다. 목욕탕 한증탕에서 자신을 실험한 결과가 이토록 상쾌할진대 일과 관련되어서야 오죽하겠는가! 오기에도 아름다운 오기가 있다. 목표 성취에 관한 오기, 후배를 어느 단계까지 키워주고야 말겠다는 오기 ……. 당신은 아름다운 오기와 함께 점점 성장한다.

얘기를 잘 듣지도 않고 거절부터 하는 고객을 만나면, '당신이 나에게 보험을 가입하고 당신 주변 사람들을 모두 소개해 줄 때까지 당신을 설득하겠다. 어디 두고 보자' 라는 오기와 끈기를 마음속으로 가져야 한다. 그렇지 않고 한번 거절했다고 물러나게 되면 고객은 속으로 당신을 이렇게 평가할 것이다.

'당신, 그렇게 해서 밥이나 제대로 먹고 살겠소? 쯧쯧쯧!'

한번 정한 목표는 끝까지 포기하지 말아야 한다. 게임은 당신이 포기하지 않는 한 결코 끝나지 않는다. '아무래도 안 되겠어!' 라고 생각하는 순간 당신은 패배자가 되고마는 것이다.

1992년에 강남에서 있었던 일이다. 강남에 있는 J회사에 후생복지 보험을 판매하기 위해 출입하던 때의 일인데 아무래도 첨단기술을 다루는 회사라 출입이 어려웠다. 수위들이 입구에서 차단하고 그것도 모자라 층별로 차단막을 설치하여 사람들의 출입을 통제했다.

마침 노동조합 사무실이 1층에 있어서 출입이 가능했다. 설득도 손쉬워서 단체협약안에 상정하기로 결정을 했는데 다른 층으로 올라가려면 근로후생부 직원이 내려와서 함께 들어가야 했다. 근로후생부장에게 10여 차례나 전화를 걸어 만나주기를 간곡히 요청했지만 번번이 거절당했다. 출퇴근 시간에 길목을 지키려고 해도 얼굴을 모르니 방법이 없었다. 하는 수 없이 돌아나오는데 문득 옥상에서 내려온 물통이 눈에 띄었다. 나는 물통을 타고 5층까지 올라가서 화장실 창문을 타고 기어이 근로후생부서로 들어갔다. 부장은 깜짝 놀랐고 나는 솔직하게 양복을 입은 채로 물통을 타고 올라왔노라고 대답했다. 부장은 그 사실이 믿기지 않는지 어느 물통이냐며 화장실 창문까지 와서 확인하는 것이었다. 그날 이후 나는 자유스럽게 그 회사를 출입할 수 있었고 그 회사의 단체계약을 유치할 수 있었다.

목표를 정하기 전에는 신중하게 생각하고 한번 정한 목표는 꼭 달성하겠다는 의지를 가져야 한다. 보험영업을 통해 성공해야겠다는 큰 목표를 세웠으면 그 다음 작은 고충들은 무시한다.

고객이 나의 마음을 몰라주면 알아줄 때까지 시도하면 되고, 잘난 체하면 잘난 것을 인정해 주면 되고, 가입한다고 해놓고 약속을 어길 경우 다음에 다시 받으면 되고, 나를 무시하면 나의 존재를 제대로 알려주면 되고, 나에게 사기를 치면 다시는 당하지 않을 지혜를 갖추면 되고, 억울한 누명을 덮어씌우면 진실이 밝혀지길 기다리면 되고, 투자 대비 손해를 보면 다음에 더 큰 이익을 도모하면 된다.

　달성하고자 하는 큰 목표를 향해 끈기와 오기를 갖고 도전하는 한 당신의 성공을 가로막을 장애물은 없다.

100점과 99점의 차이

　"최선을 다했습니다만 성공하지 못해 죄송합니다."

　"거의 성공했는데 마지막 순간에 변수가 발생하는 바람에 그만……."

　"상대방이 마지막에 반칙을 하는 바람에……."

　부하직원이 이렇게 말을 하면 당신은 뭐라고 말해 주는가? 이렇게 말하는 부하직원의 능력을 어떻게 평가하는가? 혹은 당신 스스로 사업실패의 원인을 그렇게 말하고 생각해온 것은 아닌가?

　사업에서 성공의 등식은 덧셈이 아니라 곱셈이다.

　고객에게 정성껏 자료를 준비하고 설명도 잘하여 고객이 대단히 만족했으리라 예상했는데 뜻밖에도 다른 보험회사와 계약을 맺어버렸다고 하자. 이런 경우 회사에서 당신의 노고를 감안하여 일부라도 성과로 인정해주고 그에 대한 수당이 나오는가 하면 그게 아니다. 그냥 제로인 것이다. 남는 것이 있다면 단지 경험뿐이다. 지혜는 겸손하게 본인의 잘못을 인정했을 때 생기는 것이지 핑계를 댄다면 아무것도 얻을 수 없다.

　"일을 참 잘했는데 1%가 문제였습니다"라는 말은 다소간 당신을 위로해줄 수는 있어도 어떤 결실을 가져다주지는 못한다.

　마라톤에서 40km까지는 1등으로 뛰었는데 다리에 쥐가 나는 바람에 주저앉아 버리면 그때까지의 성적을 감안하여 은메달이라도 주는 것이 아닌 것처럼……. 초반 2km 지점에서 포기한 선수와 똑같이 당신은 기권한 것으로 처리된다.

당신은 주어진 일을 어떻게 마무리하고 있는가? 완벽하게 마무리 짓지 않은 일은 처음부터 시작하지 않은 것과 마찬가지다.

보험회사에서 영업소장을 해본 사람은 많다. 그러나 예전에 영업소장을 얼마 동안 해보았다는 건 아무런 의미가 없다. 중요한 것은 영업소장으로 성공한 사람이냐 아니냐이다. 역경을 극복하고 성공의 짜릿함을 맛본 사람만이 더 큰 성공을 일궈낼 수 있다.

성공의 문턱에서 좌절한 사람은 더 큰 승부에서도 나머지 1%를 완수하지 못하고 중도에 포기할 확률이 높다. 작은 승부이든 큰 승부이든 패배자는 패배자의 눈높이가 있고, 승리자는 승리자의 눈높이가 있다. 일의 99%를 하고도 마지막 1%의 한계를 넘지 못하면 시작하지 못한 것과 마찬가지다.

007영화 시리즈가 그토록 오래도록 세계인의 인기를 끌고 있는 이유는 무엇인가? 영화의 주인공 제임스 본드는 누가 보아도 안 되는 일을 끝까지 잡고 매달려서 결국은 완수하고 만다. 마지막 장면은 언제나 보너스로 얻은 미인과 함께 밀월여행을 떠나는 것이다. 007영화의 인기비결은 바로 거기에 있다. 누구나 할 수 있는 일이 절대 아닌, 불가능해 보이는 일을 치밀한 계산과 끈기로 끝까지 포기하지 않고 도전하여 완수하면 커다란 보너스가 기다리고 있다는 사실이다.

당신이 맡은 일의 90% 정도는 이 세상 그 누구도 할 수 있다. 그러나 마지막 10%를 완수하는 사람만이 성공을 거머쥘 수 있다.

당신은 어디에 속하고 싶은가?

4 실수는 인정하고 사과한다

"교보생명이 이럴 수 있는 겁니까?"

"아니, 뭐가 잘못되었습니까?"

"우리 봉급이 200만 원인데 30만 원을 보험료로 주면 어떻게 살림을 하라는 말입니까? 당장 30만 원을 통장으로 입금시키지 않으면 그냥 두지 않겠어요."

"무슨 일인지 차분하게 말씀해보시죠?"

전화를 걸어온 사람은 지난달 계약한 사람의 부인이었다. 이야기인 즉슨 남편이 부인의 허락을 받지 않고 연금보험을 가입하여 따졌더니 교보생명에 근무하는 선배가 강제적으로 가입을 시켜서 어쩔 수 없이 가입했다고 말하더라는 것이다. 그러므로 지금 즉시 30만 원을 통장으로 입금시키지 않으면 고발하겠다고 인내력 없이는 듣기 어려운 심한 말을 했다.

"우리 설계사가 정말 나쁜 짓을 했군요. 대단히 죄송합니다."

"소장님이 생각하기에도 그렇지요?"

"맞습니다. 아이들과 열심히 미래를 준비하는 나이지요? 얼마나 힘드시겠습니까?"

"애들하고 빠듯하게 살아가는데 통장을 확인하니 30만 원이나 비더라구요. 눈앞이 캄캄했어요."

"그러셨군요. 그런데 우리 설계사가 오히려 고통을 주었으니 얼마나 화가 나셨겠습니까? 그런데 노후준비는 하고 계신가요?"

"우리 나이가 30대 중반인데 무슨 노후준비란 말입니까?"

"그러면 언제부터 노후준비를 시작하시려고 하십니까?"

"쉰은 넘어서 생각해볼 문제 아닙니까?"

"쉰 살이면 지금부터 15년 후인데 지금 가입한 보험에 의해 받을 수 있는 연금만큼 받으시려면 그때 가서 얼마를 내셔야 되는지 생각해 보셨습니까?"

"조금만 더 내면 되겠지요, 뭐."

"현재 쉰 살인 사람이 보험에 가입하여 남편께서 가입하신 보험만큼 연금을 받으시려면 200만 원 정도를 내셔야 합니다. 즉 내는 돈은 일곱 배가 많고 타는 돈은 오히려 적을 수도 있습니다."

"설마 그럴리가요?"

"보험의 원리상 모든 보험은 만약의 사고시 보장을 받을 수 있습니다. 현재 가입하신 연금은 사고시 최고 3억의 보장을 받을 수 있습니다. 나이가 들수록 보장성 보험료가 많아집니다. 그리고 내는 기간 대비 타는 시기가 짧을수록 돈이 적게 나오게 돼 있습니다."

"그러면 오늘 사고가 나도 3억이 나온다는 말입니까?"

"교통사고시 그렇고, 암진단시 3천만 원의 치료비가 나옵니다. 그

밖에도 질병사망시, 장해시, 입원시 보험금을 받을 수 있고 더불어 60세부터는 평생동안 연금을 받을 수 있고요. 1급 이상 장해를 입게 되면 보험료를 내지 않아도 되고, 부부계약이기 때문에 부인께서 평생동안 연금을 받을 수 있습니다."

"그러면 생각보다 괜찮은 거네요."

"담당 영업사원은 저의 후배입니다. 남편께서도 군대를 갔다오셨습니까?"

"그런데요?"

"그러면 저의 후배되는군요. 우리 후배님 부인께서 이렇게 화가 나셨으니 죄송합니다. 진심으로 사과드립니다."

"아닙니다. 제가 뭘 잘못 알고 전화를 했어요. 죄송합니다."

"앞으로는 계약을 할 때 꼭 부인의 동의를 얻도록 교육을 시키겠습니다. 그리고 이번 일을 사과드리는 의미에서 제가 직접 찾아뵙고 반환 보험료를 드리도록 하겠습니다."

"그냥 통장으로 넣어주세요."

"아닙니다. 이렇게 민원을 제기하신 것은 직접 찾아뵙고 사과드리는 것이 도리지요"

"소장님! 저희 아빠하고 오늘 저녁에 다시 상의를 해보고 내일 다시 전화를 드리면 안 될까요?"

그 이튿날 후배의 부인은 전화를 해서 보험을 그대로 유지하겠다고 했고, 부부간에 대화가 없다보니 뭘 모르고 성급하게 화를 내서 미안하다고 사과를 했다. 논리적으로 말하는 걸 보니 무슨 일을 해도 잘하겠다고 그 부인을 칭찬했더니 의외로 대화가 잘 진행이 되었고, 결국 그 부인은 보험이 이렇게 좋은 것인지 미처 몰랐다고 감사했다. 결국 그 일이 있은 지 몇 달 후 그분은 남편의 적극적인 지원 아래 우리 회사 설계사로 일을 하게 되었고, 묻혀있던 그의 역량을 발휘하여 활기찬 생활을 하게 되었다.

고객들이 보험회사에 직접 전화를 한다든지 찾아오는 것은 대단한 고민 끝에 하는 행위이다. 따라서 그 불만을 인정하고 잘못을 솔직히 인정해 주면 그것만으로도 고객은 분노를 삭일 수 있다. 그러나 고객의 불만을 인정하려 들지 않고 먼저 반론을 펴려고 한다든지, 교육을 시키려고 들면 고객의 반감은 풀릴 길이 없다. 그리고 불만을 직접 표현하는 고객은 용기있는 사람이므로 잘만 설득한다면 회사에 큰 도움이 될 수도 있다.

인간은 누구나 자기가 맡은 일을 완벽하게 해내고 싶다. 그러나 인간인 이상 누구나 실수를 하며, 목적했던 의도대로 일이 잘 진행되지 않을 수 있다. 그럴 때 자기의 실수를 솔직하게 인정하고 사과하는 사람이 있는가 하면 변명으로 일관하는 사람이 있다.

자기의 잘못을 인정하는 것은 대단한 용기이다. 잘못을 인정할 때에는 수치스럽기도 하고 창피하기도 하다. 그렇기 때문에 대부분의 사람들은 일이 잘못 되었을 때 다른 사람을 끌어들여 책임을 전가하거나, 상황론을 들어 변명을 하거나, 화를 버럭 낸다. 그러면 잠깐은 모면할 수 있어도 신뢰할 수 없는 사람으로 낙인찍힌다. 영업관리자와 영업사원과의 갈등의 대부분은 자신의 잘못을 인정하지 않고 상황을 모면하기 위하여 변명을 하는 것에서 출발한다.

잘못을 저질렀을 때 솔직하게 인정하고 진심으로 사과하는 용기를 가져라. 또한 나보다 훌륭한 사람을 만나게 되면 내가 부족하다는 것을 인정하라. 나보다 어린 사람의 경우도 마찬가지다. 내가 나보다 훌륭한 후배를 인정하고 포용하는 만큼 유능한 후배와 함께 풍요로운 인생을 살 것이고, 나보다 훌륭한 후배를 시기하고 질투한다면 그만큼 초라하고 못난 인생을 살 것이다.

영업사원이라면 아는 것이 많은 고객을 만났을 때 나의 무식을 인정하고 배우겠다는 자세로 임하는 용기를 가져야 한다. 혹시라도 말이 안 통한다고 포기하고 물러서는 순간, 당신은 성장을 멈추게 된다. 대통령도 정부의 잘못이 있을 때는 대국민사과문을 발표한다. 진심으로 사과하면 국민들의 불만은 봄눈 녹듯이 없어진다. 그러나 잘못을 인정하지 않고 변명으로 일관한다면 국민여론은 걷잡을 수 없을 정도로 악화될 것이다.

리더는 모름지기 경험이 풍부하고 유능한 영업사원의 장점을 인정하고 나의 부족함을 인정할 수 있어야 한다. 그래야 유능한 부하직원을 얻을 수 있다. 지위고하, 남녀노소를 막론하고 나보다 훌륭한 사람을 만나면 나의 부족함을 인정하고 배우겠다는 자세를 취하라.

자신의 잘못이 명백하면 솔직하게 인정하고 사과하라! 그래야만 자신의 인격도 성장하고 보다 큰 세상을 경험할 수 있을 것이다.

5 놓치고 나서 후회하면 이미 때는 늦다

씨뿌리고 거름 준 사람이 열매를 거두어야 한다

"박 소장! 대단히 죄송합니다. 그동안 박 소장이 우리 회사를 위하여 고생한 것은 너무 잘 압니다. 그러나 상부에서 S사에 가입하라는 지시가 내려왔습니다. 박 소장보다 더 좋은 조건을 제시하는 회사가 있어서 그곳으로 하기로 했습니다."

영업 초기에 수없이 들었던 말이다. 심지어는 종업원 명단과 보험료까지 받아서 입금 시키고 입력이 완료된 계약을 다른 경쟁자들이 빼앗아 가는 것을 보면서 치를 떨며 분노를 삼킨 적이 한두 번이 아니었다. 그러나 시간이 지나면서 보니 그 모든 것이 미리 예측하지 못하고 대응책을 강구하지 않은 나의 잘못이었다. 내가 아무리 고객에게 잘해주려고 해도 고객의 입장에서는 더 좋은 조건을 제시하는 곳이 있으면 계약처를 바꿀 권리가 있는 것이다. 그러나 영업사원의 입장에서는 이렇게저렇게 다 빼앗기고 나면 계약할 곳이 아무 데도 없다. 얼마나 난 감한 일인가!

1993년, 1년 동안 노조측과 회사측을 함께 컨트롤하여 H사와 기업주 일부부담계약을 추진했을 때의 일이다. 노사합의가 될 때까지 그 회사에 출입하는 보험회사 직원은 나 이외에는 아무도 없었다. 그러나 회사와 종업원이 2만 5000원씩 부담하여 5만 원짜리 단체보험을 가입하기로 단체협약이 체결되고 나자 다음날부터 각 보험회사의 각축장이 되었다. 노조나 회사측에서는 이제까지 도와준 것은 고마우나 가입처를 선택하는 것은 공정하게 하겠다는 윗분들의 뜻을 거스를 수 없다며 한발짝 뒤로 물러섰다. 결국은 사장이 지목한 새로 생긴 D보험회사로 결정이 되고 말았다. 노조나 회사측 담당자들은 본인들이 적극 나서면 구설수에 오를 것이 두려워 나에게 일정한 간격을 두었다. 나는 D생명 영업소장을 찾아갔다. 영업소장에게 자초지종을 말하고 이번 계약에서 물러서는 것이 상도의에 맞을 것 같다고 말했더니, 본인이 한 일은 아무것도 없고 자기 회사의 K전무님이 H회사의 사장님과 친해서 이루어진 계약이라고 했다. 나는 즉시 D생명 본사의 K전무를 찾아갔다.

K전무는 웃음띤 얼굴로 나의 말을 듣더니 이렇게 말했다.

"박 소장! 참으로 딱한 사람이오. 나도 보험쟁이로 평생을 살아온 사람인데 고객이 나에게 보험을 가입하겠다는데 어쩌란 말이오. 주겠다는 계약을 받지 않을 수도 없잖소!?"

"전무님같이 힘 있는 분이 저와 같이 돈 없고 빽 없는 사람이 추진하는 계약을 다 가져가 버리면 어쩌란 말입니까?"

"박 소장이 정말로 그 회사를 위해 열심히 일했으면 그 회사에서 계약을 당신에게 주었을 것 아니오! 나를 선택한 것은 그만큼 당신이 고객을 사로잡지 못했다는 것 아니겠소."

"그럼 계약추진 경위와 상관없이 마지막에 가로챈 전무님의 행위가 정당하단 말입니까?"

"그게 장사 아니오."

"알겠습니다. 전무님은 제가 하고자 하는 일에 중대한 방해를 하고 그걸 당연한 일이라고 말씀하셨습니다. 후회하지 않으시겠습니까?"

K전무는 웃기는 놈 다 보겠다는 표정을 지었다.

"알겠습니다. 저는 앞으로 전무님이 하고자 하는 일을 사사건건 방해하겠습니다. 회사에서건 가정에서건 전무님의 뜻에 반하는 행위를 한다고 하더라도 용서하십시오."

그리고 뒤도 돌아보지 않고 돌아서 나왔다.

그리고 모든 정보망을 활용하여 K전무의 인적 사항을 확인했다. 저녁마다 집으로 전화를 하여 만나자고 했다. 용건이 없다고 하면 전무님같이 훌륭한 분에게 가르침을 받고 싶다고 했다. 그리고 만나주지 않으면 사무실로 찾아갔다. 수위들이 전무의 지시를 받고 완강하게 막았지만 나는 어떻게든 수위들을 따돌리고 전무실을 찾아갔다. 그러면 전무는 귀신을 본 것같이 놀라는 것이었다.

"자네 어쩐 일인가?"

"가르침을 받고 싶어서 왔습니다."

"뭘 가르쳐 달라는 말인가?"

"어쩌면 인생을 전무님같이 살 수 있을까요?"

"자네 왜 이러는가?"

"전무님같이 뻔뻔스러워지고 싶어서 그렇습니다."

전무는 수위를 불렀다. 수위가 들어와서 나를 끌어내려고 할 때 나는 이렇게 말했다.

"전무님, 제 돈을 훔쳐갔으니 이제는 돌려주십시오."

"내가 언제 자네 돈을 훔쳤다고 그래?"

"제가 일 년 동안 공을 들인 계약을 송두리째 뺏아가셨으니 도둑질이 아니고 뭡니까? 내일 다시 찾아오겠습니다."

전무는 수위들 앞에서 어이가 없는지 변명을 하려고 했지만 나는 뒤도 안 돌아보고 나왔다. 그리고 그 회사의 사장에게 정중하게 전화를 했다.

"사장님! 저는 교보생명 박낙원 소장입니다."

"무슨 일입니까?"

"귀사의 K전무님 때문에 저의 회사생활과 개인 사생활이 파산지경에 이르렀습니다."

"K전무가 무엇을 잘못했습니까?"

"전무님에게 직접 물어보시고 현명한 판단을 하게 해주십시오."

"알겠습니다."

그 이튿날 K전무에게 전화를 했더니 정중하게 만나자고 하는 것이었다.

"박 소장! 창피해서 내가 회사생활을 못하겠네. 제발 만납시다."

"몇 시에 찾아뵐까요?"

"오후 2시경 만납시다."

약속시간에 그를 만나러 가자 K전무는 나를 H회사로 데리고 갔다. 그리고 사장을 만나 이렇게 말했다.

"L사장, 미안하네. 이 회사를 위하여 교보의 박 소장이 오랫동안 고생한 것을 내가 몰랐네. 이번 계약은 박 소장하고 해야겠네. 혹시라도 다른 곳에 계약을 하려는 생각은 안하는 게 좋겠네."

나는 그 이후에도 중간에서 남의 수고를 가로채기 하는 사람이 있으면 절대로 순순히 물러나지 않았다. 그것이 나의 원칙이었다. 우리 회사 내에서도 중간에 가로채기를 하는 선배들이 있었고, 후배들도 있었지만 한번도 그냥 넘어가지 않았다.

영업을 하면서 자기 고객을 가로채려는 경쟁자가 발생하면 끝까지 고객을 보호하든지 아니면 경쟁자를 직접 만나서 담판을 지어야 한다. 고객을 잃고 나서 아쉬워하는 사람들이야말로 바보다. 계약을 빼앗기면 반드시 되찾아오는 것이 순리이며 좀더 현명한 사람은 사전에 이러한 상황을 예측하여 철저하게 예방한다.

또 한번은 JR의 개인연금을 회사 차원에서 하는 것을 받을 때의 일이다. 인사과장을 만났을 때 각사에서 제안서가 엄청나게 접수되었는데 또 왔느냐며 걱정을 했다.

"저는 그러면 제안서를 접수하지 않겠습니다. 저는 이런 계약을 수도 없이 추진했고, 계약을 받아보았습니다. 과장님이 각 사의 비교표를 쉽게 만들 수 있도록 도와드리겠습니다."

"어떻게 하면 됩니까?"

"우선 A4용지를 줘 보십시오."

그리고 개인연금제도를 도입하는 취지와 목적에서부터 시작하여 그 회사의 품의서를 만들어 주었다. 그리고 보험회사를 비교하는 기준으로 안전성, 수익성, 편리성 등을 제시하고 상품 비교 기준도 만들어 주었다. 그랬더니 Y과장의 표정이 몰라보게 밝아져 있었다.

"박 소장님! 고맙습니다. 어떻게 해야 할지 몰라 며칠을 고민했는데 은혜를 잊지 않겠습니다."

"은혜랄 것이 있습니까?"

"비교를 해보고 교보로 결정이 나면 꼭 박 소장님과 거래를 하도록 하겠습니다."

"교보로 결정이 나도 그렇게는 안 될 겁니다."

"아니 왜요?"

"원래 씨뿌리고 거름 주는 사람 따로 있고, 수박 따먹는 사람 따로 있는 게 세상 아니겠습니까?"

"그런 일이 저희 회사에서는 절대 안 생길 겁니다."

Y과장은 확신에 차 보였다.

며칠 후 Y과장으로부터 전화가 왔다. 객관적인 비교 결과 우리 회사로 결정이 나서 통보한다는 것이었다. 기쁜 마음에 달려갔더니 그는 더욱 의기양양한 자세로 이렇게 말했다.

"박 소장님! 조금전에 교보에서 정 국장이라는 사람이 왔었거든요. 뭐 자기가 교보 본사에서 지정한 사람이라고 박 소장하고 거래를 하면 안되고 본인하고 해야 한다고 해서 제가 이렇게 말해 주었습니다."

"뭐라고요?"

"거기서는 정 국장님을 선택했더라도 저희 회사에서는 박 소장을 선택했습니다. 수박을 씨뿌리고 거름 주는 사람 따로 있고, 수박 따먹는 사람 따로 있는 사회가 되면 안 되지요. 그랬더니 얼굴이 빨개져서 도망갔어요."

"정말 진심으로 감사합니다."

나로서는 중간에 나타날 경쟁자에 대비하여 사전에 대비를 한 셈이 되었다.

계약이든 신입사원 도입이든 빼앗기고 나서 후회하면 이미 때는 늦다. 빼앗기기 전에 대비하여 내 것으로 확실하게 만드는 것이 자기 영역을 지키고 확대하는 힘있는 영업인이 해야 할 행동이다.

다음을 기약하는 승부

오랜 경력의 영업사원 S팀장이 소개를 받아 일시납 40억을 받았다. 고객은 대단히 까다로운 사람으로 재테크를 잘하여 수백 억대의 재산을 모은 사람이었다. 이러한 고객은 대부분 영업사원에게 발생하는 수수료까지도 놓치지 않고 받으려고 하는 경향이 있다. 40억에 대하여 발생하는 수수료 전액을 재계약하기로 했다. 영업사원은 재계약에 의한 수수료로 세금을 충당하려고 했는데 마지막에 고객은 그 부분까지도 본인에게 지급해 줄 것을 요구하며, 돌려주지 않으면 청약철회를 하겠다고 강수를 두고 나왔다.

S팀장 입장에서는 계약을 하고 도리어 큰 손해를 보게 생겼다.

"지점장님! 계약을 돌려주고 계약을 파기하겠습니다."

"S팀장! 그 고객은 제가 보기에 치밀하고 꼼꼼한 사람이며 그로 인해 큰돈을 모은 사람입니다. 돈이 많기 때문에 앞으로 큰 계약을 받을 가능성이 있는 사람입니다. 저라면 이번에 손해를 보고 다음을 기약하는 승부를 보겠습니다."

"다음에 계약을 받아도 그는 또 이런 무리한 요구를 할 것입니다. 그러니 포기할랍니다."

"그런 사람에게 숫자를 갖고 계산으로 승부를 하면 절대로 이길 수가 없습니다. 계산 이외의 인간으로 접근하면 반드시 큰 이익을 볼 수 있을 겁니다. S팀장이 그분을 뛰어넘을 수 있다면 영업을 한 차원 높일 수 있을 겁니다. 이 고객과의 멋진 승부를 통해 좋은 성과를 얻는다면 앞으로 새로운 영업세계를 경험할 수 있을 겁니다. 저라면 한판 붙어보겠습니다."

"지점장님이 그럼 저 대신 해주시겠어요?"

"제가 맡아서 계약을 하는 것은 아무런 의미가 없습니다. 중요한 것은 S팀장의 실력이 늘어야 하는건데 제가 계약을 받는 것이 무슨 의미가 있겠습니까? 고객에게 절대로 아쉬운 소리 하지 말고 당당하게 도움을 줘보세요. 잘하실 수 있을 겁니다."

"생각해보겠습니다."

결국 S팀장은 지점장의 권유대로 해보기로 했다. 그리고 계약자들 중 취미와 격이 맞는 사람들의 모임을 주선한다든지, 자식의 혼사에 중매를 선다든지 하는 등으로 그의 사생활에 적극적으로 개입하여 신임을 얻었고, 그 후 그 고객으로부터 많은 계약을 받고 다른 사람들을 소개받아 큰 이익을 볼 수 있었다.

큰 고객을 한 명 얻는 데는 많은 희생이 따른다. 그 희생은 금전적인 것일 수도 있고, 정신적인 것일 수도 있다. 그러므로 큰 고객인지 아닌지를 판단하는 지혜 또한 필요하다.

6 만물은 끊임없이 변화한다

변화는 자연현상이다.

이 글을 읽는 당신도 처음 회사에 입사했을 때의 당신의 모습과 현재의 모습을 비교해보면 깜짝 놀랄 것이다. 탈모현상으로 인해 머리가 많이 벗겨진 사람, 흰머리가 늘어난 사람, 잔주름이 늘어나거나 아주 뚱뚱해진 사람도 있을 것이다.

또 1년 전만 하더라도 그것을 위해 죽을 수도 있을 것 같았던 진리가 현재는 별로 대수롭지 않은 것으로 전락한 경우도 있다. 즉 인간은 육체적, 정신적으로 끊임없이 변화한다. 인간만 변화하는 것이 아니고 식물이든 동물이든 광물이든 지구상에 있는 모든 것은 변화한다.

그런데 인간에게 중요한 것은 변화의 속도가 아닐까!

주변환경의 변화속도보다 나의 변화속도가 느리면 낙오자가 되고 마는 것이다. 주변 사람들은 빠르게 변화하는데 아무런 생각 없이 산다면 선배나 동료들로부터 "당신 왜 그래? 예전에는 잘했는데"라는 말을,

후배들로부터는 "저 선배에게는 배울 게 별로 없어"라는 말을 듣게 된다. 그리고 머지않아 조직으로부터 버림받는 처지에 놓일 수도 있다.

반면에 주변환경의 변화속도보다 당신의 변화속도가 빠르면 당신은 리더의 반열에 오르게 될 것이다. 주변에서 당신이 하는 일을 따라 하는 사람이 많이 생기고 "저 친구는 아이디어맨이야, 저 친구에게 물어보면 모르는 게 없어. 배울 게 많은 사람이야!"라는 평을 받고 있다면 당신은 성공한 사람이다.

업계에서는 변화의 속도를 빨리 하는 회사가 리딩 컴퍼니가 된다. 시장상황을 주시하면서 고객의 니즈를 선도하는 회사는 고객의 사랑을 받는다. 그러나 다른 회사가 만든 제도나 상품 베껴내기에만 급급한 회사라면 절대로 1위의 자리에 오를 수 없을 것이고 결국 언젠가 시장에서 사라질 것이다. 새로운 정보와 지식을 끊임없이 찾아내는 회사만이 업계를 이끌어갈 수 있다.

우리 나라는 한때 '아시아의 용'으로 세계의 주목을 받았다. 그러나 큰 지도자를 만나지 못하고 우왕좌왕하는 사이에 IMF라는 경제대란을 겪기도 했다. 반면에 우리보다 엄청나게 못사는 나라라고만 여겼던 중국의 행보는 재빨라서 이제는 미국과 상대할 수 있는 지구상의 유일한 나라로 주목받고 있다.

그러면 무엇부터 변화해야 하는가?

개인부터 변화해야 한다. 조직원 개개인이 스스로 변화하지 않고 조직은 변화할 수 없다. 조직원 개개인이 변하지 않고 회사를 변화시키려는 것은 건축공사를 하는 데 있어서 부실한 벽돌과 썩은 나무로 튼튼한 집을 지으려는 것과 같다.

무엇부터 변화해야 하는지는 당신이 결정해야 한다. 만약 감기에 자주 걸리고, 조금만 집중해서 일해도 쉽게 피곤하다면 당신은 체력이 약한 사람이다. 급변하는 세상에 체력이 약한 사원을 좋아할 회사는 없다. 당신은 아침 일찍 일어나 조깅을 한다든지, 수영이나 헬스로 체력을 키워나가야 한다.

또 당신 스스로는 보험에 대해 누구보다 잘 알고 있다고 자부하는데 실적이 저조하다면 무엇인가 문제점이 있는 게 확실하므로 더욱 열심히 공부해야 한다.

만약 보험 이외의 다른 업종에 근무하는 사람과 대화를 할 때 건넬 말이 별로 없어서 일방적으로 듣는 입장이라면 당신의 상식이 대단히 편협하다는 증거가 아닐 수 없다. 폭넓은 상식을 습득하기 위해선 다양한 분야의 독서가 필요하다. 경영에 관한 책이든 역사서든 문화에 관한 서적이든, 또 알고 싶은 분야에서 성공한 사람의 라이프 스토리든 닥치는 대로 열심히 읽어보라. 지금 즉시 당신에 대한 평가를 스스로 실시해보아서 부족한 점을 채우고 장점을 극대화하는 변화를 시도해야 한다.

누군가는 잠을 자고 아침에 일어나니 성공한 사람이 되어 있더라고 말했다. 그것은 보통 사람들에겐 먼나라의 이야기에 불과하다. 성수대교는 하루아침에 무너진 것이 아니다. 오래 전부터 붕괴의 징후가 나타나고 있었는데도 불구하고 우리가 그것을 몰랐기 때문에 무너진 것이다. 박세리가 하루아침에 세계적인 스타가 된 것 같지만 천만의 말씀이다. 어려서부터 오랜 세월을 피나는 훈련을 쌓아온 결과물인 것이다. 하루아침에 당신을 성공한 사람으로 만들어 줄 비법은 이 세상 어디에도 없다.

모름지기 작은 것부터 꾸준히 변화시키는 노력이 성공의 지름길이다. 유명한 사람들의 경우를 한번 살펴보자.

정주영 회장은 일찍이 "작은 일을 못하는 사람이 큰일을 잘하는 경우를 본 적이 없다. 작은 일을 잘하는 사람이 큰일을 해낸다. 사원으로서 일 잘하는 사람이 과장 일도 잘하고, 과장 잘한 사람이 부장·임원이 되어도 일을 잘한다. 나는 쌀가게 사환 노릇을 썩 잘했다. 쌀 배달을 마치고 시간이 남으면 쌀가마니의 줄을 맞추어 쌓아놓으니 재고 파악이 쉬웠다. 그러한 자세로 열심히 일하다보니 오늘의 현대그룹 회장도 잘하는 것 아니냐?"고 했다.

박태준 회장이 공사현장을 순시하던 중 콘크리트 배합비율이 맞지 않은 것을 발견하고 즉시 공사를 중지시키고 이미 완성된 것을 다이너마이트로 폭파, 다시 공사를 했다는 유명한 일화도 있다. 겉모양만 보는 것이 아닌, 시멘트와 자갈, 모래의 배합비율을 점검하는 그 꼼꼼함이 오늘의 포철을 세계 최고의 제철소로 만든 것이다.

삼성의 이건희 회장에게는 뭐랄까, 한 마디 한 마디 말에도 의미를 실어서 상대방으로 하여금 무릎을 탁 치게 하는 철학이 있다고 한다. 그런 것들이 하루아침에 생겨난 것은 아닐 것이다. 늘 배우는 자세로 사물을 꼼꼼히 분석하는 오랜 습관에서 비롯된 것이다.

큰 리더는 모두가 작은 것을 세심하게 잘 챙기는 사람들이었다. 무슨 일이든 대충대충 하는 사람이 성공에 이르는 경우는 거의 없다.

당신이 지점 관리자라면 사무실 환경정리부터 꼼꼼히 챙겨보라.

설계사들을 격려하고 힘을 주기 위해 늘 연구하고 있는가? 신인이 와서 보고 일하고 싶어하는 분위기인가? 고객에게 제공되는 자료는 고객의 입장에서 감동할 수 있는 문구로 구성되어 있는가? 공식적인 자리에서 누구도 반론을 제기하기 어려운 논리로 무장하고 있는가?

말 한마디, 행동 하나 표정 하나에도 세심하게 신경을 써야 한다.

나무들은 봄이면 새싹을 틔우고 가을이면 낙엽을 떨어뜨린다. 그런데 그 수많은 낙엽 중 똑같은 모양, 똑같은 자세로 떨어지는 낙엽은 하나도 없다. 지난해와 똑같은 방향과 속도로 같은 낙하지점에 떨어져 쌓이는 낙엽도 없다. 이것이 자연의 섭리이다.

만일 당신이 어제 했던 일을 오늘 똑같이 반복한다면 당신은 자연의 섭리를 거스르는 사람이다. 설령 똑같은 일의 반복이라 하더라도 좀더 빨리 할 수 있는 방법은 없을까, 상사나 동료를 더 기쁘게 해줄 방법은 없을까, 후배에게 한수 가르쳐줄 수 있는 방법은 없을까, 고객을 좀더 기쁘게 해줄 수 있는 방법이 없을까를 항상 고민하고 모색하는 것이 자연의 섭리대로 일하는 사람이다. 인간 사회는 자연의 섭리를 거스르는 사람보다 순응하는 사람을 신뢰하게 되어 있다.

아프리카 평원에 사는 개코원숭이는 일생의 3분의 1을 잠을 자는 것으로 보낸다. 깨어있는 시간은 돌아다니기, 먹이를 구하고 먹기, 자유롭게 놀기로 구분되어 있다. 인간의 시선으로 보면 모두 별 의미 없는 일이다. 그러나 신의 눈으로 본다면 우리 인간의 일생이 개코원숭이의 일생과 얼마나 차이가 있을까!

대부분의 사람은 아침에 일어나 일터로 나가고 하루 일과를 마치면 집에 돌아와 잠을 잔다. 이것이 보통 사람들의 라이프 스타일이다. 당신은 어떠한가? 만일 현재의 라이프 스타일대로 살아서 내년 이맘때가 되면 당신은 어떻게 변하여 있을까? 또 3년 후, 5년 후에는 어떻게 변할까? 직장에서 당신의 위상은 어떻게 될까? 또 가정은 어떻게 변하며 주변 친구나 후배들에게서 어떤 평가를 받을 것인가?

당신의 미래를 가장 정확하게 예측할 수 있는 사람은 용한 점쟁이가 아니라 바로 당신 자신이다. 예측해본 미래의 자신의 모습이 만족스럽다면 굳이 당신은 변화를 시도해볼 필요가 없다.

만일 미래의 당신 모습이 원하던 멋진 모습으로 떠오르지 않는다면 즉시 자신의 라이프 스타일을 바꾸는 변화를 시도하는 것이 좋다. 아침에 조금 일찍 일어나 운동을 한다든지, 일과시간에 주어진 일을 빨리 처리하는 방법을 연구한다든지, 일과 후 자기계발을 위한 스케줄을 준비하라. 당신의 가치를 높이 평가받기 위하여 자신의 몸값을 키워야 한다. 그래야 회사에서든 어떤 조직에서든 존중받으며 살 수 있다.

맹자는 "시간이 없어서 책을 못 읽는다는 사람은 시간이 있어도 여전히 책을 읽지 못한다"고 했다. 실제로 업무성과가 탁월해서 너무 바쁠 것 같은 사람이 책을 한 권이라도 더 읽는다. 바빠서 독서할 시간이 없다고 말한다면 당신은 게으른 사람이다. 게으름이 몸에 밴 사람은 하는 일 없이 말로만 바쁘다며 시간을 허비한다.

오늘날 새로운 지식이 생겨나서 호평을 받다가 쇠퇴기로 접어드는 데는 45일밖에 걸리지 않는다고 한다. 그런데 책을 한 권도 읽지 않으면서 학교 다닐 때 배운 것으로, 신입사원 시절에 배운 것으로 회사에서 인정받으면서 계속 근무할 요량이라면 시대착오적인 생각이다.

부끄럽지만 영업소장 초기에 나는 거의 매일 술을 마셨다. 일주일에 5일은 설계사나 거래처 사람들과 술을 먹었다. 당연히 이튿날 머리가 맑지 못했고, 함께 술을 마실 때는 평생을 함께할 것 같았던 설계사들은 이튿날 출근을 하지 않기 일쑤였다.

대부분의 직장인들이 자기계발 할 시간은 없다고 말하면서 술자리에는 빠지지 않는다. 마치 술자리에 끼지 않으면 의리가 없는 사람으로 낙인찍히기라도 하는 듯 반 의무적으로 술자리에 참석한다. 사전에 예고되지 않은 회식자리에 혹여라도 참석하지 않았다가 상사에게 괘씸죄에 걸려 직장생활이 힘들어질 것을 걱정하는 경우까지 있다. 사전에 예고하지 않고 회식을 실시하면서 영어공부든 뭐든 자기계발을 위해 참석하지 않은 부하를 괘씸하게 생각하는 상사라면 무시해도 좋다. 그런 상사는 곧 해임될 수밖에 없다. 만일 그렇지 않고 그런 상사를 계속 승진시키는 회사라면 곧 문을 닫을 가능성이 높으니 더욱 당신의 능력을 키우는 일에 몰두해야 한다.

흔히 직장에서는 유능하다고 평가받으면서 가정에서는 0점짜리 남편이요, 0점짜리 아빠들을 주변에서 자주 본다. 반면에 직장에서는 승진도 못하고 명퇴의 위협을 받지만 가정에서는 존경받는 가장들도 있다. 둘 중 누가 성공한 사람일까?

정답은 둘 다 실패한 사람이다.

직장은 사람이 세상에 태어나서 자기의 흔적을 세상에 남기는 자기실현의 장이므로 대단히 중요하다. 이것을 소홀히 한다면 어리석은 사람이 아닐 수 없다. 한편 가정은 가족 간의 사랑을 기반으로 한다. 사랑은 맹목적이어야 한다. 조건을 붙이는 것은 사랑이 아니다. 주는 것이 행복한 것이 사랑이다. 주고 나서 받을 것을 계산한다면 그때부터 가정에는 불행이 싹트기 시작한다. 가족에게 더 잘 못해준 것을 미안하게 생각하라. 직장에서 쫓겨나면 가정이 불행해지고, 가정이 와해되면 직장생활도 제대로 해나갈 수 없다. 따라서 가정과 직장 모두 균형 있는 생활이 절대적으로 필요하다.

그러므로 자신과 주변에 대한 변화를 끊임없이 시도하라. 주변의 변화속도보다 당신이 더 빨리 변화하는 것, 그것만이 무시당하지 않고 세상을 살아가는 유일한 길이다.

7 불협화음을 즐겨라

　　누구나 자신의 인생에서 성공과 실패를 경험한다. 한번 성공했다고 그 성공이 계속 이어지는 것도 아니고, 계속 실패만을 거듭하지도 않는다. 그러므로 자신의 삶에 대해 겸허하고 정직한 진단이 필요하다. 현실이 만족스럽지 못하다면 그 원인을 찾아보자. 우선, 자신의 목표를 점검해보자. 분명한 목표가 없거나 혹은 잘못된 목표에 매달렸던 건 아닐까? 목표가 잘못되면 잘못된 길로 들어서기 쉽고, 잘못 들어선 길은 간 만큼 손해이다.

　　그리고 계획과 실천에 문제가 없었는지 살펴보자. 아름답고 멋진 꿈을 가졌지만 그것이 현실이라는 벽에 부딪쳐 산산조각이 난 경우도 있고, 멋진 계획을 세웠지만 의지가 부족해서 작심삼일로 끝난 경우도 있을 것이다. 또한 결과에만 집착해 조급하게 행동함으로써 실패를 자초했을 수도 있다. 구체적인 목표를 세우지 못하고 비현실적으로 행동한다면 원하는 결과를 얻지 못하는 삶을 살 수밖에 없다.

목표를 세우고 계획적으로 실천을 하려고 해도 주변에는 수많은 유혹이 도사리고 있다. 그러나 그렇기 때문에 인생은 승부할 가치가 있는 것이다.

문제는 실적이다

리더든, 소장이든, 설계사든, 고객이든 이 모든 사람들은 일로서 만난 관계이다. 따라서 가장 중요한 것은 '일'이다. 다시 말해 실적이다. 간혹 실적 이외의 것에 얽매여 회사를 그만두는 사람이 있는가 하면 실적 이외의 것으로 사람을 평가하고 갈라서기도 하는 것을 볼 수 있다

리더에게 있어 실적이 부진한 영업사원은 죄악에 다름아니다. 금품을 유용하는 것은 단지 금전적 손실을 입힌 데 대한 처벌을 받는 것으로 그치겠지만 회사 경영을 잘못하여 적자를 내는 것은 회사의 이미지를 치명적으로 손상시키고 최악의 경우 부도로 몰고 갈 정도의 큰 피해를 끼치는 행위이다. 회사가 처한 경영환경을 제대로 읽고 대처하지 못하여 적자를 본 리더라면 더욱 큰 죄를 짓는 것이다. 실적만이 기업이 살길이다. 영업사원과 고객, 그리고 영업사원과 관리자들 간에 실적 이외의 것이 문제가 되어서는 곤란하다.

끝까지 물고늘어져라

주변 사람에게 일시적인 호감을 얻을 생각보다는 그들에게 장기적인 존경을 받을 수 있도록 노력하라. 영업관리자는 실적이 없는 영업사원에게 "그럴 수도 있다"라는 등의 위로의 말로 일시적인 인기를 얻으려 해서는 안 된다. 계속해서 실적이 없으면 소득이 줄어들게 되고

곧 회사를 그만두는 위치에 처해질 수 있다는 사실을 주지시켜 자극을 주는 것이 장기적으로 존경받는 관리자다.

3개월째 실적이 저조한 C사원이 있었다. 면담을 해보니 본인은 열심히 했는데도 고객이 몰라주니 어떡하면 좋겠냐고 하소연을 하는 것이었다. 아무래도 적극적인 사고를 가질 필요가 있었다.

나는 이렇게 말했다.

"당신같이 대충대충 일하는 사람을 믿고 계약할 사람은 아무도 없을 겁니다. 제가 사람을 잘못 본 것 같군요. 이제 그만 다른 길을 찾아보시지요."

"소장님 한 달만 기회를 주십시오. 앞으로 한 달 정말로 최선을 다해보고 그래도 안 되면 그때 그만두겠습니다."

"아니오, 한 달 해봐야 시간만 손해입니다."

"왜 안 된다고 생각하십니까?"

"당신은 방금 해보고 안되면 결국 그만둔다고 했습니다. 그렇다면 당신의 이달 목표는 '그만두는 것'이 아닙니까?"

"그럼 어떻게 합니까?"

"경동시장에 한번 가보십시오"

"경동시장에는 왜요?"

"거기 농약가게가 있으니 가서 청산가리(독극물)를 사십시오."

"청산가리요?"

"이달에 일이 안 되면 먹고 죽어야지요. 어차피 살아서 처자식을 먹여살리지도 못하는데 보험이나 들어놓고 죽는 것이 처자식을 위해서 지금 당신이 할 수 있는 최선의 길입니다."

"아니 소장님, 해도해도 너무하신 것 아닙니까?"

그는 분노에 몸을 부르르 떨었다. 이튿날부터 그는 담배도 끊고 무서운 기세로 일을 하기 시작했다. 그 후 경제적으로 그는 성공을 했고, 지금은 회사에서 큰 몫을 해내고 있다. 물론 나를 원망하기는커녕 고마워하면서 말이다.

영업사원은 보험 가입을 회피하는 고객에게 "그러면 다음에 가입하라"든지 "안 해도 괜찮다"라는 등 일시적으로 듣기 좋은 말을 함으로써 호감을 얻으려 해서는 안 된다. 보험가입을 미루는 것이 본인과 가족을 위해 매우 위험한 행위라는 것을 설득시켜서 경제적 위험에 대비하도록 하는 것이 바람직한 태도이다.

초등학교 동창생 중에 K라는 친구가 있었다. 한마디로 키도 크고 술도 잘 먹고 성격도 좋은 나무랄 데 없는 친구였다. 보험을 권유했더니 먹고살 돈도 없는데 보험은 무슨 보험이냐고 딱 잘라 거절하길래 너무 무안해서 다시는 권유하지 않았다. 2001년 봄에 그 친구는 간암으로 어린 자식만 남겨두고 저세상으로 떠나가버렸다. 당시 나로서야 보험 한 건의 판매실적은 크게 의미가 없었다. 그러나 친구에게는 절실한 것이었다. 친구가 죽고 없는데 나는 그의 아이들을 위해 아무것도 해주지 못했고 결국 나의 자존심 때문에 친구에게 큰 죄를 지은 것이었다. 나중에 저승에서 만나면 그놈은 "왜 그때 억지로라도 보험을 가입시키지 않았느냐"고 나를 막 야단칠 것 같았다.

일에 관하여 적이 생기는 것을 두려워하지 마라. 본인의 일을 성취하기 위하여 열성적으로 일을 하다가 생긴 감정의 골은 꼭 나쁜 것만은 아니다. 만약에 당신이 사업을 시작한다면 어떤 사람을 필요로 하겠는가? 당연히 맡은 일을 끝까지 물고늘어지는 사람을 선호할 것이다. 당신 스스로가 일에 목숨을 거는 사람이 되라. 그러기 위해서 그 이외의 사소한 것은 웃으면서 양보하는 지혜가 필요하다.

정확함보다는 신속함을 추구하라

정확함보다는 신속함을 추구하라. 급변하는 불확실성의 시대를 살아가면서 완벽한 정보에 의하여 100% 정확한 결정을 내리기란 어렵다. 정확하지 못한 결정을 내려서 손해보는 것보다는 결정을 미루어서 손해보는 경우가 더 많다.

특히 영업인은 '이것이다'라는 생각이 나면 그 즉시 행동해야 한다. "유레카!"라고 외치며 목욕통에서 알몸으로 뛰쳐나왔다는 아르키메데스의 일화처럼……

식사를 하다가 해야 할 일이 생각나면 즉시 숟가락을 놓고 뛰어가는 것이 옳다. 볼일 다 보고, 먹을 것 다 먹고 고객을 찾아가면 고객은 이렇게 말할 것이다.

"조금 전에 계약을 했는데 어떡하죠? 빨리 좀 오지 그랬어요."

불협화음을 즐겨라

불협화음을 즐겨라! 아무리 좋은 부모자식간에도, 부부간에도 의견 충돌은 있게 마련이다. 고객과 생기는 불협화음을 즐길 수 있어야 진정한 프로라고 할 수 있다. 탁월한 영업관리자라면 영업사원간의 생산적인 불협화음을 부추길 수 있어야 한다. 쥐 죽은 듯 조용한 조직에서 높은 생산성을 기대할 수는 없다.

일을 하고, 새로운 것을 창조하기 위해서는 당연히 시끌벅적해야 한다. 고객이 영업사원에게 터뜨리는 불평이나 회사에 하는 항의를 당연한 것으로 받아들이고 조율하기에 힘써라. 당신이 받는 수수료는 불협화음을 조율한 대가라고 생각하자. 고객이 당신이 원하는 대로 움직이지 않는다고 해서 의기소침한다거나 '나는 지지리도 운이 없어!' 또는 '이 길은 내 길이 아닌가 봐' 라고 생각한다면 이 세상에서 당신이 할 일은 아무것도 없고 갈길은 막막하고 멀기만 하다.

반론을 포용하라

당신의 의견에 반론을 제기하는 사람을 포용하라. 영업관리자의 실수를 지적하는 영업사원은 일을 잘하는 사원이다. 목소리가 작은 사원이라면 실적 부진으로 언제 그만두라는 권유를 받을지 몰라 전전긍긍하고 있다고 보면 맞다.

고액의 보험료를 납부할 능력이 있는 고객은 상담하는 영업사원의 능력을 테스트하려고 할 것이다. 그런 고객이라면 이미 많은 영업사원에게 보험에 관한 정보를 제공받아 어쩌면 당신보다 더 많은 보험지식을 갖고 있을 수도 있다. 그는 당신이 제시한 설계서의 단점을 반론으로 지적할지도 모른다. 그런 경우 고객의 정당한 지적을 적극적으로 수용하지 않으면 안 된다. 고객의 정당한 지적을 수용한 경우 당신이 잃는 것은 약간의 자존심이지만 그렇지 않을 경우 당신이 잃는 것은 전부가 될 수도 있다.

8 게임의 도구는 바꿀 수 있다

　힘이 엄청나게 좋은 벌목공과 힘이 약한 벌목공이 있었다. 산림주는 더 많이 나무를 베는 사람에게 두 배의 임금을 주겠다고 했다.

　첫날은 당연히 힘이 센 사람이 더 많은 나무를 베어 두 배의 임금을 받았다. 그러나 며칠 후에는 상황이 바뀌어버렸다. 힘이 약한 벌목공이 더 많은 나무를 베는 것이었다. 힘이 센 벌목공은 화가 나서 더욱 열심히 쉬지 않고 나무를 자르다보니 결국은 몸살이 나서 눕고 말았다. 힘센 벌목공은 자신의 힘을 너무 믿은 나머지 쉬지 않고 나무를 베다가 체력이 떨어지고 또 톱날과 도끼날이 무디어져서 효율성이 떨어져버린 것이다. 그러나 힘이 약한 벌목공은 힘이 약한 자신의 약점을 보완하기 위해 끊임없이 톱과 도끼를 손질하면서 휴식으로 체력을 안배하면서 일을 하다보니 결국은 승리에 이를 수 있었다.

　모름지기 일을 할 때 자신의 약점을 보완해 가면서, 자신의 도구를 돌보면서 일하라는 충고로 많이 사용되는 일화이다. 그러나 아무리 톱

날과 도끼날을 손질한다고 해도 전기톱을 들고 나타나는 사람을 당해 낼 사람은 없을 것이다. 일을 하는 데 있어서는 이렇게 게임의 도구를 바꾸는 패러다임의 전환이 필요하다.

주먹이 아무리 센 사람도 1.2m 길이의 일본도를 들고 덤비는 사람을 이길 수는 없다. 검을 아무리 잘 쓴대도 M16소총의 총알은 피할 수 없다. M16소총을 아무리 잘 쏘는 사람도 기관총은 이겨낼 수 없으며, 기관총 열 대를 동원해도 장갑차 한 대를 이겨낼 수 없다. 또한 장갑차 열 대를 동원해도 미사일이나 최신 전투비행기에서 투하하는 폭탄을 이겨낼 수는 없다.

이렇듯 경쟁자가 나타나면 상대방과 똑같은 무기로 싸우려고 하지 말고 도구를 바꾸어보는 자세가 필요하다. 안면이 있는 사이라고 하여 말로 계약하려고 하는 설계사보다는 깨끗하게 인쇄된 안내장으로 영업하는 설계사가 신뢰를 얻을 수 있고, 안내장을 들고 영업하는 설계사보다는 노트북으로 무장한 설계사가 고객의 신뢰를 얻을 수 있다. 방문이나 DM(direct Mail)만 의존하는 설계사는 이제 인터넷 이메일을 이용하여 실시간으로 정보를 제공해주는 설계사를 이길 수 없다.

치열한 경쟁사회에서 승리하고 싶으면 과감하게 게임의 도구를 바꾸어라. 사용하던 도구를 과감하게 집어던지고 새로운 도구를 사용하라. 상대방과 같은 무기를 갖고 매일매일 반복되는 게임을 하지 말고 무기를 과감하게 바꾸는 사람이 게임의 주도권을 쥐게 되어 있다.

상대방에게 밀린다고 생각하면 계속 현재의 방법으로 싸우려 하지 말고 게임의 방법을 바꾸어 보라.

영업실적이 저조하다고 생각될 때는 생활 패턴을 바꾸어 보는 것도 좋다. 새벽 4시에 노량진 시장이나 가락동 시장에 가보라. 사람들이

땀흘리며 열심히 사는 모습을 보면, 지금 당신이 얼마나 안이한 고민에 빠져있다는 것을 알게 될 것이다.

상대방과 똑같은 생각을 하면서 이기려고 하지 말고 생각의 기본틀을 바꾸어라. 생각의 기본틀을 어떻게 바꾸어야 되는지 모르겠거든 전 조흥은행 이종연 행장과 같이 물구나무서기로 세상을 바라보라. 그러면 이제까지 보아왔던 세상이 거꾸로 보이면서 새로운 세상을 만나게 될지도 모른다.

제 3 장

목표달성을 위한 영업전략

영업조직의 리더는 다양한 스타일을 가진
부하사원들을 포용하여 회사가 부여한
목표를 달성하지 않으면 안 된다.
마케팅 전쟁에서 최종승자가 될 수 있는
구체적인 기법과 사례를 알아보자.

I 시장에서 출발한 영업전략을 펴라

모든 영업전략은 시장에서 출발해야 한다. 시장이 무엇을 원하고 있는가를 정확히 분석하여 시장의 요구수준보다 앞선 상품과 서비스를 제공하는 회사와 영업사원은 고객의 존경을 받을 수밖에 없다.

반면 회사의 입장에서만 영업전략을 펴거나, 선진외국의 기술이라 하여 무조건적인 모방을 일삼으면 고객으로부터 외면당하게 된다. 보험회사 차원의 마케팅 전략이나 지점 차원 또는 영업사원 차원에서도 시장에서 출발한 마케팅 전략을 펴야 한다는 데 이의를 다는 사람은 없다. 그러나 시장을 어떻게 분석하고 접근해 나가야 하는지에 관하여 갖가지 이론이 펼쳐지고 있다.

보험 마케팅에서 시장을 분석할 때는 우선적으로 외부요인을 분석하고, 내부적으로 회사 및 영업사원의 능력 및 준비상태를 분석하여 전략적 대응을 펼쳐야 한다.

현재 거래하고 있는 계약자들과 향후 거래하고 싶은 고객들을 연상

한다면 현재의 시장을 어떻게 확대해야겠다는 자연스러운 답이 나올 것이다.

외부요인 분석 : 고객 · 경쟁자 · 환경 분석

외부요인 분석을 할 때는 어떤 고객과 거래할 것인가, 내가 경쟁해야 할 동종업계의 경쟁자들은 어느 정도의 실력으로 무장되어 있는가, 시장은 현재 팔려고 하는 상품에 대하여 어떤 반응을 보이고 있으며 성장 가능성은 어느 정도인가, 정부 차원 · 회사 차원의 지원상태와 경제의 흐름은 어떤 반응을 보일 것인가를 집중 분석해야 한다.

첫째, 고객을 분석한다

• 현재 나와 거래하고 있는 고객은 어떤 고객들인가?

나에게 이익이 되는 고객들인가, 아니면 손해를 끼치고 있는 고객들인가? 만약 손해를 끼치고 있다면 상품이나 서비스를 변경하고, 이익을 볼 수 있는 고객의 경우 신속하게 변화를 시도하고, 만약 지속적으로 나의 시간과 정보와 지식 등 거기다 경제적인 면까지 손해를 끼치는 고객이라면 과감하게 포기하는 것이 좋다.

• 추가로 가입해줄 여력이 고객 본인에게는 어느 정도 있는가?

추가 가입의 여력이 있는 고객에게 시간과 서비스를 집중하는 것이 좋다. 그렇다고 여력이 없는 경우 무시하라는 것은 아니다.

- 고객은 어느 정도의 인맥을 형성하고 있는가?

  주변에 개인적으로 많은 인맥을 형성하고 있는 고객은 적극적으로 설득, 영업의 협력자로 만든다.

- 고객은 어떤 집단이나 조직에 소속되어 있는가?

  회사의 급여담당자라면 종업원이 보험가입을 희망하면 급여공제를 협조받고, 협회나 모임의 회장이라면 회원 전원을 소개해 주도록 유도한다.

- 고객은 나에게 무엇을 원하고 있는가?

  이것은 대단히 중요한 질문이다. 노후준비에 관심이 있는 고객이면 연금보험이 필요할 것이고, 재산증식이 필요한 고객은 세법을 활용한 장기저축성 보험이 필요할 것이고, 만약의 사고에 대비책이 필요한 고객은 종신보험이 필요할 것이다.

- 고객은 나의 일에 어느 정도의 지식을 갖고 있으며 우호적인가?

  고객의 수준을 파악하는 것은 대단히 중요하므로 일방적인 상품 소개보다 고객의 수준을 파악하기 위한 질문을 통하여 화법의 수위를 결정해야 한다.

- 고객은 나를 통하여 어떤 정보와 지식을 얻기를 원하는가?

  고객이 관심있는 분야에 관하여 대화를 진행해야 당신의 목적을 달성하기 쉬워진다.

둘째, 경쟁자를 분석한다

- 나의 경쟁자는 누구인가?
- 경쟁자는 어느 정도의 실력을 갖추었는가?
- 경쟁자는 어느 정도의 성과를 나타내는 사람인가?
- 경쟁자에 대하여 고객은 어떤 이미지를 갖고 있는가?
- 경쟁자는 고객에게 어느 정도의 비용을 지출하고 있는가?
- 경쟁자는 고객에게 어떤 문화와 상품을 판매하고 있는가?
- 경쟁자의 강점(브랜드, 시장점유율, 상품개발)은 무엇인가?
- 경쟁자의 약점은 무엇인가?

시장에서 경쟁자를 제치고 고객의 선택을 받기 위해서 격렬한 경쟁과 전투(?)가 벌어지지만, 경쟁에서 승리하기 위해서는 경쟁자의 강점과 약점에 대하여 사전에 먼저 파악하여 약점을 무력화시키고, 강점을 우회하는 전략으로 선수를 치는 것이 좋다.

셋째, 시장을 분석한다

- 내가 일하려고 하는 시장의 크기는 어느 정도인가?
- 이 시장은 향후 어느 정도 성장할 것인가?
- 이 시장은 어느 정도 이익을 가져올 것인가?
- 이 시장을 공략하기 위하여 어느 정도의 비용을 지출해야 하는가?
- 이 시장에서 생겨나는 이익은 어떻게 분배해야 하는가?
- 이 시장에 내가 진입하는 데 장벽은 무엇이고 진입 후 경쟁자를 막을 수 있는 방법은 있는가?

내가 진입하기 쉬운 시장은 경쟁자도 진입하기 쉬운 시장이며 내가 이익을 보는 시장은 경쟁자들이 신속히 진입하려고 할 것이다. 여기에 대한 방어책을 적절히 구사하는 것도 어찌 보면 신규 시장 개척보다 중요하다.

- 이 시장의 구성원은 어떤 성향의 소유자들인가?
  고객의 학력, 경력, 직업적 특성을 고려한 마케팅 전략이 필요하다.

- 이 시장에서 성공하려면 핵심 성공요인은 무엇인가?
  의사와 공인회계사는 전혀 성격이 다른 시장이다. 의사들에게 성공했던 방법을 공인회계사들에게 적용한다면 비용 및 시간과 인력의 낭비를 가져올 것이다. 공략시장별 고객의 특성에 맞는 핵심성공 요인을 빨리 발견하는 회사가 경쟁에서 승리하게 된다.

시장분석의 목적은 투자 자본 대비 돈을 많이 벌기 위함이다. 만약 시장에서 돈을 벌기가 너무 어렵다면 투자할 곳이 아니라는 것이며, 위험요인이 있더라도 돈을 벌 수 있는 시장이라면 과감하게 투자해야 한다.

넷째, 환경을 분석한다

- 내가 사용할 수 있는 기술(상품, 자료, 노트북 등)은 어느 정도이고 고객은 어떤 기술을 활용하는가?
- 국가정책은 우리 회사의 마케팅에 어떤 영향을 미칠 것인가?
- 회사의 정책은 나의 영업에 어떤 영향을 줄 것인가?

- 경제동향에 따른 시장의 반응은 어떤 반응(위축, 보합, 호황)을 보이고 있는가?
- 시장에 형성된 문화는 보험에 어떤 반응(우호, 관망, 비판, 비난)을 보이고 있는가?
- 해당시장의 인구 대비 보험 가입비율은 어느 정도인가?
- 개인이 가입하는 보험 이외에 조직(회사, 정부 등) 차원의 별도의 보장 대책이 있는 시장인가?
- 시장의 환경은 일반 보험 영업사원들에게 어느 정도 개방되어 있는가?

환경분석은 외부요인에 의해 만들어지는 새로운 기회와 위협에 대한 확인과 이해를 위한 것이다. 특정시장에 대한 제한적인 환경분석이 관리나 결과획득에 있어서 유용하며 광의적인 분석은 마케팅에 큰 도움이 되지 않는다.

외부분석은 조직의 외부적 관계요소가 연관되어 있다. 분석은 제한적이며, 기회요인·위협요인·경향·전략의 불확실성·전략 선택에 중점을 두어야 한다. 외부분석은 사업에 대한 전략의 불확실성에 대한 확인이며 만약 그 불확실성이 크다면 전략 결정에 대한 보다 차원 높은 분석이 필요하다.

내부분석 : 성과분석과 전략선택

외부적 분석에 의하여 거래가 형성되려고 하거나 거래가 시작된 시장에 대하여는 내부적인 분석을 통하여 상품 및 서비스의 수준을 지속적으로 개선해야 한다.

내부분석은 전략적으로 중요한 측면에 대한 이해를 세부화시키는 것을 목적으로 한다.

첫째, 성과를 분석한다

- 해당 시장에서 어느 정도의 매출을 올렸는가?
- 해당 시장은 매출 대비 어느 정도의 수익을 주는 시장인가?
- 해당 시장으로 인해 기업의 브랜드는 어떤 영향을 미치고 있나?
- 해당 시장의 고객만족도는 어느 정도인가?
- 해당 시장에 출시할 신상품은 어떤 상품이어야 하는가?
- 해당 시장에서 활동하고 있는 영업사원의 능력 및 성과는 어느 정도인가?
- 해당 시장에서 판매되고 있는 상품의 포트폴리오에 의한 종합 수익률은 어느 정도인가?

  포트폴리오는 상품 차원에서만 분석할 것이 아니라 시장에서의 사업혼합(business mix)도 함께 분석하여 조절할 필요가 있다.

- 성과분석은 과거 전략의 평가와 현재 시장에서의 향후 생존능력을 측정하는 것이며 마케팅에서는 재무적 성과 못지않게 비재무적인 성과분석도 중요하다.

둘째, 시장에 대한 전략적 선택을 한다

- 시장에 대한 과거의 전략은 무엇이었는가?
- 시장에 대한 현재의 전략은 유효적절하게 잘 먹혀들고 있는가?
- 전략이 먹혀들지 않는다면 무엇이 문제인가?
- 전략이 잘 먹혀들어 간다면 여기에 대한 보완책 내지는 경쟁자에 대한 진입장벽은 어떻게 쌓아야 하는가?
- 회사에 대한 시장의 충성도를 높이기 위하여 보완해야 할 점은 무엇인가?
- 시장에 대한 비용지출은 적절한가?
- 현재 시장에서 나의 장점은 무엇인가?
- 현재 시장에서 나의 단점은 무엇인가?

내부적으로 시장에 대한 추가투자와 현수준 유지와 철수에 대한 전략을 수립해야 한다. 중요하게 다루어야 할 것은 추가투자와 현수준 유지전략보다도 철수로 결정을 했을 때 전술적 능력이 리더에게 더욱 필요하다. 즉, 보험에서 시장 철수비용은 재무적으로 측정이 불가능하지만 자칫하면 엄청난 마이너스 비용을 지출해야 한다.

시장에 대한 의문은 영업사원이든 회사든 지속적으로 제기해야 한다. 시장에 대한 전략은 때를 정해 놓고 논의될 내용이 아니라 항상 생활화되어야 한다. 즉, 문제점을 파악하기 위하여 노력하고 문제가 발견되면 대체 가능한 전략을 확인해야 한다.

아무리 훌륭한 전략도 시장에 근거하지 않으면 급격한 생산성 향상을 기대할 수 없다. 영업사원이든 회사든 좁은 시야로 고객을 한 명의 개인으로만 보지 말고, 고객을 중심으로 형성되는 시장을 읽을 수 있는 눈이 있어야 하며, 그것은 모든 고객에 대하여 앞에서 언급한 질문을 구체적으로 제기해 보면 답이 나올 것이다.

모든 고객과 시장은 정지해 있지 않으며 항상 살아 움직이는 생명체이다. 모든 시장에 똑같이 적용될 전략은 없다. 따라서 가장 효과적인 시장전략은 지역별, 직업별, 연령별, 경력별 특성에 맞추어 자신의 역량과 에너지를 적절히 투자하는 것이다.

2 목표가 전략을 결정한다

어떤 시장에 가서 일할 것인가?

만약 기업체 시장을 선정했다면 기업연감이나 인터넷을 활용하여 정보를 수집할 필요가 있다. 순이익이 큰 기업, 종업원수가 많은 기업을 선정하여 방문하는 것이다. 그렇게 되면 많은 종업원들을 개인보험에 가입시킬 수 있고, 기업 차원에서 후생복지형 상품을 일괄 구입할 수도 있다. 또한 기업자금을 상담해 줄 수도 있다.

기업을 처음 방문하면 먼저 후생복지담당자, 자금담당자, 인사담당자와 인사하고 신뢰를 쌓을 필요가 있다. 이러한 사람들과는 계약 체결에만 급급하여 서두르지 말고 신뢰관계를 구축하는 데 노력해야 한다.

개인시장을 집중해야겠다고 판단했다면 돈 많은 사람을 대상으로 삼을 필요가 있다. 현금 재산이 10억 이상 되는 고객을 100명 정도 확보, 신뢰관계를 구축한다면 당신도 곧 10억 이상의 현금을 가진 사람이 될 수 있다. 경력이 오래된 설계사라면 당신의 고객을 재분류하여 가입 여력을 분석해 보는 것이 좋다. 10만 원짜리 보험 100건을 받아도 월보험료는 1000만 원밖에 되지 않는다. 그러나 단 한 명에게 1000만 원짜리 보험을 받을 수 있다면 당신은 누구에게 정성을 들일 것인가?

타깃 시장을 잘 선정해야 목적을 달성할 수 있다. 고기를 잡으러 바다로 갈 것인가, 저수지로 갈 것인가? 자, 이제 목표시장을 선택했으면 목표에 대한 정보와 자료수집 및 분석을 철저히 한다. 그리고 바로 행동에 들어간다. 다음에 설명되는 기법을 중복해서 활용하면 효과가 크다.

새로운 지역 개척

고객을 확보하기 위한 가장 고전적인 방법은 개척이다. 어떤 지역을 선정한 후 무작위로 방문하여 명함을 주고받고, 지속적 방문으로 신뢰관계를 구축하여 마침내 계약을 이끌어내는 방법이다. 생산성이 낮은 편이지만 그러나 신입사원이나 영업을 처음 하는 사람으로 연고가 풍부하지 않은 사람은 시도해볼 만한 방법이다.

어느 지역을 갈 것인가는 본인이 선택해야 한다. 아파트 단지를 가더라도 어느 아파트가 고급아파트인지 서민아파트인지 판단해야 하고, 기업체의 경우도 상세한 정보가 필요하다. 사전에 계산을 치밀하게 하지 않으면 효율성이 떨어진다.

다이렉트 메일

- 타깃 시장의 인명부가 입수되면 정교한 문서를 만들어 DM(Direct Mail)을 발송한다. DM은 방문 개척보다는 시간과 에너지를 어느 정도 절약할 수 있다. 그러나 고객이 보지 않을 가능성이 있으므로 신중한 대응이 요구된다.

- DM 발송시 유의사항
- 봉투를 선정할 때 고객이 대량 발송문서로 느끼게 되는 디자인보다는 깔끔하면서도 정성이 깃든 봉투를 선정해야 한다.
- 고객의 주소는 라벨 작업을 한 번 해두면 지속적으로 사용할 수 있어서 시간을 줄일 수 있다.
- 고객의 이름은 되도록이면 한글을 사용해야 하고 한자를 사용할 때에는 틀린 한자를 사용하지 않도록 주의를 기울여야 한다.
- 우표는 되도록이면 '요금별납'을 사용하지 말고 우표를 붙이는 것이 좋다. 우표가 붙어 있지 않을 경우 고객은 대량 발송문서로 판단하고 뜯어보지 않을 확률이 높다.
- 봉투에 접착제로 붙일 때는 내용물과 봉투가 붙지 않도록 주의해야 한다.
- 봉투를 완전히 밀봉하지 말고 중간 부분만 붙임으로써 고객이 봉투를 뜯을 때 불편하지 않도록 배려한다.
- 안내장을 만들 때 복사용지는 사용하지 않는 것이 좋다. 정성 없다고 판단하거나 알리고자 하는 상품의 내용도 복사품이라고 생각한다면 괜히 우표값만 낭비하는 꼴이다.

안내장의 내용은 첫장에서부터 마지막 장까지 논리적으로 전개되어야 한다. 예를 들어 연금보험 소개는 다음과 같이 하면 된다.

1. 노후준비란?
2. 노후준비의 필요성
3. 노후준비를 위한 제도(국가차원-국민연금, 기업차원-퇴직금 등, 개인차원-개인연금 등)
4. 개인연금이란?
5. 개인연금을 취급하는 기관별 비교
6. 생명보험의 장점
7. 소속회사의 장점
8. 상품소개
9. 상품 가입자의 만족도(신문 스크랩 등 가입 후 수혜사례)
   - 논리의 전개가 고객의 입장에서 출발하여 전개되어야 하며 영업사원이나 보험회사 입장에서 출발한 논리는 설득력이 약하고 효과가 절반밖에 되지 않는다.
   - 신문 스크랩을 사용한다면 기사가 게재된 신문의 이름과 일자를 정확히 나타내야 한다.
   - 다른 보험회사의 자료는 객관적으로 신문에 공표된 내용을 그대로 인쇄하는 것이 아니면 하지 않는 것이 좋다. 사후에 시비의 여지가 있고, 은행이나 증권·투신·농협 등 다른 금융기관과의 비교도 신중해야 하며 객관적으로 증명할 수 있는 자료를 사용해야 한다.
   - 발송한 문서의 내용을 비교대상 금융기관 종사자가 본다고 생각하고 언제 어떠한 항의를 받더라도 반박할 수 있는 자료를 사용한다.

- PC를 사용하여 정교하게 컬러로 프린트하는 것이 좋다. 이때 컬러는 3색 이내로 하는 것이 좋으며, 너무 많은 컬러를 사용하여 조잡하게 보이지 않도록 해야 한다. 안내장이 조잡하게 느껴지면 상품내용도 조잡하다고 생각할 것이다.
- 다수의 고객에게 대량으로 발송하는 DM이라면 상품내용은 정교하게 인쇄를 하는 것이 좋다. 이런 경우 발송자가 간단한 인사장을 첨부하면 대량발송 문서가 아니라는 인상을 줄 수 있다.

■ 고객 데이터베이스 확보 및 관리
- DM발송용 고객명부는 한 번이라도 직접 만난 고객을 위주로 하는 것이 가장 이상적이다.
- 기계약자로부터 소개를 받고 DM을 발송하는 것도 효과적이다. 예를 들어 어떤 모임의 총무로부터 전회원의 명부를 입수하여 일괄적으로 DM을 발송하면 많은 시간을 절약할 수 있다.
- 임의로 입수한 고객정보는 개인정보보호라는 분쟁에 휘말릴 여지가 있으므로 사용하지 않는 것이 좋다. 그 자료를 사용하여 계약을 몇 건 할 수 있을지는 모르지만 나중에 문제가 발생하면 엄청난 정신적, 물질적 피해를 입을 수 있다.

텔레마케팅

■ 텔레마케팅(Telemarketing)은 고객과의 커뮤니케이션을 위한 시간과 비용을 절감할 수 있는 아주 유용한 수단이다. 그러나 고객과

영업사원은 서로 얼굴을 보지 않은 상태이므로 거절할 확률이 높다는 단점이 있다. 따라서 정교한 언어를 사용해야 하며 고객이 신뢰할 수 있는 목소리의 소유자여야 한다.

■ 전화활용시 유의사항
• 사전준비
  - 전화할 사람의 리스트를 작성하여 메모 준비를 한다. 리스트에는 성명 · 전화번호 · 생년월일 등의 기초정보와 통화기록란이 있으면 좋다.
  - 스크립트를 준비한다. 첫인사와 전화를 한 목적, 통화 가능여부, 통화불가시 통화가능 시간예약, 거절시 대응화법, 면담요청 화법 등을 치밀하게 준비하여 고객이 어떻게 나오더라도 면담할 수 있는 대응책을 세워야 한다.

• 전화통화
  - DM을 발송하고 나면 고객이 받아보았을 기일을 계산하여 3일 이내에 전화, 반응을 점검해야 한다. DM을 발송하고 앉아서 마냥 기다리는 것은 고기가 있는지 없는지 점검하지도 않고 무작정 낚싯대를 드리우고 세월을 낚는 사람과 같다.
  - 음성에 미소를 담아야 한다.
  - 올바른 자세를 유지한 채 통화해야 한다.
  - 적절한 속도로 말한다. 너무 빠르면 못 알아듣고, 너무 느리면 지루하다.
  - 전문용어를 사용하지 말아야 한다.

- 정확한 발음으로 말하고 답변한다.
- 고객의 말을 끝까지 경청한다.
- 고객의 말을 듣고 있다는 것을 표현한다("저도 그렇게 생각합니다" "훌륭하시군요" "대단하십니다" "역시!" 등).
- 질문화법을 적절히 활용하여 고객이 말을 하도록 유도한다.
- 전화를 건 목적은 면담을 약속하는 것으로 하라. 전화로 상품을 이야기하는 것은 고객에게 거절의 명분을 만들어 줄 뿐이다.
- 고객과의 약속내용은 마지막에 다시 한 번 요약한다("다음주 수요일 오후 세 시에 선생님의 사무실에서 만나는 것으로 약속하였습니다" 등).
- 수화기를 내려놓으면서 본인의 소속과 이름을 밝힌다.

■ 사후관리
- 고객과의 통화내용은 거절내용까지 상세히 기록한다. 어쩌면 다음에 유용한 정보로 활용할 수 있다. 가령 예를 들어 "지난 3월 1일 선생님께서는 바쁘시다면서 전화를 끊으셨습니다. 오늘은 통화가 가능하시겠습니까?"라고 말하면 고객은 미안해하거나 오늘 대화에 응하지 않으면 또 전화할 사람이라고 판단하고 대화에 응할 것이다.
- 고객으로부터 받은 정보는 회사 내에서 보안이 유지되도록 해야 한다. 해당 설계사뿐만 아니라 관리자들도 입수된 고객의 정보가 절대로 개인용도로 사용되지 못하도록 시스템을 갖추어야 한다.
- 최고의 전화예절은 잘 말하는 것이 아니라 잘 듣는 것이다.

효과적인 브리핑

어느 조직을 막론하고 다양한 모임이 있다. 고객 열 명에게 보험의 필요성에 대하여 열 번 이야기하는 것보다 어떤 모임에서 한 번에 열 명을 설득하는 것이 더 효율적이다.

■ 사전준비
• 브리핑의 중요성을 충분히 설명하여 모임 주관자의 협조를 받아낸다.
• 사전에 장소를 답사하고 참가인원을 파악하고 모임의 성격을 파악한다.
• 참가자에게 배포할 인쇄물을 철저히 점검하여 충분히 준비한다.

■ 브리핑
• 브리핑 당일에는 미리 도착하여 진행상황을 점검한다.
• 참가인원에 따라 브리핑을 하는 사람과 보조할 사람이 역할을 분담하여 사전 예행연습을 실시한다.
• 브리핑 순서
  - 인사말(모임을 주관한 이에 대한 감사, 또는 참가자를 만난 기쁨 표현), 보험의 필요성, 소속 보험회사의 장점, 상품의 장점, 기가입자의 만족도를 활용한 가입권유, 차후 진행상황 등으로 진행한다.
  - 브리핑을 진행하면 보조자는 개별질문에 대한 답변과 설득작업을 동시에 진행한다.

■ 사후관리

참가자와 참가하지 못한 사람을 구분하여 차후 개별공략을 진행한다. 설계사는 참가자들을 일일이 기억 못하더라도 고객은 기억을 하게 되므로 개별방문을 하게 되면 효과가 배가 된다. 참가하지 못한 사람의 경우 전화를 하여 그날 모임에서 만나지 못한 것에 대한 아쉬움을 나타내면서 본론에 들어간다.

소개로 이어가기

■ 모든 영업활동이 그렇지만 고객과 영업사원이 만나서 친해지고 신뢰가 형성되고 서로의 목적에 대한 일치가 있으면 바로 계약이 성사된다.

따라서 고객을 만나 바로 신뢰를 확보할 수 있다면 많은 시간과 비용을 절약할 수 있다. 고객이 이미 신뢰하고 있는 사람이나 기관의 신뢰도를 활용하여 영업을 하는 것이 소개 마케팅이다. 연고시장이나 1차 소개시장, 2차 소개시장은 고객확보 전략으로서 대단히 유망하다.

■ 개인으로 소개받는 방법

기계약자나 지인에게 소개를 의뢰해야 한다. 완전한 신뢰가 이루어지지 않은 상태에서 소개를 의뢰하면 소극적으로 소개가 이루어져 결과가 안 좋을 확률이 높다. 보험가입을 권유하여 거절한 사람에게 소개를 부탁하면 그 고객의 보험가입은 영원히 포기하는 것과 같다. 소개를 의뢰하는 가장 좋은 시기는 계약을 체결하고 증권을 전달하는 시기이다. 증권을 전달하면서 고객에게 좋은 혜택을 나누어 갖도록 권유하면서 자연스럽게 소개를 의뢰한다. 보험계약을 체결하는 날에는 가입자 본인의 계약을 축하해 주는 것에 초점을 맞추어야지 성급하게 소개를 의뢰하면 부정적 이미지를 줄 수 있다.

그리고 소개받을 사람의 범위를 정해 주는 것도 좋다. 예를 들어 "선생님이 가장 친하게 지내시는 분 중에서 선배 한 명, 후배 한 명을 소개해 주십시오"하는 식으로 대학동문 중에서, 회사후배 중에서, 친척 중에서, 형제 중에서 등으로 구체적으로 의견을 제시하는 것이다. 이름을 소개받고 나면 소개자의 인적 사항, 직업, 직위, 소득 정도, 가족관계 등을 자연스럽게 질문하여 정보를 획득한다.

정보 파악이 완료되면 고객이 직접 전화해서 "○○생명에 근무하는 유능한 젊은이를 보낼 테니 꼭 만나보라"고 전화통화를 하도록 유도해야 한다. 그렇지 않으면 "어쩔 수 없이 네 이름과 전화번호를 알려주었으니 네가 알아서 해" 하고 미리 전화할지도 모른다.

■ 단체로 소개받는 방법

고객을 소개해 주는 사람이 꼭 개인일 필요는 없다. 고객이 소속해 있는 회사나 단체로부터 소개를 받는 것은 대단히 유용한 마케팅 활동이다. 예를 들어 보험회사 명함을 갖고 변호사를 방문하는 것보다 변호사협회장의 소개를 받는다든지, 협회의 공식문서로 추천을 받아 변호사를 만나면 더욱 확실하게 고객에게 접근할 수 있다. 협회나 사내에서 발행되는 신문에 광고나 기사를 게재하는 것도 좋고, 홈페이지나 근거리통신망을 갖고 있다면 이러한 디지털 수단을 활용하는 것도 좋다. 협회신문에 기사화된다면 회원들은 협회에서 이미 상품 내용을 충분히 검토했을 것이라 생각하기 때문에 개별적으로 만났을 때 자연스럽게 보험상품을 이야기할 수 있다.

■ 소개 후의 사후관리

소개를 받고 나면 즉시 고객을 찾아가야 한다. 소개를 받고 시간이 지날수록 효과는 줄어든다. 찾아가서 처음 5~10분간은 피소개자에 대한 이야기라든가, 전해들은 내용으로 분위기를 살리면서 친근감을 쌓을 필요가 있다.

일의 진행 내용은 최초 소개를 해준 사람에게 지속적으로 보고해 주는 것이 좋다.

"과장님이 소개해 주신 분은 아직 보장의 필요성을 잘 모르고 계셨습니다. 지속적으로 말씀드려서 곧 가족사랑을 실천하도록 도와드리겠습니다."

"과장님의 소개 덕분에 그분도 오늘부터 5억의 상속재산을 갖게 되었습니다. 친구분과 그 가족을 위해 과장님께서 대단히 큰 도움을 주신 겁니다."

이렇게 되면 지속적인 협조를 받아낼 수도 있고, 좋은 관계를 확산할 수 있다.

급변하는 시장의 요구를 수용하여 우수고객으로부터 사랑받는 회사가 되는 것은 모든 회사가 풀어야 할 과제이다. 보험영업에서 보험 가입여력이 풍부한 우수고객을 확보하기 위하여 설계사의 연고에만 의존하는 방법은 큰 성과를 기대할 수 없다. 영업관리자 또는 회사 차원에서 우수고객을 확보하기 위한 시스템을 구축하고 그들을 만족시키기 위한 프로그램을 전략적으로 추진하여야 한다. 또한 설계사들도 무작위로 많은 고객을 만나느라 시간을 낭비하지 말고, 인터넷 활용능력이 우수한 고객이나 소액계약자는 인터넷으로 관리하고, 나이가 있고 고소득층 고액계약자는 DM으로 관리하면서, 직접 방문을 할 때는 명분을 살리는 것이 시간과 비용을 절약하면서 효율을 높일 수 있다. 이제는 고객을 세부적으로 구분하여 차별화된 서비스를 제공해야 한다.

흔히 "고객은 왕이다"라는 표현을 쓴다. 그러나 왕도 왕 나름이다. 연산군 같은 폭군도 있고 세종대왕 같은 훌륭한 왕도 있다. 과거에는 어느 왕을 모실 것인가에 대한 선택권이 국민에게 없었지만 현재는 어

▌ 전략지도 만들기 ▐

신규고객을 만나면 영업사원은 자기 입장에서 이야기하기 쉬운데 항상 다음의 전략지도를 참고하라.

1. 고객 유형을 먼저 결정하라.
2. 경쟁자(설계사, 영업관리자, 동업타사의 출입자)를 당신의 잠재고객이나 파트너로 만들어라.
3. 팀워크를 통해 시스템과 전략을 통일시켜라.
4. 고객과 내가 상승(上昇)하는 이상적인 비전을 가지고 프로젝트를 시작하라.
5. 잠재고객을 끌어들이기 위해 가치 있는 것을 무료로 제공하라.
6. 고객이 상품을 조합할 수 있도록 독특한 구성요소들을 제공하라.
7. 광범위한 해결책을 제공하는 능력을 개발하라.
8. 장기적인 발전을 위해 단기적인 손해를 감수하라.

느 왕을 선택할 것인가의 선택권이 국민에게 있다. 따라서 고객도 어느 영업사원을 선택할 것인가 하는 선택권이 있지만, 영업사원 자신도 어느 시장에서 영업을 할 것인가 하는 선택권을 스스로 갖고 있다.

고객이라고 해서 무조건 훌륭한 것은 아니다. 영업사원에게 무리한 요구를 하면서 이익을 챙기는 도둑형 고객도 있고, 별것도 아닌 것을 갖고 이상한 소문을 내어 영업사원을 곤경에 빠뜨리는 고객도 있다. 영업사원의 인격과 지식도 고객의 입장에서 보면 상품이듯, 어떤 고객과 거래하는가에 따라 영업사원의 질이 평가된다. 거래하는 고객의 질은 다른 고객의 입장에서 보면 하나의 상품이다.

예를 들어 어느 병원에 가서 치료를 받는데 유명 연예인과 장관들과 사회지도층에 해당하는 사람들이 많이 오면 의사의 진료실력이 높다고 평가하고 훌륭한 병원이라고 생각하기 쉽다. 따라서 기왕이면 보험영업사원들도 이제는 훌륭한 인격을 갖춘 고객, 재산이 많은 고객, 종업원의 미래를 생각하는 회사와 거래하기 위해 노력하는 것이 좋다.

3 핵심고객을 공략하라

사람은 그 친구를 보고 평가하고, 나무는 열매를 보고 평가하고, 회사는 고객을 보고 평가한다.

보험 영업사원에 대한 평가는 어떤 고객과 거래를 하는가에 따라 평가할 수 있다. 즉 사회적으로 명망있고 훌륭한 고객을 많이 거래하는 영업사원은 품위있는 영업사원이며, 소액계약자들만 보유하고 있는 영업사원은 보통사원이며, 그러한 고객으로부터 민원에 시달리고 있는 영업사원은 별볼일없는 영업사원이다.

품위있는 고객과 차원 높은 거래를 하면서 높은 소득을 올리고 개인적으로 여가생활도 즐기고 사회에서 인정받는 영업사원이 되기 위해서는 영업사원 본인이 자신을 갈고닦는 노력도 중요하지만, 우수한 고객을 선택하여 품위있는 마케팅을 할 필요가 있다.

나의 고객은 누구인가?

기존에 본인이 거래하고 있는 고객에게 무조건적인 친절을 베푸는 것은 영업사원의 차원 높은 서비스를 원하고 있는 다른 고객에게 서비스를 제공할 기회를 없애는 결과가 되어 본인에게는 물론 고객에게도 손해를 끼치는 것이라고 볼 수 있다. 따라서 영업사원은 지속적인 이익을 창출하기 위해서는 고객을 분류하여 우량고객을 우대하고 부실고객을 정리해야 한다. 일반적인 관점에서 보험계약자를 분류해 보면 다음과 같다.

우량고객	불량고객
• 고액계약자 • 인맥이 풍부해서 소개를 잘해주는 고객 • 보험료를 연체 없이 납입하는 고객 • 불만을 사실대로 말해주는 고객 • 일을 순리적으로 해결하려는 고객 • 작은 서비스에도 고마워하는 고객 • 원칙대로 따라주는 고객 • 집단고객	• 소액계약자 • 보험료 대납을 요구하는 고객 • 리베이트를 원하는 고객 • 보험료를 연체하는 고객 • 이곳저곳 옮겨 다니는 고객 • 보험 사기꾼 • 역선택(고지의무 위반자) • 상습 민원제기 고객 • 보험가입 후 조기 상습 해약고객 • 무리한 서비스를 요구하는 고객 • 사사건건 타사와 비교하여 무리한 것을 요구하는 고객 • 소개는커녕 본인의 의사와 무관하게 가입했다고 주장하는 고객

• 우량고객 : 보험 영업사원이나 관리자들의 경우 우량고객에게 더 좋은 서비스를 제공하기 위하여 시간을 보내는 것보다 불량고객에게 시간을 빼앗기는 경우가 더 많다. 따라서 영업의 목적을 달성하기 위하여 우량고객의 기준을 영업사원 본인의 실정에 맞게 재정립할 필요가 있으며 그들에게 개별적인 서비스를 제공하여 목적을 달성해야 한다. 계약을 잘하고 계약 유지를 잘하는 고객은 우량고객이며 특히 회사에 대하여 잘못된 점을 지적해 주는 고객도 우량고객이다. 잘못된 점을 지적해 주는 고객의 소리를 잘 듣고 받아들이는 것은 마케팅의 기본이다. 우량고객은 다른 경쟁자들도 적극적으로 유치하려는 고객이므로 지속적인 밀착관리가 필요하다. 우량고객에 관하여는 회사 차원에서도 기준을 설정하여 잘 관리해야 한다.

• 불량고객 : 불량고객은 보험회사나 영업사원에게 경제적, 시간적, 정신적으로 손해를 끼친다. 고객이라고 무조건 옳은 것이 아니며 그들이 틀린 경우도 있다. 고객의 틀린 언행에 대해서는 정중하면서도 단호한 조치를 취하는 것이 회사 및 영업사원의 격을 높이는 것이다. 만약 불량고객이 모든 것이 자신의 뜻대로 되지 않는 데 불만을 품고 경쟁사에 간다고 하면 아쉬워하지 말고 기꺼이 보내야 한다.

불량고객을 많이 보유하면 우량고객을 쫓아내는 결과를 가져온다. 따라서 장래성이 있는 고객과 장래성이 없는 고객에 대한 기준을 명확히 정하고 전략적으로 행동하는 마케터가 장기적으로 고객을 리드할 수 있다.

만약 불량고객이 스스로 불량요인을 제거하고 관계를 복원하고자 할 때에는 신중하게 받아들여야 한다. 그것이 의도적인 것이면 차후 회사나 영업사원에게 엄청나 피해를 줄 수 있으므로 불량고객은 철저하게 추적하여 관리하는 것이 필요하다.

① 도둑형

도둑형 고객은 상품이나 서비스의 가격을 다 지불하지 않고 값을 깎는 사람을 말한다. 보험을 가입하려고 할 때 리베이트를 요구하거나 보험료를 대신 납부할 것을 요구하기도 한다. 또한 고의로 사고를 위장하여 보험금을 도둑질하다가 처벌을 받는 고객도 있다.

농한기가 되면 사고를 빙자하여 입원 후 입원급여금을 매년 타 가는 한 고객에게 고객서비스 과장이 정중하게 말했다.

"이번 입원급여금은 정밀조사를 실시한 후에 지급하겠습니다."

"아니, 왜요? 50만 원 미만은 즉시 지급이 보험회사 규정 아닌가요?"

"손님은 그렇지 않겠지만 가끔 허위 입원을 하고 청구하는 사례가 있어서 다른 고객들이 불만이 많습니다."

"자기 돈을 내는 것도 아닌데 다른 고객들이 왜 불만이랍니까?"

"보험회사가 이익이 적으면 손해를 보는 고객들이 발생하니까요. 그래서 실제 입원을 하지 않고 집에 있으면서 입원한 것처럼 해서 청구하는 고객은 끝까지 추적해서 고발조치하기로 했습니다. 지난주에는 한 명이 보험사기꾼으로 판명되어 구속되었습니다."

"과장님 그 서류를 다시 돌려주십시오."

"아니 왜요?"

"보완을 해야 될 것 같아서요"

물론 그 고객은 다시는 입원급여금을 청구하지 않았다.

도둑형 고객은 사전에 발을 붙이지 못하도록 해야 한다. 또한 보험금을 청구했을 때 선의의 고객에게는 신속하게 지급해야 하지만 도둑형 고객은 철저히 색출해내는 회사가 우량회사이다.

② 규칙위반형

대중목욕탕도 남탕에는 남자만 들어가야 하듯이 보험을 가입할 때 고객이 지켜야 할 규칙이 있다. 예를 들어 보험 가입시 자신의 과거 병력이나 직업을 정확하게 알려야 함에도 허위로 기재하여 가입하거나, 보험료 납입시에도 월 단위가 아닌 주 단위 또는 매일 납부하는 보험을 가입하겠다고 하는 것도 규칙 위반형 고객에 해당된다.

이러한 고객을 방지하기 위해서는 영업사원들에게 사전교육을 철저히 시켜 본의 아니게 불량고객의 페이스에 말려드는 일이 없도록 해야 한다. 대부분의 규칙위반형 고객은 내부동조자가 있거나 보험회사 내부사정을 잘 아는 사람들에 의해서 자행된다. 규칙위반 고객이 많이 발생하는 영업사원은 별도의 소집교육을 실시하거나 경고조치하여 앞으로 피해를 줄여 나가야 한다.

③ 호전형

보험회사 객장에서 여사원에게 얼굴을 붉히면서 고함을 질러대거나 욕을 하고 삿대질을 하는 고객을 종종 본다. 보험 영업사원에게 엉뚱한 요구를 하고 들어주지 않으면 트집을 잡아 화를 내거나 나쁜 소문을 내서 영업을 방해하는 경우도 있다. 이러한 고객들에게는 상황에 따라 안정성, 단호함, 예의바름, 동정심, 확신, 설득능력이 필요하다.

④ 내분형

화난 고객들이 객장에 와서 다른 고객들과 싸움을 벌이는 경우도 종종 있다. 지점장 시절 객장에서 한 부부가 싸움을 벌이다가 언성이 높아졌는데 결국 남편과 옆에서 조용히 하라는 고객이 멱살을 잡는 싸움으로 번졌다. 그러자 순식간에 객장은 아수라장이 되었다.

나는 천천히 그들에게 다가가 손을 앞으로 모으고 정중하게 인사를 하며 큰 소리로 이렇게 말했다.

"손님! 대단히 화가 나셨군요?"

"아니, 당신은 뭐요?"

"여기는 교보생명 영업장입니다. 혹시 우리 사원이 손님에게 싸움을 권했습니까?"

"글쎄, 그건 아닌데요."

"손님에게 간곡히 부탁드리고 싶습니다."

"뭡니까?"

"조용히 일을 보시고 싸움은 밖에 나가서 해주시면 감사하겠습니다."

그들은 나의 정중한 태도에 한풀 기가 꺾였는지 싸움을 멈추고 돌아갔다. 영업장소에서 고객간의 싸움이 벌어졌을 경우에는 신중하게 생각하고 신속하게 행동에 옮겨서 해결하고, 어떤 경우에도 싸움에 말려드는 일이 없도록 유의해야 한다.

⑤ 파괴형

서비스 시설이나 각종 기기·장비에 물리적 힘을 가해 손상시키는 고객도 있다. 이러한 고객은 시설 파괴시 복구비용을 본인에게 부담시켜야 한다. 영업소장 시절 모 영업사원은 평상시에는 점잖고 말수가 적고 실적도 좋은 사람이었다. 그러나 술을 한번 먹으면 며칠 동안 지속적으로 술을 먹으면서 기물을 파괴하고 다른 사람들과 시비가 붙었다. 또 책상이나 컴퓨터를 함부로 사용하여 고장을 자주 내는 사원들도 있다. 이러한 경우에도 사전에 교육을 실시하고 복구비용을 본인이 부담하도록 해야 한다.

⑥ 신용불량형

보험에 가입하고 고의적으로 연체를 하거나 실효를 시키는 고객도 있다. 또한 대출을 받고 이자를 납부하지 않는 고객도 있다. 신용불량이 발생하면 보험회사는 즉각적인 조치를 취해야 한다. 시간이 경과하고 나면 고객은 보험료 연체상황을 정당화하려고 하기도 하고, 연체사실 없이 꼬박꼬박 납부해 왔다고 주장하는 경우도 있기 때문이다. 또한 이자 연체 사실을 알려주지 않은 책임을 떠넘기며 적반하장으로 나올 수도 있다.

따라서 신용불량 상황이 발생하면 그 원인을 정확히 파악하여 즉각적으로 대처해야 한다. 고의적인 신용불량자라면 적절한 사유를 들어 거래를 중지하는 것이 장기적으로 볼 때 이익이 된다. 사기꾼을 주변에 두어 이익을 보는 경우는 없다. 만약 불가피한 상황이나 실수로 불량이 발생했다면 적극적인 구제책을 강구해야 한다.

고객을 유치할 때도 장기적으로 이익을 줄 수 있는 올바른 고객을 중심으로 고객 포트폴리오를 구축해야 한다. 많은 고객과 거래하기 위해 노력하지 말고 우량고객과의 거래에 집중한다. 수익성에 영향을 미치는 고객과 새로운 아이디어를 제공하는 고객, 따끔한 충고를 해주는 고객, 로열티 계수가 높은 고객으로 올바른 고객 믹스(customer mix)를 구성하는 데 힘을 집중한다.

고객에 대한 평생 가치관리

고객의 입장에서 나와 거래하는 가치를 상대적으로 알 수 있도록 노력한다.

보험회사 상품 차원에서 보면 어린이에게는 건강보험이나 상해보험이 필요하고, 결혼 후에는 종신보험이 필요하고, 노후준비를 위해서는 연금보험이 필요하고, 재산증식을 위해 장기 저축성 보험이 필요하다.

고객의 삶을 윤택하게 해준다는 차원에서 보면 영업사원의 정성과 거래처를 통한 서비스를 제공할 수 있다. 예를 들어 고객의 기념일을 의미있게 챙겨준다거나 중매를 설 수도 있다. 직장을 전직하고자 할 때 인재를 구하는 회사에 소개해 줄 수도 있고, 보험외적인 재테크(부동산, 주식, 단기저축 등)에 관한 정보를 줄 수도 있다. 황금빛 노후를 즐길 수 있는 정보와 고객의 사업을 도와주는 정보를 제공하고, 건강에 관한 조언을 해줄 수도 있다.

영업은 항상 고객의 입장에서 생각하는 것이 중요하다. 고객의 가정을 만약의 사고로부터 지켜주고, 궂은 일을 도와주고, 노후준비를 해주고, 재산을 지켜주는 역할에 충실해야 한다.

지점장 시절, 20년 이상 억대 연봉을 받고 있던 K팀장이 전직 은행장님을 모시고 왔다.

"행장님! 우리 K팀장을 이렇게 아껴주셔서 감사드립니다. 그런데 어떻게 이렇게 친분이 두텁게 되었습니까?"

"저는 K팀장 덕분에 은행장을 했습니다."

"아니! K팀장 때문에 은행장을 하셨다니요?"

"제가 과장 시절에 뉴욕에 근무하고 있는데 K팀장이 회사 포상으로 연수차 뉴욕에 와서 나를 찾아왔더군요. 반가워서 만났더니 한인 상가의 거래은행을 파악하여 다른 은행을 거래하는 원인을 분석한 자료를 주더군요. 당시 은행원들은 상상도 못할 일이었습니다. 저는 그때의 깨달음대로 K팀장처럼 고객을 생각하며 적극적으로 일을 했습니다. 그 덕분에 임원도 되고 행장까지 했으니 퇴임기념으로 퇴직금을 맡기러 왔습니다."

고객에게 보험가입 이외에 아무런 도움을 주지 않는다면 고객은 영업사원을 높이 평가하지 않을 것이다. 고객이 필요로 하는 정보와 지식으로 무장하여 고객의 생애가치를 높여줄 수 있는 영업사원이 고객들로부터 사랑받는다.

지속적인 구매동기를 유발하라

일단 한 번 거래를 하기 시작한 고객에 대하여는 관계를 활성화하여 좋은 관계를 유지해야 한다. 또 좋은 관계는 지속적인 구매로 연결시켜야 한다. 아무리 좋은 관계가 형성되어도 지속적인 계약체결이 이루어지지 않는다면 무슨 소용이 있겠는가! 따라서 마케터는 고객이 지속적으로 구매를 할 수 있도록 명분을 제공해야 한다. 예를 들어 종신보험에 가입한 고객에게는 연금보험과 변액보험을 권유하고, 고객의 보험연령이 늘어나는 시점에서 보험료 인상을 활용한다든지 하여 지속적인 거래를 도모한다. 또한 계약자 본인뿐만 아니라 주변사람들이 보험의 혜택을 받을 수 있도록 하고, 소속협회나 회사에서 대량계약이 이루어지도록 지속적인 명분을 제시해야 한다.

우량고객에게는 차별화된 프로그램을!

우량고객을 고객으로 확보하면 고객의 일거수 일투족을 면밀히 분석하여 고객이 편안하고, 만족하고, 즐거움을 얻도록 해야 한다. 백화점 등에서는 일정한 구매력을 보유한 상류층 고객에게 일반 고객과 차별화된 상품과 서비스를 제공하는 프로그램을 개발하여 시행하고 있으나 보험회사는 이러한 VIP 마케팅에 관하여 타업종에 비하여 소홀한 경향이 있다.

기계약자에 대한 실적을 바탕으로 이익기여도가 높은 고객과 현재는 기여도가 낮으나 장차 큰 기여를 해줄 고객, 그리고 본인의 계약실적은 낮으나 협력자로서의 기여도를 바탕으로 기여도를 분류하여 차별화된 서비스를 제공하는 프로그램을 운영해야 한다.

보험회사 차원에서는 객관적으로 나타난 실적을 바탕으로 고객을 분류하여 고품격 서비스를 제공하고, 영업사원들은 장차 큰 계약을 해줄 고객을 적극적으로 관리하는 것이 바람직하다.

우량고객에 대한 서비스 프로그램은 일반 고객에게 제공되는 서비스 프로그램보다 다양해야 한다.

만약 취미활동을 도와주는 프로그램을 운영한다면 골프를 좋아하는 사람과 오페라를 좋아하는 사람을 구분해서 운영해야 한다. 예를 들어 〈명성황후〉와 같은 세계적인 뮤지컬 관람을 부부동반으로 초청한다고 해서 모든 고객이 좋아하는 것은 아니다. 그것이 개개인 고객의 취미와 일치했을 때 고객은 더욱 신뢰감을 가질 것이며 고마워하며 지속적인 거래를 하게 될 것이다.

또한 고객에게 재테크에 대한 서비스를 제공하더라도 고객의 관심 분야가 부동산인지 주식인지 등을 구분하여 관리해야 한다. 어떤 고객은 본인의 소득에 대하여 정당한 세금을 내는 것을 자랑스럽게 생각하는 경우도 있다. 이러한 고객에게 절세 프로그램을 지속적으로 강요하는 것은 역효과가 있을 수 있는 것이다.

우량고객에 대하여는 집단화된 서비스보다 개별화된 서비스를 제공하는 것을 원칙으로 한다. 또한 일방적으로 고객에게 주는 것만이 서비스가 아니다. 가령 우량고객이 갖고 있는 지식을 학습하기 위하여 초청강연을 듣는 것도 훌륭한 서비스 수단이다. 가장 훌륭한 서비스는 일방적으로 주는 것이 아니고 고객의 상황을 정확하게 파악하여 고객의 눈높이에 맞는 해결책을 제시하는 것이다.

보험회사가 그룹사라면 계열사가 제공할 수 있는 서비스를 그룹화시키는 것도 좋은 방법이다. 이러한 다른 업종간의 제휴에 의한 마케팅은 고객이나 회사나 영업사원 모두에게 좋다. 따라서 금융사간의 적극적인 제휴를 통하여 고객서비스의 영역을 넓힐 필요가 있다. 타금융권에 근무하는 사람들과의 정보 교류를 통하여 고객에게 최신 금융정보를 제공할 수 있도록 노력을 게을리하지 말자.

21세기형 고객관리: 동반자적 관계

보험회사의 관리자들은 회사의 주인정신이 뛰어난 사람이고, 영업사원은 하위조직으로 생각하는 경향이 있었다. 그러나 이제는 보험회사의 브랜드 가치는 전조직과 자산을 포함한다. 경영층의 능력에 따라 회사가치가 달라지고, 사원들의 수준에 따라 고객의 평가가 달라진다.

또한 자산운용 실적이라든가 지원부서에 근무하는 사원들의 실력도 회사의 마케팅에 큰 영향력을 발휘한다. 즉, 자산운용 실적이 저조한 보험회사에 큰돈을 맡길 고객은 없으며 전산상의 오류가 자주 발생하는 회사와 거래를 지속하고 싶은 고객도 없다. 예전에는 마케팅 부서의 실력에 의해서 실적이 좌우되었으나, 이제는 전사원이 마케팅 활동을 하고 있다고 보아도 무방하다.

마찬가지로 예전의 보험영업에서는 고객과의 지속적인 관계를 형성하는 것은 영업사원의 몫으로 여기고 보험회사에서는 실적만을 챙기는 경향이 있었다. 따라서 영업사원이 보험회사를 갑자기 그만두게 되면 그를 보고 가입한 고객은 낙동강 오리알처럼 제대로 된 서비스를 받을 수 없었다.

고객과 단순히 보험계약만으로 이해관계를 형성(transaction marketing)하면, 고객이 보기에 다른 보험회사가 조금이라도 더 유리한 조건을 제시하면 즉시 이탈하게 된다. 그러나 보험 영업사원이 단순히 보험거래만이 아니고 진정한 고객의 동반자로서 서비스를 실천하

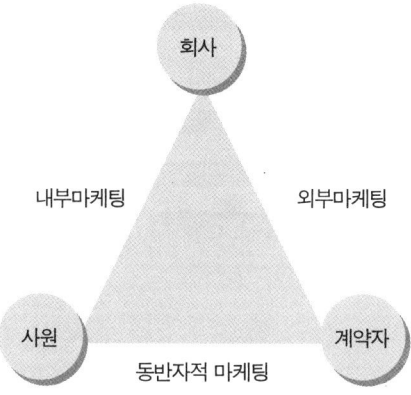

회사

내부마케팅   외부마케팅

사원   계약자
동반자적 마케팅

고, 그동안 보험 영업사원이 제공하던 서비스를 회사 차원에서 제공하게 되면 고객과 새로운 관계(relationship marketing)가 형성될 것이다.

즉, 21세기 보험회사의 생존조건은 회사와 사원과 계약자가 동반자적 관계를 유지하는 형태가 될 것이다.

내부마케팅이란 종업원(내근 및 외근사원)이 고객에게 했던 약속을 지킬 수 있도록 하는 활동을 말하며 이것은 사전교육을 통하여 회사가 지킬 수 있는 약속만 하도록 하는 것과, 동기를 부여하고 결과에 대하여 보상하는 활동을 말한다.

외부마케팅은 보험회사가 고객의 니즈를 분석하고 수용하여 상품을 개발하여 계약을 획득하는 활동을 의미한다. 이는 보험계약뿐만 아니라 대출이라든가 채권, 주식 등 자산운용도 같은 차원으로 간주해야 한다.

동반자적 마케팅이란 고객과의 접점에서 이루어지는 마케팅을 의미한다. 회사에서 아무리 좋은 서비스를 개발해도 그것을 제공하는 사원과 계약자와의 관계가 좋지 않으면 소용없으며, 반면 좋은 관계가 형성되어 있다면 회사의 약점까지 보완시켜 줄 것이다. 따라서 고객과 영업사원 간의 좋은 관계를 유지하기 위하여 사용되는 적절한 비용은 회사에서 부담하는 것이 바람직하다.

보험마케팅에서 내부마케팅과 외부마케팅이 균형을 이루고 고객과 영업사원이 동반자적 관계를 형성할 때 지속적인 성장을 기대할 수 있다.

4 변화된 패러다임을 지배하라

　보험회사 마케팅 분야의 일은 대개 한 달을 주기로 반복되는데 자칫하면 매너리즘에 빠져 아무 생각 없이 시간을 허비하게 된다. 점점 나이는 먹고, 나에게 우호적이었던 고객은 나보다 젊고 세련된 영업사원을 찾아 야속하게 떠나고 자칫하면 후배들로부터 무시받는 별볼일 없는 사람으로 전락할 수도 있다.

　그러므로 주변에서 벌어지는 상황을 잘 읽고 새로운 법칙과 방법을 발견하여 나에게 유리한 국면으로 게임을 진행할 필요가 있다. 즉, 어차피 지는 게임을 계속하느니 경기종목을 바꾸든지 게임의 규칙을 바꾸든지 게임의 상대를 바꾸어서라도 이길 수 있는 경기를 해야 하지 않을까?

　패러다임이란 당신에게 어떤 게임에 대하여 그 게임의 성격이 무엇인지, 어떻게 게임에서 이길 수 있는지를 말해주는 것이다. 결국 패러다임은 당신에게 일정한 규칙에 따라 게임을 하도록 방법을 가르쳐주는 것이라 할 수 있다. 그러므로 패러다임의 전환이란 새로운 규칙을 가지고 게임을 하는 것이다.

사회적으로 혼란기가 오면 필연적으로 패러다임의 전환이 있다. 즉 외부 열이 가해지면 주전자의 물이 뚜껑을 열고 넘치듯이, 새로운 환경이 조성되면 새로운 규칙이 요구되고 규칙이 바뀌면 세상이 바뀐다.

어떤 문제에 대하여 아무도 어떻게 해결해야 할지 실마리를 찾지 못하는 경우, 이러한 해결할 수 없는 문제들이 패러다임을 전환시키는 촉매 역할을 한다.

패러다임 전환자는 더 좋은 세상을 만들기 위하여 새로운 게임의 룰을 만드는 사람이다. 마찬가지로 패러다임 개척자란 조직 내부의 소수의 사람들이 기존의 패러다임을 버리고 새로운 패러다임을 수용하여 패러다임 전환자가 가기 시작한 길을 앞장서서 따라가는 사람이며, 새로운 패러다임의 성공에 결정적인 역할을 한다.

새로운 패러다임을 따르겠다고 결정하는 것은 실패보다는 성공할 가능성이 높다고 생각한 규칙을 근거로 자신의 평판이나 지위, 심지어 경제적 위험까지 감수하는 것인지도 모른다. 이런 결정은 새로운 패러다임으로 문제를 해결한다는 사실 그 자체에 호감을 품은 사람들만이 내릴 수 있는 결정이다. 그러므로 패러다임 개척자는 직관과 더불어 용기를 가지고 있어야 한다.

미래를 보다 명확하게 알고 싶다면 당신의 패러다임을 바꿀 수 있도록 준비하라.

CEO와 정치가와 같은 사회의 지도층 인사는 새로운 패러다임을 공정하게 평가하고, 동시에 패러다임 전환자가 안전하다고 느낄 수 있는 환경을 만들어 주어야 한다. 우리 사회에서 새로운 게임의 규칙을 제

패러다임이란

패러다임(Paradigms)이란 1962년 미국의 토머스 쿤(Thomas Kuhn)이 《과학혁명의 구조(The Structure of Scientific Revolutions)》라는 책에서 법칙 · 이론 · 응용방법 · 사용수단 등을 포함한다고 정의하면서 처음 사회과학의 한 연구분야로 등장했다.

패러다임을 표현하는 단어들은 이론 · 모델 · 방법론 · 원리 · 관례 · 패턴 · 습관 · 상식 · 사고방식 · 가치 · 전통 · 이데올로기 등이 있다. 이제까지 사용하던 패러다임이 새로운 패러다임으로 바뀔 때 다음과 같은 현상이 나타난다.

1단계 : 기존 패러다임의 효과가 없어진다.

2단계 : 과거의 규칙들에 대한 신뢰가 무너지기 시작하고 혼란이 발생한다

3단계 : 패러다임 전환자가 새로운 패러다임에 따른 해결책을 제시한다.

4단계 : 기존 패러다임과의 갈등이 증폭된다.

5단계 : 새로운 패러다임 중 하나가 기존 패러다임으로 해결할 수 없는 아주 작은 부분을 해결한다.

6단계 : 새로운 패러다임에 공감한 일부 사람들이 새로운 패러다임을 수용한다.

7단계 : 새로운 패러다임이 전폭적인 지지와 후원을 받아 빠르게 성장한다.

8단계 : 혼란이 줄어들고 사람들은 새로운 상황에 적응하는 방법을 모색한다

이때가 되면 사람들은 새로운 패러다임에 익숙해지면서 혼란은 빠르게 사라지게 된다. 그러면 패러다임의 한 사이클이 돌아간 것이다.

시하려면, 많은 위험을 감수해야 한다.

지금 우리는 패러다임의 전환시대에 살고 있다. 항상 긍정적인 시각을 가지고 개방적인 자세로 변화를 바라보아야 한다. 어떤 분야든 새로운 패러다임이 필요한 것은 분명하다. 당신의 일상생활에서 패러다임을 바꾸어 삶을 윤택하게 할 수 있는 것은 없는지 찾아야 한다.

패러다임 전환사례(1)

1990년대 초반까지는 기업에서 보험을 받으려면 기업이 보험료를 부담하는가 아니면 종업원이 보험료를 부담하는가 둘 중 하나밖에 방법이 없었다. 그 당시 단체영업의 형태는, 첫째 기업에 대출을 해주고 반대급부로 보험을 받는 경우, 둘째 종업원의 후생복지를 위하여 보장성보험을 기업주로부터 받는 경우, 셋째 종업원 개개인을 설득하여 직장인보장보험을 받는 경우였다.

1991년 여의도에 있는 정부투자기관 노동조합을 방문하여 직원들에게 직장인보장보험을 브리핑할 수 있도록 협조를 요청했다.

처음에 노조위원장은 난색을 표했다.

"박 소장! 단체영업을 한다면서 그렇게 해서 받는 것은 결국은 종업원 개개인에게 받는 개인보험 아닌가요? 단체영업이라면 기업에 근무하는 전종업원으로부터 받을 생각을 해야지, 이렇게 영업하면 지금까지의 보험 영업과 다를 게 없지 않소."

그 말을 듣는 순간 뭔가 '이거다' 하는 생각이 들었다. 무언가 길이 보이는 것 같았다. 그러나 현실은 말처럼 쉽지 않았다. 전종업원에게 보험을 받으려면 기업이 보험료를 내야 하는데 보험료 부담이 크기 때문에 어려웠고, 또한 종업원 전원에게 보험을 가입시키는 것도 쉽지 않았다.

그렇다면 기업이나 종업원이나 보험료 부담이 된다는 공통분모가 있으니까 이 부분을 함께 부담하고 혜택은 양쪽이 모두 보는 방법을 생각해보니 그럴듯하였다. 예를 들어 10만 원짜리 보험을 가입한다고 하자. 회사와 종업원이 5만 원씩 부담하면 회사는 종업원의 만약의 사고에 대비하는 10만 원에 해당하는 보상체계를 갖추는 것이 되고 회사 부담 보험료에 대한 손비인정을 받을 수 있으므로 못할 것이 없고, 종업원은 5만 원을 부담하고 10만 원에 해당하는 보장을 받을 수 있기 때문에 못할 것이 없었다. 노동조합 입장에서도 임금인상은 엄청나게 힘들지만 시간이 지나면 조합원 누구도 알아주지 않는다. 그러나 이러한 보험을 도입하고 나면 노조집행부로서 임기가 끝나도 회사가 존재하는 한 영원한 업적이 된다. 노동조합에서는 추진 안할 이유가 없는 것이다.

즉시 사무실로 돌아와서 그 회사에 대한 후생복지 제안서를 만들어 노조와 회사에 동시에 제출했다. 그러자 노조위원장은 몹시 곤혹스러운 표정을 지으며 말했다

"사실은 여러 보험회사에서 많이 찾아와서 돌려보내려고 핑계차 그렇게 말한 것인데 이렇게 제안서까지 써오면 어떻게 합니까? 다른 사람들은 그렇게 말하면 그냥 가던데 어떻든 한번 검토해 봅시다."

결국 노사간의 단체협상안에 정식으로 넣어서 전종업원이 가입하는 것으로 협상을 타결하였다. 1인당 5만 원씩 750명 전종업원이 가입하니 월 보험료가 3700만 원이 넘었다. 91년도 당시에는 큰 계약이었

다. 이렇게 시작한 것이 기업주 일부부담 보험시장의 효시였다. 그러나 호사다마라고 할까. 그 계약은 회사의 이사장과 연고가 있는 보험회사에 하루아침에 빼앗기고 말았다. 나는 이사장을 찾아가서 정중하게 말했다.

"이사장님! 평소 저는 이사장님을 존경해 왔습니다. 그런데 이번에 제 힘으로 도저히 어떻게 해야 할지 모르는 일이 발생해서 가르침을 받으러 왔습니다."

"무슨 일이오?"

"어떤 농부가 봄에 씨를 뿌리고, 여름에 물도 주고 거름도 주고 잡초도 뽑아가면서 열심히 일했습니다. 가을이 되어 풍년이 들어 기쁜 마음에 수확을 하러 들에 나갔더니 누군가 모두 베어가 버렸습니다. 어떻게 하면 좋을까요?"

"그런 일이 있으면 안 되지요. 구체적으로 말해 보세요."

"제가 이 회사에 1년 전부터 출입하면서 총무부와 노조에 자료를 제공하여 이번에 단체협상에서 보험계약을 하기로 협약을 체결하였습니다. 그런데 계약을 가로챈 회사가 있더군요. "

"나는 전혀 모르는 일이니 그만 가 보시오."

"이렇게 되면 저와 같이 힘 없고 배경이 없는 사람은 어떻게 하란 말입니까?"

"아니 이 사람 이제 보니까 억지를 쓰고 있구만. 당장 나가시오."

결국 한바탕 실랑이를 하고 아무런 소득도 얻지 못한 채 씁쓸하게 돌아왔다. 그 후에는 이러한 계약을 추진하면서 회사에 지원 요청을 했지만 그 당시 임원들은 전혀 도와주지 않았다. 결국은 계약을 성사시켜 놓고서 다른 회사에 빼앗기는 일이 되풀이되었다. 그러는 사이에

업계 전반으로 소문이 퍼졌고, 이러한 기법은 94년도에는 개인연금을 실시하면서 포항제철·한국통신·한전 등 엄청난 시장으로 전 보험업계에 돌풍을 일으켰다.

기업과 종업원 각자가 가입하던 보험을 공통분모를 찾아서 실시한 '기업주 일부부담'이라는 제도야말로 패러다임의 전환이었다. 회사는 이러한 패러다임의 전환자를 보호하기는커녕 오히려 방조함으로써 새로운 도약의 기회를 잃었고 엄청난 손해를 보고 말았다.

패러다임 전환사례(2)

영업소장을 하면서 또 하나의 어려움은 설계사들이 일을 하고 싶어도 갈 곳이 없을 경우, 갈 곳을 만들어 주는 문제였다.

일하고 싶은 젊은이들이 하루종일 사무실에 앉아 있는 것을 보면 측은한 생각이 들었다. 개별면담을 해서 물어보면 일은 열심히 하고 싶은데 만날 사람이 없다는 것이다. 이런 상태에서 밖에 무조건 나가라고만 하면 집에 간다든지 친한 친구를 불러내어 신세한탄을 하면서 술을 진탕 마신 후 며칠 지나지 않아 나오지 않을 건 뻔한 노릇이었다. 이러한 상황에서 그들에게 내가 개척한 기업체를 소개해준다고 해도 고작 한두 명 정도에 불과했다.

설계사들이 새로운 기업체의 개척을 주저하는 것은 보험회사에서 왔다고 하면 대부분의 기업으로부터 문전박대를 당하기 때문이다. 그러나 보험회사 이외에 유력한 단체나 인사로부터 소개를 받고 가면 일단 한번 만날 수는 있다. 한번 개척함으로써 여러 명의 설계사가 지속적으로 일할 수 있는 곳을 찾다보니 어느 날 내 눈에 협회라는 곳이 보였다.

내가 처음으로 시도한 곳은 약사회였다. 약국은 전국 어디에나 있었고, 약사회장의 소개를 받아 우리 설계사들이 약국을 방문하여 계약을 한다면 일사천리로 잘될 것 같았다.

약사회를 방문하여 회원들에게 공문 발송을 의뢰하자 그것은 어렵고 《약사공론》이라는 협회신문에 광고를 하라는 것이었다. 영업소 경영비가 30만 원 나오는 상황에서 나는 1회 광고에 250만 원 하는 광고를 여러 차례 냈다. 그러나 죽 쑤어서 개 준다고, 다른 지점의 설계사들이 계약을 하게 되고 정작 우리 영업소 설계사들의 실적은 저조했다. 약국은 이미 설계사들에게 활짝 열려 있었다.

이번에는 건축설계사협회의 협조를 얻어 DM을 발송하고 설계사들을 방문시켰으나 건축설계사는 직업의 특성상 사람이 자리에 있는 경우가 없어서 만날 수가 없는 것이었다. 그 다음에 공인회계사협회를 공략하기 위하여 광고와 DM을 동시에 실시했으나 회계사들은 빠른 계수능력으로 연금보험을 수익률로 계산하고 수익률이 낮다고 가입을 회피했다. 그 외에 몇 개 협회를 시도하다가 마지막이라고 생각하고 시도한 곳이 치과의사협회였다.

《치의신보》라는 협회신문에 적극적으로 광고를 실으면서 협회장의 공문을 통해 회원들에게 교보생명의 우수성을 알렸다. 그리고 설계사들의 영업을 직접 지원했다. 그리고 단체계약으로 발생하는 이익의 일부를 협회에 제공하여 의사들의 복지를 위하여 사용하도록 하였다. 나는 꾸준히 협회신문을 통해 노후준비의 필요성과 연금보험 효용가치를 광고했다.

그러나 효과는 쉽게 나타나지 않았다. 마음이 바작바작 타들어가는 느낌이었다. 그때까지 나는 여러 협회를 추진하면서 1억 이상을 경비로 지출한 상태였기 때문에 너무나 절박한 상태였다. 아무도 시도해 보지 않았던 방법을 용기를 내어 혼자 시도하고 있었지만 막상 설계사들조차 적극적으로 협조하지 않는 상태였다. 괜히 되지도 않는 일을 시킨다고 불만을 토로하는 설계사도 있었다.

할 수 없이 나는 의사들을 찾아가 직접 브리핑을 하고 설득하기 시작했다. 그랬더니 한 건 두 건, 계약이 체결되기 시작했다. 한번 물꼬가 터지자 엄청난 계약이 체결되었다. 1996년에는 연금보험으로 월납 초회료가 1억을 넘기는 달도 있을 정도였다.

이러한 협약에 의한 마케팅은 소개마케팅의 일환으로 기계약자나 지인에 의한 소개 차원을 넘어서, 고객이 소속되어 있는 단체장이 영업사원을 추천하는 형태의 고차원적인 소개마케팅이다. 즉, 회사에 근무하는 사람으로부터 계약을 받게 되면 이어서 그 회사 사장님이나 노조위원장을 소개받아 열심히 활동한다면 효과는 배가된다. 또 전문직 종사자에게서 계약을 받으면 전문직 종사자가 소속한 협회장을 소개받아 활동해 보라. 주어진 시간에 투입된 노력보다 훨씬 큰 결실을 얻을 수 있다.

5 디지털은 기술이 아니라 사고방식이다

디지털시대에 승리하기 위해서는 디지털 기술을 배우는 것에만 급급해서는 안 된다.

아주 오래 전 인쇄술이 발견되고 인류의 생활은 엄청난 변화를 겪어왔지만, 실제 돈을 번 사람은 인쇄기술자가 아니라 인쇄술의 특성을 활용하여 사업을 한 사람들이다. 따라서 디지털시대에 돈을 벌기 위해서는 디지털 기술을 활용하여 마케팅을 한다든지, 디지털적 사고와 행동으로 무장하는 것이 무엇보다 중요하다. 노트북을 산다든지 이메일을 활용하는 것보다, 디지털의 특성을 이해하고 사고와 행동을 디지털적으로 한다면 동일한 시간과 노력을 투자하여 몇 배의 성과를 창출할 수 있을 것이다.

이제는 디지털을 단순히 기술로만 받아들이지 말고, 인간의 사고(思考)와 생활패턴과 인생의 필수품목으로 받아들이는 지혜가 필요하다.

스피드

BC 7000년경 시작된 농업혁명은 전세계로 확산되는 데 5000년이 걸렸고 1760년대에 시작된 산업혁명은 200년, 1990년대에 시작된 디지털 혁명은 불과 30년 만에 전세계로 확산되었다. 앨 고어 미국 전부통령이 신자유주의를 선언하면서 "하드웨어를 먼저 깔고, 다음에 소프트웨어를 얹고, 마지막으로 정책으로 보완하자"고 말한 것은 스피드의 중요성을 강조한 것이다.

'이것이다' 라고 판단되면 즉시 행동에 옮기는 자세야말로 디지털시대에 꼭 필요한 행동양식이다. 조직의 한 곳에서 발견된 정보와 지식을 리더가 전조직으로 얼마나 빨리 확산하느냐에 따라서도 조직의 성패가 좌우된다. 정보와 지식이 인체의 피처럼 원활하게 순환하는 조직을 만드는 것이 기업 성패의 중요한 밑거름이다.

이렇게 되기 위해서는 조직 내에서 아이디어를 발견한 사람을 철저히 우대하는 문화를 만들어야 한다. 아이디어를 발견한 사람을 우대하지 않고 그 아이디어로 인해 창출된 결과만을 얻으려는 리더는 시대에 뒤떨어진 사람이 아닐 수 없다. 기업의 성공이 지식의 질에 의해서 좌우된다면, 그중에서도 가장 중요한 지식은 고객과의 관계에 필요한 지식이다.

따라서 마케팅 활동은 고객과의 관계에서 지식을 어떻게 효과적으로 획득 · 생산하고 적용하여 순이익을 늘리느냐를 고민해야 한다. 마케팅 부서는 고객으로부터 지식을 확보하고 지식 공유채널을 통해 얻어진 지식을 회사 내에 확산하고 이를 연구개발하여 고객에게 한 차원 높은 지식과 서비스를 제공해야 한다.

복제

디지털기술은 아무리 무한대로 사용해도 정보가 줄어들거나 질이 떨어지거나 하지 않는다. 정보의 유실 없이 무한복제가 가능하며, 가공시에도 품질이 떨어지지 않는다.

현장에서 필요한 지식이 조직 내에서 생겨나면 빠르게 복제되어 확산될 수 있도록 탄력적으로 조직을 운영해야 한다. 디지털 시대에는 '주는 것이 손해가 아니라 주는 것이 이익이다' 라는 원리를 경영에 응용해야 한다.

쌍방향성

디지털정보는 다채널화가 가능하기 때문에 하나의 선로를 이용하여 다수의 정보를 전송하고 받는 것이 가능하다. 양방향 통신 및 음성화상이 통합된 멀티미디어 정보전달도 가능하다.

기업 내에서는 상하간, 부서간에 쌍방향 교류가 실시간으로 이루어질 수 있어야 하고, 기업과 고객과의 관계도 일방적으로 상품을 제공하는 관계가 아닌, 기업경영의 파트너로 고객을 얼마나 끌어들이느냐가 생존의 관건이다.

과거에는 조직 내에서 말단직원이 사장이나 임원을 교육한다는 것은 상상하기 힘든 일이었다. 그러나 디지털시대에는 사장이 신입사원을 직접 교육하는 것이나 신입사원이 임원을 교육하는 것 모두 자연스러운 일이다.

또한 마케팅에 있어서도 기업은 제품을 만들고 자사제품의 장점을 일방적으로 소비자에게 강요하여 판매, 이윤을 추구해 왔다. 그러나 디지털시대에는 기업과 고객과의 관계는 일방적 관계가 아니고 쌍방향성이다. 즉 고객의 소리에 귀기울이지 않는 영업사원이나 기업은 망할 수밖에 없는 것이다.

디지털시대에는 정보와 지식이 쌍방향으로 흐르게 해야 한다. 정보 및 지식의 흐름을 양방향으로 만든다는 것은 수직조직이 아닌 수평조직으로 운용한다는 것을 말한다. 옛날의 피라미드 조직구조에서 상사는 당연히 부하직원보다 아는 것도 많고 조직에 기여하는 것이 많다고 생각되었다.

그러나 디지털시대라면 이야기가 달라진다. 사장이나 신입사원이나 회사에 기여하는 것은 똑같다. 디지털시대의 리더는 회사 내에서 지위고하를 따지지 않고 조직의 기여도에 따라 존중받는 문화를 구축해야 한다. 보험회사에서 어떠한 상품을 많이 팔아야겠다는 생각을 했다면 관리자는 먼저 설계사의 입장에서 생각해야 하고, 나아가 고객의 입장에서 생각하고 영업환경을 조성, 정책을 추진해 나가야 한다.

리더의 의식이 먼저 바뀌지 않는 한 최신 노트북을 전사원이 휴대한다고 하더라도 아무런 의미가 없다. 보험회사가 일방적으로 상품을 만들어 공급하지 않고, 상품을 만드는 과정에서부터 고객을 참여시키는 것도 중요하다. 그리고 양질의 서비스나 고객이 제기한 문제의 신속한 해결은 고객만족의 중요한 요건이다.

또한 고객에게 지식을 제공하는 것이 새로운 차원의 서비스와 마케팅 전략으로 부상하고 있다. 즉, 고객과 중요한 지식을 공유하고 고객이 가지고 있는 지식과 아이디어를 빠르게 수용하고 이를 기업혁신에 생산적으로 적용하는 것이다. 또한 어느 부서의 직원이든지 고객에게 지식을 얻을 경우 회사 전체에 빨리 확산하여 활용할 수 있도록 시스템을 갖춰야 한다. 보험인이 고객과 지식을 함께 공유하면 고객만족은 높아지고 서비스 관련 비용은 당연히 줄어든다.

고객과의 지식공유 채널로는, 첫째 고객의 불만이나 의문사항, 이에 대한 답들을 데이터베이스화하여 고객의 문제해결에 활용하는 시스템을 국축하는 것, 둘째 기업 내부의 경험이나 노하우를 고객에게 제공하여 고객의 업무를 도와주는 것, 셋째 고객의 지식을 활용하여 제품이나 서비스를 공동으로 개발하는 것 등이다.

이는 정보시스템을 활용할 수도 있고, 인적 자원을 통해 구축할 수도 있다. 특히 보험회사의 경우 고객과 쌍방향성을 유지함으로써 수익을 창출할 수 있는 부문은 마케팅·자산운용·지원 부문 등으로 다양하다.

압축성

통신방법에서 다양한 압축방법이 적용되고 정보 자체를 압축하여 전송하는 기술이 개발되었다. 디지털기술에 의하여 세계가 하나의 통신망으로 움직이면서, 세계 곳곳에서 우후죽순처럼 생겨나는 지식과 정보는 순식간에 우리의 컴퓨터 화면에 뜬다. 따라서 현대인은 정보와 지식의 홍수 속에서 살아가고 있다고 해도 과언이 아니다. 따라서 문서도 자세하게 풀어서 설명하는 것보다 요약하는 것이 중요하며, 일의 프로세스도 과거의 관행을 따르는 것보다 불필요한 중간단위를 생략하는 것이 생산성 향상에 도움이 된다.

예를 들어 신입사원의 반짝이는 아이디어는 대리·과장·부장·이사·사장의 의사결정 단계를 모두 밟다보면 시간과 정력의 낭비이며 그 사이 아이디어는 변질되고, 열정과 의욕이 떨어져서 애초의 목적을 달성하기가 어려워진다. 디지털시대에 그러한 의사결정체계를 갖고 있는 회사는 경쟁에서 절대로 승리할 수 없다. 아이디어를 직접 생각해낸 사원이 직접 결정권자에게 제안하여 타당성이 있다고 판단되면 즉각 시행될 수 있는 신속한 의사결정 시스템을 갖추어야 한다. 의사결정 시스템의 축소, 기존에 일하던 프로세스의 과감한 단축, 회사 외적으로 고객과 접촉하는 중개인의 과감한 축소는 디지털시대의 특성을 이해하는 리더라면 당연히 특단으로 취해야 할 조치이다.

조작 및 변형의 용이성

디지털 정보는 전송 또는 저장 자체가 비트 단위이기 때문에 중간에 다른 정보를 삽입하는 것이 용이하다. 모든 신호의 처리와 전송을 디지털로 통일시켜 처리할 수 있어 전화·컴퓨터·텔레비전의 기능을 다양하게 조합한 단말기를 만들 수도 있다. 컴퓨터·통신기기·텔레비전 등의 구분이 없어지고 통신망과 방송 간의 구분이 없어지는 현상을 '디지털융합'이라고 한다. 즉, 정보의 가공이 쉽고, 다양한 형태로 변형이 가능하다.

방문이나 편지, 전화 등 기존의 커뮤니케이션 수단에 너무 연연해하면 안 된다. 상대에 따라 설득이 용이한 수단을 다양하게 사용해야 한다. 저렴하고 신속하며 고객의 심금을 울릴 수 있는 다양한 채널을 동원해야 한다. 이 과정에서 유망고객이 아직 인터넷을 사용하고 있지 않다면 적극적으로 인터넷 사용법을 가르쳐 주고 이메일을 만들어 줌으로써 시장을 선점해야 한다.

복구의 용이성

기술의 발달로 손상된 정보의 복구가 용이해졌다. 디지털 신호의

21세기 마케팅에서 최대의 관심은 디지털 · 인터넷 · 브랜드 · DB마케팅 이다.

전통적인 마케팅은 한 단계에서 다음 단계로 넘어가는데 모든 것이 천 천히 발생하고 피드백은 오랜 시간이 지나야 검증되었다. 따라서 한국에 서 어떤 산업이 발전하는 데는 무엇보다 미국이나 일본 등 선진국의 사례 가 중요시되었다. 그러나 디지털 마케팅 환경은 시장조사, 제품개발, 판 매, 고객의 피드백 등의 모든 마케팅 단계들이 동시에 발생한다. 즉 디지 털 마케팅 환경은 시간과 공간을 초월한다.

생명보험 업계의 경우 디지털 마케팅에 의한 선진국의 사례가 집계되지 않은 것을 이유로 이를 소홀히 하는 것은 시대착오적 발상이다. 미국이나 일본 생보사의 사례를 보고 대응해 나간다면 그것은 이미 쓸모없는 정보 와 지식이 될 것이다.

디지털 마케팅은 선진국의 사례나 동업타사(同業他社)에서 배우는 것 이 아니라, 고객의 니즈를 찾아서 해결해주는 현장에서 개발해야 한다.

마케팅의 목적은 상품이나 서비스를 판매하여 높은 이익을 창출하는 것 이다. 마케팅에 쓰여진 돈은 더 많은 이익을 창출할 것이라는 희망에서 투 자되는 위험자본이다. 마케터는 투자된 자본으로부터 어떻게 최대의 효과 를 얻을 것인지를 끊임없이 연구해야 한다.

이 시대의 해답은 디지털 기술이다. 디지털 마케팅 수단은 전통적 마케 팅 수단보다 비용이 저렴하다. 고객에게 보험의 필요성을 인식시키기 위 하여 직접 방문하는 것보다, 전화나 DM이나 이메일을 이용하면 최대한 시간과 비용을 절약할 수 있다. 회사를 알리기 위하여 신문에 광고 한번 싣는 비용으로 홈페이지를 만들면 홍보효과는 극대화된다.

디지털 마케팅은 보험영업에서 기존의 마케팅 수단을 전부 포기하자는 것이 아니고, 고객과의 커뮤니케이션에서 더욱 간편하고 편리한 수단을 찾아 활용하는 것이다.

중간중간에 암호를 넣어서 설사 중간신호가 유실되었다 하더라도 원래 상태로 복구가 가능한 것이다.

에러가 발생하면 즉시 생산라인 가동을 중지하고 전부문을 재점검하여 완성품이 나오기 전에 부품을 교환하는 것이 디지털적인 사고방식이다. 이렇게 하는 것이 하자가 있는 완성품을 출고하고 나서 리콜하는 것보다 비용이 적게 들고 고객의 신뢰를 잃지 않는 방법이다. 업무진행중 잘못이 발견되면 직위에 상관없이 즉각 잘못을 인정하고 수정하는 것 또한 경영의 지혜이다.

설계사도 고객과의 대화중 자신의 실수나 잘못이 밝혀지면 즉시 수용하고 고치는 자세가 필요하다. 잘못된 자료를 옳다고 주장하여 고객을 완전히 잃는 것보다 즉시 가르침을 받아들이는 것이 신용을 지키는 길이다. 그렇게 될 때 고객과의 신뢰는 즉시 복구될 것이다. 관리자 또한 현장에 대한 정보가 부족하면 설계사에게 배우는 자세로 임하는 디지털적인 사고가 필요하다.

디지털 마케팅 전략

디지털 마케팅전략은 마케팅 목표달성을 위하여 어떤 디지털 수단을 사용할 것인가를 결정하는 것에서 출발한다. 따라서 보험계약자가 무엇을 원하고, 어떠한 디지털 수단을 사용하고 있으며 앞으로 어떤 것을 사용하고 싶어하는지를 파악하는 것이다. 그리고 마케팅 목적에 맞추어 고객이 편리하게 접할 수 있고 보험회사에서는 비용이 적게 드는 방법을 찾으면 된다.

그러기 전에 먼저 고객의 입장에서 판단하라. 고객은 무엇을 원하는가? 고객은 어떠한 디지털 수단을 사용하기를 원하는가? 그리고 당신이 선택한 디지털 기술이 어떻게 매출을 증대시킬 것인가?

마케팅 프로그램의 목적은 판매하여 이익을 창출하는 것이다. 따라서 현명한 영업인은 어디에 얼마를 투자하여 최대의 효과를 얻을 수 있을까 항상 고민한다. 이 시대의 해답은 '디지털 기술을 사용'하는 것이다. 우편을 이용하여 한 명에게 편지를 발송하는 비용으로 1만 명의 고객에게 이메일을 보낼 수 있다.

그런데 '디지털' 하면 인터넷과 컴퓨터상에서 이루어지는 사이버 세계만을 생각하는 경향이 있다. 상품과 서비스를 계획하고 만들고, 보험가격을 책정하고, 판매채널을 구축하고, 판매를 촉진시키는 방법들이 바야흐로 디지털 기술에 의하여 변화되고 있다. 커뮤니케이션 수단이 획기적으로 변하고 있기 때문에 고객과의 의사소통 채널을 디지털화하는 것은 가장 시급한 일이다. 판매채널에서는 중개인을 제거하고, 상품과 서비스에 관한 정보를 고객에게 창조적으로 제공하는 방법을 끊임없이 개발해야 한다.

디지털 커뮤니케이션 기술의 발달로 인하여 상품의 가격면에서도 심한 경쟁이 벌어지고 있는데 차별화된 아무도 제공하지 않는 독특한 상품이나 서비스를 독특한 방식으로 제공하는 것이 중요하다. 싸게 더 싸게, 가격으로만 경쟁하는 무리가 있으면 무시하고 그 대열에서 이탈하는 것이 현명하다. 기존의 설계사 조직을 무시하고 새로운 채널을 구축하기보다는, 설계사 조직과 관리자를 디지털로 무장시키는 것이 훨씬 합리적이고 효율적이다.

디지털시대에 보험회사가 할 일

① 기회선점

- 고객과의 커뮤니케이션 수단으로 인터넷을 얼마나 활용하고 있는가?
- 고객에게 보험을 가입해야 하는 이유를 알리는 수단으로 인터넷을 활용하고 있는가?
- 인터넷을 사용하지 않는 고객에게 인터넷 활용법을 가르쳐주면서 고객으로 유치하기 위한 노력을 기울이고 있는가?
- 보험 가입 고객에게 삶을 유익하게 하는 정보와 지식을 지속적으로 제공하고 있는가?
- 영업관리자라면 설계사들이 고객에게 제공할 정보를 인쇄물뿐만 아니라 디지털화하여 제공하고 있는가?

이상의 질문에 '아니오'라는 답변이 하나라도 있다면 즉시 생각과 시스템을 바꾸어야 한다. 급격한 변화의 시대에는 어느 때보다 기회선점이 필요하다. 때만 기다리다 기회를 잃는 것이야말로 모든 것을 잃는 것이다.

② 뉴 비즈니스 모델 창조

회사를 소개할 수 있는 웹사이트를 만들었다고 하여 기업이 디지털화된 것은 아니다. 설계사들이 단체로 최신 기종의 노트북을 구입했다고 해서 디지털화된 것은 더더욱 아니다.

디지털에 의한 사업모델을 제시한 서적을 몇 권 읽어봤다고 능사는 아니다. 웹이든 이메일이든 디지털 수단에 의한 보험홍보는 지속적으로 이루어져야 하는데 장기적으로 회사의 이미지 향상에 많은 도움이 되며 또 그것은 판매로 연결되어야 한다. 고객과 보험회사가 만나는 접점에 대한 연구를 지속적으로 실시하여 새로운 비즈니스 모델을 창조하는 것이 중요하다. 이것은 마케팅 전문가의 주도하에 디지털 기술자들이 꼭 해야 할 일이다.

③ M&A와 분사

예전에는 경쟁의 개념에서 주 경쟁자는 동업타사였다. 그러나 디지털시대의 주 경쟁자는 바로 고객이다. 따라서 고객에게 서비스를 제공하는 데 있어서 사업의 핵심분야를 제외하고는 분사(分社)를 추진하거나 동업사와 M&A를 도모하는 것이 좋다. 예를 들어 보험회사에서 계약조사 업무와 같은 부문은 동업사와 M&A를 실시하는 것이 두 회사 모두에 좋은 결과를 가져온다. 즉 한 명의 고객이 삼성생명과 교보생명에 동시에 보험을 가입하고 사고가 발생한 경우, 현재 시스템에서는 두 번 사고조사를 해야 하지만 계약조사 부문을 각각 분사하여 M&A를 할 경우 비용은 절반으로 줄어들어 양측 모두에 이익이 되는 것이다.

핵심사업 분야에서도 적절한 협조는 필요하다. 상호비방은 공멸의 길이다. 우리 나라 정치권만 보더라도 여야가 서로 비방하고 헐뜯으면서 싸우다 보니 전국민이 정치에 대한 관심을 잃어버리게 되었다.

이러한 현상은 정치뿐 아니라 어떤 분야에서도 나타날 수 있다. 만약 보험회사가 보험료 할인경쟁이나 상호간의 비방전을 벌인다면 고객은 보험에 환멸을 느끼게 될 것이고 그렇게 되면 보험업종 자체가 위태로운 상황을 맞을 수도 있다.

한 명의 고객을 놓고 설계사끼리 치열한 경쟁을 벌이면 결국은 두 명의 설계사 모두 손해를 보게 된다. 또 어떠한 경우에도 가격 차별화 정책은 서로가 자제해야 한다. 서비스 차별화, 정보제공 차별화 등의 고급 차별화 정책만이 설계사와 보험회사 양측 모두에게 이익을 가져다준다.

④ 가상공간에서 수익창출

디지털은 시간과 공간을 초월, 새로운 공간을 창출하고 있다.

예를 들어 1000명의 고객에게 매월 새로운 정보를 제공하기 위하여 DM이라는 수단을 활용한다면 인쇄비용, 봉투값, 우표값과 작업비용 등 여러 가지 비용이 들어간다. 그러나 고객의 이메일을 확보한다면 이러한 비용을 절감할 수 있다. 또한 비정형화된 업무를 정형화하고, 사람의 손을 빌려 하고 있는 단순 반복업무를 디지털로 대체한다면 비용을 절감하게 되고 회사에 수익을 가져다줄 수 있다. 이러한 가상공간에서의 수익창출은 마케팅 분야에서보다 자산운용 부문이나 지원 부문에 더욱 많은 수익창출의 기회가 있다.

⑤ 보험회사의 B2B

보험회사에서 B2B업무는 물건납품 업무와 같은 분야에서 한정적으로 사용하고 있으나 이것을 마케팅 분야로 확장할 필요가 있다. 후생복지시장의 활성화, 기업자금시장(대출, 회사채 발행) 등의 다양한 분야는 영업사원의 고비용을 절약할 수 있는 좋은 수단이 될 것이다. 자산운용 분야는 이러한 분야를 활성화할 여지가 많다. 또한 상대기업의 웹 사이트와의 제휴를 통한 보험홍보에도 적극 나설 필요가 있다. 이러한 모든 분야를 주도할 사람은 전산기술자가 아니라 바로 마케팅이나 자산운용 전문가들이다.

이제는 누가 뭐라해도 인터넷 시대. 모든 것을 디지털화하지 않으면 생존이 불가능한 실정이 돼버렸다. 디지털화는 기업경영의 선택사항이 아니며 필수사항이 된 지 오래다. 그러나 생명보험 회사들은 마케팅에서 아직 적절한 디지털 프로세스를 제시하지 못하고 있다.

6 이메일로 고객에게 다가가라

현재 웹상에서 이루어지는 모든 일은 이메일에서도 가능하다. 동영상과 음성도 언제든지 원하는 형태로 고객에게 제공할 수 있다. 웹과 이메일의 차이는 기다리는 매체와 찾아가는 매체라는 차이이며 고객을 찾아가는 쪽과 기다리는 쪽 중 어느 쪽이 승리할 것인가는 명백하다.

이메일을 이용하면 DM 경비의 상당 부분을 절감할 수 있다. 몇만 건의 이메일을 발송한다고 하더라도 DM에 비교하면 무시해도 좋을 정도의 비용이다. 그러나 각각의 장단점이 있으니 이메일 마케팅과 기존의 방문 마케팅, DM 마케팅은 각각의 장점을 상호보완적으로 활용하는 것이 좋다.

즉, 가장 효과적인 마케팅은 방문, DM, TM, 웹, 이메일을 적절히 활용하여 저렴한 비용으로 충성고객을 더욱 확충해 나가는 것이 중요하다. 즉, 온라인과 오프라인을 효과적으로 접합하는 것이다.

J은행은 L팀장이 10년 이상 출입하며 열심히 일한 곳이었다. 그동안 보유계약자 수도 상당히 많은 우량단체였으나 전체 행원 숫자에 비하면 적은 규모였다.

L팀장은 노동조합과 협의하여 은행 내의 근거리통신망(그룹웨어)을 활용하여 보장성보험을 전사원의 컴퓨터에 홍보했다.

그리고 은행의 사내전화망을 활용하여 집중적으로 상품의 효용가치를 안내했다. 처음에는 큰 기대를 갖지 않고 시작했지만 처음 한 달 무려 250건의 계약을 할 수 있었고, 3개월 정도 지속적으로 계약을 획득할 수 있었다.

이렇게 고객의 회사 내 전산망을 활용할 경우 고객들은 회사에서 이미 상품을 충분히 검증하고 추천했을 것으로 신뢰를 하게 된다. 여기에다 텔레마케팅을 병행하면 효과는 배가될 수 있으며 시간을 내어 방문한다면 더욱 큰 효과를 얻을 수 있다.

이메일 마케팅의 특징

① 지속적인 커뮤니케이션

고객과의 의사소통수단으로 방문판매나 DM의 경우 비용과 시간이 많이 소모되었으나 이에 비해 이메일은 비용이 많이 들지 않으므로 지속적으로 실시할 수 있다.

② 수취인별로 개별화된 내용

고성능 메일발송 엔진은 수취인 이름을 자동으로 기입하고, 상대방이 남성인가 여성인가에 따라, 또는 연령에 따라 내용의 일부를 바꿀 수도 있다. 수취인이 특별히 자기에게만 보낸 메일이라고 느낀다면 효과는 더욱 커진다. 그렇게 하기 위하여 고객의 취미와 담당업무 등을 잘 파악할 필요가 있다.

즉, 여성에게는 보석 정보를, 남성에게는 골프 정보를 제공하는 식이며 결혼 기념일 1개월 전, 보험료 인상 15일 전, 보험료 자동이체 실효 15일 전, 연말정산 자료제출시 유의사항 등 타이밍을 포착하여 이메일 마케팅을 하면 좋은 성과를 얻을 수 있다.

③ 신속성

다이렉트 메일은 고객의 손에 들어가는 데 최소한 이틀은 걸리지만 이메일은 1분이면 세계 어느 곳의 누구에게나 보낼 수 있으며 고객도 즉시 회신할 수 있기 때문에 신속하고 효과적이다.

④ 저렴한 비용

기존의 DM은 인쇄비용 외에도 주소 라벨을 붙이고 봉투를 붙이는 데 인건비가 들고, 우표값도 꽤 든다. 그러나 EMM(이메일 마케팅)은 자사에서 발송할 경우 거의 무료이다.

EMM 프로세스

---

① 인터넷 이용자 모으기

우량고객을 많이 확보하여 매출을 늘리기 위해서는 예상고객 리스트를 확보하는 것이 중요하다. 보험영업에서는 설계사 조직을 활용하여 기존 고객을 대상으로 이메일 리스트를 수집하는 것이 가장 효과적이다. 경품작전은 효과가 가장 낮으며 경품을 노리는 사람과 상품을 구매하는 사람은 별개라는 사실은 이미 입증된 바 있다. 또한 이메일 주소를 만들 때는 고객이 기억하기 쉽고 활용하기 좋게 알파벳 세 글자 이내로 하는 것이 좋다. 부득이 초과하게 되면 숫자를 한두 개 붙이는 것으로 끝낸다.

② 등록 페이지를 통해 이메일 주소 확보

보험회사의 홈페이지를 통하여 주소를 확보하는 것도 좋은 방법이며, 이메일 무료등록 및 사용 서비스를 제공하는 것도 권할 만하다. 처음부터 사용량을 제한하는 것은 소극적인 마케팅이며 일정 기간 경과 후 사용량에 따른 제한을 하든지, 일정 기간 이상의 계약자에게는 서비스를 완전히 개방하는 것도 고객의 충성도를 높이는 좋은 방법이다.

③ 고객 데이터베이스 작성

고객의 이메일 주소 및 정보는 세분화하여 관리하고 적절히 활용해야 한다. 디지털 기술이 개발되기 전에는 100만 고객의 특기에 맞는 정보를 제공하는 일이 엄청난 시간과 인력과 비용이 들어가는 것이었지만 디지털시대에는 초기에 정확한 정보를 입력하고 나면 큰 비용과 시간을 들이지 않고 고객이 좋아하는 정보를 제공하여 회사의 이미지를 높일 수 있다.

초기투자가 필요한 부분이지만 CRM 차원에서 꼭 도입할 필요가 있다. 그러나 CRM은 고객과 보험회사 간의 커뮤니케이션 차원에서 도입해야지 기존의 마케팅 채널을 대체한다든지 사업의 모든 것을 해결하려고 도입하면 투자비용 대비 상응하는 생산은 기대할 수 없다.

④ 지속적인 메일 매거진 발행

고객에게 유용한 정보를 지속적으로 제공하여 고객과의 신뢰관계를 구축해야 한다. 여기에서 중요한 것은 고객에게 메일을 자주 보내는 것이 중요한 게 아니라 꼭 필요한 정보를 보내야 한다는 사실이다. 말 많은 사람이 믿음직한 사람이 아니듯 꼭 필요한 말을 하는 사람을 고객은 더욱 신뢰한다.

⑤ 컨텐츠 내용의 알찬 구성

내용의 구성은 사전에 월별로 계획을 세워 시행해야 하고, 추가로 시사성 있는 정보 및 생활에 활력을 주는 유머도 추가하는 것이 좋다. 작성된 내용은 사전검증 시스템을 거쳐서 내보내야 한다.

EMM의 문서작성

----

① 이메일을 구성하는 요소

• 보내는 사람: 이메일 소프트웨어에 등록한 이름으로 애칭도 무방하나 되도록 본명을 사용하는 것이 좋다. 고객이 모르는 이름으로 발송할 경우 스팸 메일로 오인하여 보지 않고, 삭제할 수 있다.

• 보내는 사람의 이메일 주소: 이메일 주소를 만들 때는 고객이 기억하기 쉽고 활용하기 좋게 알파벳 세 글자 내외로 하는 것이 좋

다. 부득이 초과하게 되면 숫자를 한두 개 붙이는 것으로 끝낸다. 고객이 차후에 메일을 보낼 경우에 대비, 혹시라도 영문자판이 익숙지 않은 사람에 대한 배려가 필요하기 때문이다.

• 회신 주소:받는 사람이 회신 버튼을 누르면 자동적으로 받는 사람란에 입력된다.

• 받는 사람: 이메일을 받을 사람의 주소

• CC: 이메일을 참조할 사람의 주소

• BCC:CC의 일종이지만 다른 사람에게는 주소가 표시되지 않는다. 하나의 내용을 여러 사람에게 보내더라도 고객의 입장에서는 본인만 받는다는 생각이 들도록 하고 싶을 때 사용할 필요가 있다.

• 제목:이메일의 제목
헤더는 이메일 전체를 한마디로 표시한 것이다. 고객은 제목을 보고 메일을 읽을 것인지 말 것인지를 결정한다. 좋지 못한 제목을 선정하면 고객은 주저 없이 삭제버튼을 누른다.

• 본문: 텍스트로 구성된 이메일의 내용
본문은 사전에 스크립트 작성을 생활화할 필요가 있다. 고객에게 제공하는 정보의 유형에 따라 사전에 기본문장을 만든다. 특히 설계사가 자신의 이름으로 고객에게 보내는 이메일도 고객은 회

- 해결형: 고객의 고민을 해결하는 상품이라는 점을 강조. 모든 상품이나 서비스는 고객의 입장에서 고민이나 문제를 해결해 줄 때 가장 구매가 촉진된다.
- 가격형: 정가보다 싸다는 점을 강조. 싸다는 느낌을 전달하여 구매에 대한 심리적 장벽을 낮춘다. 가격이 저렴한 이유를 설명하거나 다른 상품과 비교하여 고객을 이해시키는 노력이 필요하다.
- 희귀형: 희귀한 상품이라는 점을 강조. 인터넷으로 간단히 정보를 수집할 수 있고, 온라인 경매도 있기 때문에 희귀상품에 대한 관심이 부쩍 확산되는 추세이다.
- 유행형: 지금 한창 유행하고 있다는 점을 강조
- 한정형: 시간·대상·고객·판매량 등이 한정되어 있다는 점을 강조
- 증정형: 선물에 적합하다는 점을 강조
- 권위형: 브랜드, 인지도, 소속회사의 전통을 강조
- 적시형: 시기가 적절하다는 점을 강조
- 고급형: 품질의 우수성을 강조. 인터넷은 싸구려 상품만 파는 곳이라는 인상을 불식시킬 필요가 있을 때 사용할 필요가 있다.

사에서 보낸 것으로 오인할 수 있으므로 대책을 세워야 한다. 따라서 회사에서는 설계사가 고객에게 보낼 문서를 모아두는 사이버 창고를 만들 필요가 있다. 기본예문은 위의 틀을 참고한다.

- 첨부파일: 본문에 첨부하여 송신하는 파일이며 파일형식에는 제한이 없다. 그러나 고객의 컴퓨터에서 확인하기 어려울 가능성이 있는 파일은 삼가는 것이 좋다.

• 푸더: 이메일을 발송하는 회사, 담당자, 문의처(전화번호.이메일), 신규 등록절차, 해지절차 등 부수적인 정보를 함께 실어야 효과를 더할 수 있다.

이메일의 기본문장을 사전에 만들어 사용하면 적절한 카피를 작성할 수 있으며 안정적이고 뛰어난 카피로 고객의 신뢰를 얻을 수 있다. 이메일을 활용하여 신규계약자를 획득하는 것에 집중하기보다는 1차적으로 기계약자를 관리하는 수단으로 사용하는 것이 좋다. 또 설계사가 한 번 이상 만난 적이 있는 유망고객과의 신뢰구축 수단으로 활용한다. 이메일 문장을 아무런 대책없이 작성한다면 높은 효과를 기대할수 없다. 이메일 설계도라고 할 수 있는 스크립트를 활용하여 카피를 작성한다면 짧은 시간에 고객의 신뢰를 얻을 수 있다.

휴대전화와 EMM

휴대전화는 기존의 PC보다 보급이 많이 되어 있고, 고객이 항상 몸에 지니고 다니는 것으로 이메일에서 찾아볼 수 없는 장점이 있다. 휴대전화 EMM은 PC를 이용한 EMM보다 시간적으로도 10분의 1의 짧은 시간에 무려 열 배의 효과를 얻을 수 있다.

■ 휴대전화 EMM의 추진방법

첫째, 설계사를 활용하여 휴대전화 이메일 주소를 수집한다.

둘째, 적시성이 있는 정보를 제공한다.

예를 들어 고객이 청약서에 사인을 하고 사무실에 들어와 전산입력을 완료했다고 치자. "고객님의 계약이 이상 없이 전산입력 완료되었음"이라고 하면 되고, 고객의 건강검진 결과가 나오면 "건강검진 결과 이상이 없는 것으로 나왔음. 자세한 것은 추후 서면통보"라고 하고, 고객의 통장에 잔고부족으로 자동이체가 되지 않으면 "통장 잔고부족, 30일 보험료 20만 원 재청구", 고객의 각종 기념일에는 "생일을 축하합니다!" 혹은 "결혼기념일을 진심으로 축하드립니다" 혹은 "자녀의 대학입학을 진심으로 축하드립니다"라는 메시지를 띄우자.

셋째, PC의 경우 이메일을 수신하는 장소는 자택이나 사무실과 같이 PC가 설치되어 있는 장소에 한정될 수밖에 없다. 그러나 휴대전화는 전파가 닿는 곳이면 어디에서나 사용이 가능하다.

넷째, 시간을 포착하는 새로운 마케팅 컨셉이다.

즉 '기간에서 순간으로'라는 컨셉이다. 미디어는 우편, 팩스, 이메일로 고객의 반응시간을 단축하는 방향으로 발전해 왔으며 순간포착이 무엇보다 중요하다.

예를 들어 A사장은 3월 13일이 자신의 결혼기념일이라는 사실을 잊고 있었다. 당시 A사장에게는 두 명의 설계사가 보험을 권유하고 있었다.

B라는 설계사는 결혼기념일 축하 이메일을 보냈다. 그러나 불행하게도 모 사장은 바쁜 일정으로 이메일을 확인할 시간이 없어 20일 후에나 메일을 확인할 수 있었다.

C라는 설계사는 결혼기념일 축하 이메일을 휴대폰으로 3월 12일 발송했다. A사장은 12일 퇴근무렵 휴대폰에서 이메일을 보고 부인에게 줄 선물을 사갖고 일찍 귀가할 수 있었다.

당신이 A사장이라면 어느 설계사를 선택, 보험에 가입할 것인가?

여섯째, 문서작성시 제목은 과감하게 압축한다.

문서는 휴대전화의 화면을 생각하여 과감하게 압축해 내용을 전달해야 한다.

휴대전화 이메일은 응답이 빠르고 PC 이메일의 단점을 상당 부문 커버하고 있다. 최근에 나온 전화기는 전화기능, 이메일 기능, 정보기능, 일정관리 기능, 계산기, 전화번호부, 스케줄표, 결재기능까지 다양하게 사용할 수 있다. 휴대전화를 둘러싼 환경은 PC의 세 배 속도로 빠르다. 그러므로 고객과의 신속한 커뮤니케이션 수단으로 적극적으로 활용할 필요가 있는 것이다.

7 제도의 확립보다 운용이 중요하다

디지털시대의 기업은 하드웨어 부문은 대동소이할 것이고 소프트웨어의 차이가 결국은 경쟁력의 차이로 나타날 것이다.

모든 정보와 지식의 복제가 굉장히 자유스럽고 변화의 속도가 빠른 세상이니만큼, 문서화된 제도는 실시간 다른 경쟁회사에 알려진다고 생각해야 한다. 이제 가격이 저렴한 상품을 만들고, 영업소나 지점의 체제를 바꾸는 것을 타사와의 차별화 전략이라고 우기거나 보안을 강조하는 것은 시간과 인력의 낭비이다. 진정한 차별화 전략은 인력 차별화 · 시장 차별화 · 정보 차별화 · 고객서비스 차별화 · 가치 차별화 등 즉, 운용 차별화 전략이 필요하다.

그렇고 그런 100명이 출근하여 1인당 1000만 원씩 수금을 하고 있다면 수금 보험료는 10억밖에 되지 않는다. 그러나 유능한 설계사 100명이 1인당 1억씩 수금한다면 수금보험료가 무려 100억이다. 저능률 설계사는 고객들의 작은 불만도 수용하지 못하고 민원을 일으키기 쉽지만, 고능률 설계사는 고객들의 다양한 불만을 치밀하고 꼼꼼하게 수용하여 추가계약을 이끌어내고, 나아가 소개계약까지 유도한다. 어느 보험회사가 발전할 것인가는 초등학생도 판정할 수 있다. 어떻게 하면 고능률 설계사가 많이 모일 수 있겠는가?

그것은 고급관리자를 양성하는 길밖에 없다. 무능한 관리자는 유능한 설계사의 다양한 요구를 받아들이지 못하고 쫓아내고, 결국 변변한 아이디어 하나 없이 말만 잘 듣는 무능한 설계사들만 잔뜩 남게 된다. 그렇게 되면 회사는 결국 시장에서 도태되고 말 것이다.

실제로 수입에 큰 도움이 되는 고소득층 시장을 확보하는 것은 모든 보험회사의 희망사항이다. 고소득층은 상대적으로 꼼꼼하고 치밀한 사람들이다. 이렇게 꼼꼼하고 치밀한 고객을 만족시키기 위해서는 꼼꼼하고 치밀한 사원에 의한 고차원적인 서비스가 필요하다. 따라서 글로벌 디지털시대의 리더는 제도를 바꾸는 것보다 기업 운용을 디지털적으로 해나가는 것이 필요하다.

디지털시대에는 하나의 지식이 생겨나고 소멸하는 주기가 대단히 빠르다. 따라서 다른 사람이 하는 것을 보고 따라하다 보면 이미 승부는 결정나고 만다. 따라서 시장을 선도하기 위해서는 시선을 시장의 눈높이에 맞추고 세밀히 분석하여 고객이 원하는 것이 무엇인지 파악하여 고객보다 한 걸음 앞서는 지혜가 필요하다. 다른 회사들 눈치만 보지 말고 과감하게 시장으로 나가라. 그리고 고객이 무엇을 원하는지 파악하고 그들에게 무엇을 제공해줄 수 있는지를 연구하라. 얼마 전까지 모방만 잘해도 잘살던 시대가 있었다. 그러나 이제는 어림없다.

디지털시대이니만큼 창의력이 없는 개인이나 기업은 영원히 2등에 만족하거나 때에 따라 시장에서 퇴출되는 것을 감수해야 한다. 왜냐하면 디지털은 1과 0의 집합이기 때문이다.

마케팅의 목적은 많은 사람들이 지갑을 열어 자사의 상품을 보다 많이 사도록 만들어 수익을 높이는 데 있다. 그러나 아무리 훌륭한 마케팅 전략이라도 고객이 계약서에 사인을 하지 않는다면 아무 쓸모없다.

마케팅은 상품·브랜드 그리고 서비스의 가치를 높이고, 소비자들에게 상품을 구입해야 할 이유를 제시하기 위한 활동에 돈을 지출하는 일이다. 모든 마케팅은 경쟁사의 상황이나 판매고보다는 실질적 이윤을 계산해야 한다. 이윤이 남지 않는 판매고의 증가는 의미가 없다.

마케팅의 또 다른 목적은 성장이다. 성장하기 위해서는 끊임없이 연구하고 미래에 대해 계획을 세워야 한다. 한발 앞서 가기를 원하는 회사는 과거나 현재에 매달리지 말고, 미지의 세계로 과감하게 발을 내딛어야 한다. 창조력은 과거에 수행된 일과 다른 방향으로 일을 진행시키는 것을 의미하는 것이지 과거에 수행된 일을 평가하는 것이 아니다.

오늘날 생명보험 마케팅이 고민해야 할 최고의 숙제는 디지털이다. 디지털 기술의 활용은 내근직과 외근직의 구분이 없다. 디지털마케팅을 주도해야 하는 주체는 디지털 기술자가 아니라 어디까지나 마케팅 전문가여야 한다. 이제까지 생명보험 디지털 마케팅이 큰 성과를 나타내지 못한 것은 마케팅 차원에서 접근하지 않고 기술적 차원에서만 접근했기 때문이다. 이는 마케팅 전문가들이 디지털 전문가에게 영역을 빼앗기지 않으려고 적극적인 협조를 하지 않은 것과, 마케팅 이외의 환경변화를 두려워하여 소극적으로 대처한 결과이다.

디지털마케팅이 성과를 나타내기 위해서는 다른 회사의 사례를 통해 배우려고 할 것이 아니라, 고객과 보험회사가 만나는 현장에서 찾아야 한다. 예전에는 생활설계사가 고객을 직접 찾아가서 말로 설득하던 것을 디지털 기술을 활용함으로써 시간과 비용을 절약, 더 높은 생산성과 더 높은 이윤을 창조해야 하는 것이다. 이 과정에서 영업사원의 비정형화된 업무를 정형화하고, 정형화된 업무를 디지털화하는 작업을 해야 하며, 본사가 직접 해야 할 일과 영업사원의 능력을 향상시켜서 해야 할 일은 구분되어야 한다.

또 디지털마케팅에 관한 지식을 축적하는 축적지보다 디지털마케팅에 관한 지식을 활용하는 활용지가 필요하다. 단순히 이론을 알고 있다는 것만으로는 수익을 창출할 수 없으며, 고객과 회사의 접점에서의 현장경쟁력이 승부를 결정지을 것이다.

최근 우리나라 보험회사들은 외국보험회사의 시장점유율 향상, 보험가입률 증가로 인한 시장증가율 저하, 저금리로 인한 자산운용의 어려움 등으로 인해 수많은 어려움에 직면해 있다. 그러나 이러한 과도기적 시기에 디지털마케팅 투자를 단순비용으로 생각하여 아까워한다거나, 디지털을 마케팅이나 자산운용 등 경영의 개념으로 받아들이지 않고 단순히 기술 차원에서 운용하려고만 든다면 문제해결의 실마리는 풀리지 않는다.

따라서 디지털의 개념과 시장현실을 완전히 숙지한 리더의 관점에서 디지털 인프라스트럭처(Digital infrastructure)를 구축하도록 하는 것만이 보험시장을 선도할 수 있는 유일한 길이다.

8 예상되는 거절에 대비한 시나리오를 세워라

    여기에 두 가지 사업안이 있다. 제1안은 1억을 투자하여 성공하면 10억이고 실패하면 1억 2000만 원이 되는 사업이다. 2안은 1억을 투자하여 성공하면 100억이 되고, 실패하면 2억을 손해보는 사업이다.

    당신은 어떤 안에 투자할 것인가? 당신이 1안을 선택했다면 당신은 영업인으로 적합하기보다는 자산운용이나 지원부서에 근무하는 쪽이 더 낫다. 보험회사에서도 자산운용을 담당하는 부서에서는 앞으로 닥칠 위험을 최소화하면서 일하는 것이 좋다. 특히 지원부서에 근무하는 사람들은 향후 시나리오를 선택할 때 위험이 적은 안전한 시나리오를 선택해야 한다.

    그런데 만약 1안을 선택하는 사람이 영업부서에 근무한다면 영업의 획기적인 신장을 기대할 수 없다. 만약 2안을 선택했다면 당신은 영업이나 사업에 적성자라고 볼 수 있다. 영업을 하는 사람은 위험을 즐길 수 있어야 한다. 설령 깨어지고 부서지더라도 위험을 감수하는 사람만이 남들이 할 수 없는 일을 성취할 수 있다. 그들이 바로 무너지는 회사를 일으켜세우고 후발회사를 선도회사로 키워낼 수 있는 사람들이다. 영업에서는 이러한 사람들이 꼭 필요하다.

그러나 2안을 선택한 사람이 지원부서나 자산운용부서에서 일하고 있다면 회사에 막대한 손해를 끼칠 수 있다. 그들은 만약 주식투자로 1억을 잃으면 만회하기 위하여 10억을 투자할 수 있는 사람들이다.

영업에 관한 시나리오는 가능하면 공격적이고 대담하고 위험이 따르더라도 큰 결과가 예상되는 시나리오를 선택해야 한다. 반면 자산운용이나 지원부서에 관련된 시나리오는 위험부담이 적고 보수적이고 안정된 결과가 예상되는 시나리오를 선택해야 한다. 즉, 맡은 일의 성격에 따라서 합리적인 시나리오를 선택해야 한다. 분명한 것은 결과가 불확실할수록 철저한 시나리오로 대처해야만 보다 큰 성과를 얻을 수 있다.

경영을 잘하기 위해서는 미래를 정확히 예측하고 대비하여야 한다. 미래에 대한 대비 없이 한 가지 상황만을 예상해 투자할 경우, 예측하지 못한 변수의 등장으로 상황이 급변하면 기업이나 개인은 위험한 상황에 처할 수도 있다.

오늘날은 모든 것이 빠른 속도로 변하고 있어 환경이 변한 후에 원인을 분석하고 대처하면 기회를 영영 잃어 버리게 된다. 유능한 축구선수는 볼이 오기 전에 경기의 흐름을 읽고 볼을 잡자마자 같은 편에게 정확히 패스하듯, 사업도 향후 전개될 흐름을 읽고 발생되는 상황에 신속하게 대처하는 자세가 필요하다.

미래의 환경변화를 최대한 감안하여 그 변화과정을 시나리오로 그려보고 상황에 따라 미리 준비된 대안에 따라 유연하게 대처하는 경영

기획, 리스크 관리, 영업, 자산운용, 고객서비스 등 관련 분야의 사람들이 모여 향후 상황과 나아갈 방향에 대해 시나리오를 작성해보자. 예상되는 문제점에 대한 대응방안을 함께 작성해 봄으로써 구성원들은 조직이 나아가야 할 방향과 각자의 역할에 대해 공감대를 형성할 수 있다.

가치관을 공유함으로써 관련 부서간의 협조와 각자의 역할 인식이 선명해져 상황변화에 대한 대처능력이 뛰어나게 된다. 위기상황이 발생하더라도 그 전개과정은 미리 작성해본 시나리오의 재현이므로 침착하게 대처할 수 있다.

일반적으로 최고 의사결정자일수록 주요 내용만을 담은 간결한 시나리오를 선호하며, 실무자일수록 보다 자세한 시나리오를 선호해 두 가지를 다 준비하는 것이 바람직하다.

시나리오는 가상의 이야기이지만 현실감 있게 표현하는 것이 중요하다. 금기사항이나 미처 생각하지 못했던 것에 대해 '아 그럴 수도 있겠구나!' 하고 느끼게 하고, 그 경우 어떻게 해야 한다는 메시지를 전달하는 정도면 성공작이라 할 수 있다.

예를 들어 하루가 다르게 전개되는 금융환경 분야에서 향후 10년까지 전개될 발전과정을 시나리오로 그려 큰 흐름을 파악한 후, 주기적으로 (3개월~6개월 단위) 새롭게 나타나는 시나리오상의 전개과정을 비교해본다면 향후 10년까지의 미래 예측이 어느 정도 가능하다.

시나리오는 처음 작성하기가 힘들어서 그렇지 일단 완성하고 나면 부분적인 수정을 가해 전체 시나리오를 재작성할 수 있으므로 전구성원이 일의 진척 상황과 향후 변화방향을 공유할 수 있다.

종류가 너무 많은 시나리오는 의미가 없으며 혼란만 야기시킨다. 특별한 경우 외에는 보통 2~4개 정도가 적당하다.

방식을 '시나리오 경영'이라 한다. 기존의 예측방법이나 모델만으로 미래를 예측하기에는 한계가 있는데, 대부분의 기업에서 실시하고 있는 중장기계획(3~5년)이 잘 맞지 않는 것도 그 좋은 예이다.

까다로운 고객, 열성팬만들기

영업소장으로 처음 부임한 날, 총무는 웃으면서 내게 이렇게 말했다.

"소장님! 수금 한 군데 갔다오시겠습니까?"

"왜? 수금할 사람이 없습니까?"

"이 업체는 누구도 수금을 안 가려고 합니다."

"아니, 왜요?"

"여기 부장님이 골때리는 사람입니다. 보험회사 알기를 개똥으로 알고요. 온갖 욕설에다가 사람 인격까지 무시한다니까요. 할수없이 제가 몇 번 갔는데 저도 욕만 먹고 왔습니다. 얼마나 지독한지 경리팀 사람들도 꼼짝을 못합니다."

"그래요? 그러면 제가 한번 가보죠."

묘한 흥분이 일었고, 그 부장이라는 작자가 빨리 보고 싶었다. 나는 상황별 시나리오를 만들어 보았다.

-시나리오 A: 부장은 나에게 실망하고 계약을 해약해버린다.(가능성:29%) 부장이 나에게 관심을 갖든, 갖지 않든 계약이 해약되면 큰일이다. 소장으로 부임하자마자 보유계약이 줄어드는 나의 무능함을 회사에 알리는 것이고, 계약단체와의 추가거래는 불가능하게

된다. 그렇게 되면 향후 영업소를 운영하는 데 치명적인 타격을 입을 수 있다.

- 시나리오 B: 부장이 나에게 호감을 느끼고 추가계약이 활성화된다.(가능성:1%) 가장 소망스러운 상황이다. 회사에는 보유계약을 늘리고, 어려운 영업소의 활로를 찾는 것이 될 것이다. 그러나 특단의 대책을 마련하지 않으면 불가능한 시나리오이다.

- 시나리오 C:부장은 나에게 관심을 보이지 않으면서 수금을 계속한다. (가능성:10%) 영향력이 없는 상황이다.

- 시나리오 D:부장은 나에게 모욕을 주고 나는 인내하면서 겨우 수금을 지속한다. (가능성:60%) 나는 김 부장에게 잘 보이기 위하여 끊임없이 재롱을 떨어야 한다. 그러나 결국 계약은 종료되고 관계가 정리되며, 소장은 거래단체나 회사에서 있으나마나한 존재가 된다.

■ 실제 채택한 시나리오

김 부장은 틀림없이 카리스마가 강한 사람일 것이다. 부하들을 확실하게 장악하고 거래처까지 꼼짝 못하게 할 정도이면 상사에게도 신임받고 있을 것이 틀림없다. 이렇게 강한 사람 앞에서 눈치만 보면서 원하는 계약을 받아낸다는 것은 불가능하다.

강한 자는 강한 자를 좋아하게 되어 있다. 강하게 부딪혀서 깨어지더라도 거기에선 얻을 것이 있을 것이고, 다행히 나에게 호감을 느끼게 되면 원하는 계약을 얻을 수 있을 것이다.

그리하여 회사를 방문하기 전에 나는 이러한 원칙을 세웠다.

첫째, 김 부장에게 모든 예의를 갖추어 접근한다.

둘째, 김 부장의 정당한 요구는 받아들인다.

셋째, 부당한 요구는 단호하게 거절한다.

넷째, 혹시 화를 내거나 억지를 쓰면 냉정을 잃지 않은 상태에서 객관적이고, 논리적으로 강하게 반발한다.

다섯째, 어떤 경우에도 당당한 태도를 견지하여 내가 강한 사람이라는 이미지를 심어준다.

여섯째, 김 부장이 트집을 잡을 수 있는 부분에 대한 대책 및 대응화법을 미리 준비한다.

마침내 여의도에 있는 그의 회사를 방문했다.

경리부의 최 대리는 친절하게 보험료를 당좌로 끊어주면서 부장님에게 인사를 하라고 권했다.

"부장님! 교보생명의 새로운 소장님께서 보험료를 수금하러 왔습니다."

"안녕하십니까? 박낙원 소장입니다."

그는 명함을 받는 둥 마는 둥하더니,

"소장님이시구만, 보험회사 소장은 보험료 수금하러 다니는 사람입니까?"

하고 말했다.

"그렇지는 않습니다. 이 회사가 워낙 중요한 거래처이기 때문에 제가 직접 왔습니다."

"직접 안 와도 좋으니 일이나 똑바로 하세요. 최 대리, 먼저번에 교보에 퇴직금 신청한 것 나왔나?"

"아직 안 나왔는데요."

"이거 보라니까, 당신 뭐 하는 사람이요? 소장으로 새로 부임했으면 사무나 잘 챙기란 말이오. 보험료나 받으러 다니는 게 소장이 아니잖소."

"죄송합니다."

"우리 회사가 그동안 교보생명을 얼마나 도와주었는지 아세요? 대출 받아서 한번도 연체 안하고 이자 납부하고, 보험료도 제때 납부하고……."

30분을 세워놓고 큰소리로 야단을 쳤다. 서서 야단을 맞으면서 사무실을 돌아보니 100여 명의 사원들이 의자를 돌려앉아 가면서 구경하고 있었다. 나는 태연한 얼굴로 미리 준비해간 수첩에 김 부장이 말하는 주요 내용을 메모했다.

"부장님! 말씀 다 하셨습니까?"

"뭐 할 말 있소?"

"네. 부장님은 모든 거래처 관리를 이렇게 하십니까?"

"하고자 하는 말이 뭐요?"

"기업이 거래를 하는데 있어서는 상호간의 이해가 맞으면 거래를 하는 것이고, 맞지 않으면 거래를 못하는 겁니다. 이 회사와 우리가 거래를 시작한 것은 분명히 이해가 맞으니 시작했을 겁니다. 거래 시작되고 나서 담당자간에 우호적인 감정이 생기면 안 되는 일도 될 수 있고, 적대적 감정이 생기면 되는 일도 안 되는 법입니다. 제가 부장님 말씀을 들어보니 모두 맞는 말씀입니다. 앞으로 명심해서 차질이 없도록 하겠습니다. 그러나 회사를 대표해서 처음 온 사람을 다짜고짜 이렇게 야단을 치면 우호적인 감정이 생기지는 않을 것 같습니다. 그렇지 않으시겠지만 만약 모든 거래처 관리를 이렇게 하신다면 태도를 고치는 것이 좋을 것 같습니다."

"당신이 뭔데 고치라 마라 하는 거요?"

"저희 회사와 거래하는 이 회사의 발전을 위해서 말씀 드리는 것입니다. 만약 고치기 싫으시다면 회사를 그만두시는 게 회사를 위해 좋습니다. 부장님의 그러한 태도는 이 회사에 도움이 되지 않습니다."

"뭐야, 이 친구 형편없는 놈 아니야. 최 대리! 당장 교보 해약해."

"그렇게 회사 일을 감정으로 처리하시면 안 됩니다. 큰 회사의 부장이면 점잖게 처신하시는 게 좋습니다."

"꼴 보기 싫으니 가시오."

사무실로 돌아오니 벌써 최 대리는 해약서류를 들고 영업소에 도착해 있었다.

"최 대리님! 대단하십니다. 그렇게 성질이 급한 분을 부장님으로 모시고 생활한다는 게……."

"말도 마십시오. 우리 부장님은요, 한번 한다면 하는 분이에요."

최 대리를 통해 김 부장의 모든 것을 알게 되었다. 예상했던 대로 회사로부터의 신임이 두터운 사람이었다.

해약을 놓고 김 부장과 나는 길고 지루한 줄다리기를 했다. 김 부장은 보험감독원에 민원까지 내면서 나를 괴롭혔지만 나는 한발짝도 물러나지 않았다.

그런데 하루는 김 부장으로부터 식사를 같이 하자는 연락이 왔다.

"박 소장! 나는 이제까지 한다면 뭐든 하면서 살아왔소. 그런데 당신을 보니까 고집도 대단하고, 마치 몇 년 전의 나를 보는 것 같소. 나 이제부터 당신을 좋아하기로 했소.“

그 후 그 회사로부터 월납 보험료 4000만 원, 일시납 10억 원을 받으면서 나의 시나리오는 해피엔딩으로 마무리되었다.

영업사원은 고객과 접촉할 때 고객의 예상되는 각종 거절에 대한 시나리오를 갖고 있어야 한다. 막연히 잘 되겠지 하는 생각만 갖고 고객을 방문한다면 당신은 영원히 초보일 수밖에 없다.

고객을 만날 때 ‘잘되겠지’라는 생각은 할 필요가 없다. 고객은 거절하려고 할 것이다. 중간에 생각을 바꾸려고 할 것이다. 나에게 불리한 정보를 입수했을 것이다. 고객이 나를 거절할 수 있는 모든 가능성을 연구하여 그 대책을 준비해서 접근해야 한다. 그렇지 않고 ‘무조건 해야지!’ 하는 막연한 생각으로만 접근하면 안 된다.

상대방에 대한 연구를 철저히 하되 잘될 것이라는 가정은 하지 않아도 된다. 의도한 대로 일이 잘 풀려나갈 때는 준비하지 않아도 누구나 잘할 수 있다. 문제는 의도한 일에 방해요소가 발생했을 때 어떻게 대처하느냐는 것이다.

제 4 장

영업조직의 리더십

좋은 일만 있을 때는 누구라도 잘할 수 있다.
그러나 실적은 목표와는 저만치 떨어져 있고 조직원들의 사기는
떨어질 대로 떨어졌고 또 시장상황까지
안 좋은 사면초가의 상황이라면
어떻게 해야 할 것인가? 리더로서 현상유지나
미미한 발전에 연연해하지 않고
획기적인 발전을 도모했을 때 조직에서의
더 큰 발전을 기대할 수 있다.

I 리더와 중간관리자가 조직의 운명을 좌우한다

리더는 조직의 꽃이다. 그들은 크든 작든 조직의 운명을 좌우할 수 있는 의사결정권을 가지며, 그들의 의사결정은 한 조직의 성패뿐만 아니라 관리하는 조직의 규모에 따라서 사회 전체 또는 세계의 운명도 좌우할 수 있는 힘을 가진다. 그러나 아무리 훌륭한 리더라도 교활한 중간관리자를 만나게 되면 원치 않는 비참한 결과를 맞을 수도 있다. 유능한 리더은 좋은 중간관리자를 볼 수 있는 안목과 그들이 마음껏 능력을 발휘할 수 있도록 도와주는 큰 그릇이 되지 않으면 안 된다.

외부의 강한 도전을 즐길 줄 아는 강한 리더와 조직 내외의 흐름을 잘 읽고 방향을 제시하고 실천할 수 있는 유능한 중간관리자의 만남은 참으로 아름답고 환상적이다. 반면 리더나 중간관리자로서 소양을 갖추지 못한 사람이 높은 자리를 차지하고 앉아서 내는 악취는 고약하기 짝이 없다.

우유부단한 리더

일을 추진하다 보면 신속한 결정이 이루어지지 않아서 시기를 놓치는 경우가 종종 발생한다. 한 유명한 재벌기업 회장은 말하기를, "적극적으로 일을 추진하다가 실패를 보고 회사에 손실을 가져온 리더에게는 다시 기회를 줄 수 있어도, 실패가 두려워서 한 번 시도해 보지도 않는 리더는 용서할 수 없다"고 했다.

예를 들어 기업체에서 일괄적으로 계약을 받으려 하면 요구사항이 많다. 적어도 수백 명 또는 수천 명이 한꺼번에 보험에 가입하므로 공동구입에 따른 이익을 기대한다.

1995년으로 기억된다. 모 회사에서 오랫동안 추진되었던 단체협약이 타결되고 일사불란하게 보험가입이 추진되어 공식적인 제안서를 요구해왔다. 때마침 인사이동이 있은 직후라 회사가 무척 어수선했다. 아무리 그래도 그렇지, 직접 본사에 들어가서 도장만 찍어주면 된다고 하면 내용을 파악하지 못하고 어떻게 도장을 찍을 수 있느냐고 하고, 내용을 설명하려고 하면 시간이 없으니 다음에 보자고 하는데는 미칠 지경이었다. 그것도 한 부서만 거치는 것이 아니고, 영업부·상품개발부 등 많은 부서를 거쳐야 했다. 그러는 사이 다른 회사는 이미 접수가 완료되어 후순위로 밀린 적이 한두 번이 아니었다.

하나의 사건을 놓고 여러 부서가 합의를 보는 것은 합리적 의사결정을 하기 위함이라는 명분이 있을 수 있겠으나, 결정이 지연되어 적절한 타이밍을 놓치고 사후에 문제가 발생하더라도 어느 누구에게도 책임을 물을 수 없었다. 영업부는 계약부에서 결정한 일이라고 하고, 계약부는 또 다른 부서에 책임을 전가하니 어느 누구도 책임을 지지 않는 것이다.

이러한 현상은 영업소에서도 자주 볼 수 있다. 설계사가 무슨 일을 하려고 하면 영업소장이 제대로 지원을 하지 못하는 경우가 더러 있다. 예를 들어 어렵게 신인을 모시고 왔는데 영업소장이 너무 무능해서 신인이 "저런 소장을 모시고 일하려면 힘들겠군요"라고 말하면 힘이 쭉 빠진다.

어렵게 설득하여 신인시험도 보았는데 영업소장이 제대로 교육을 시키지 않는다든지 약속한 지원을 제대로 해주지 않으면 설계사는 속에서 불이 난다. 그런 주제에 영업소장이 신인도입이 없어서 사무실 운영이 어렵다고 화내면 정말 당장 때려치우고 싶지 않겠는가! 그러므로 영업소장은 먼저 자신의 실력을 부단히 키워나가지 않으면 안 된다.

지점장들도 마찬가지. 신입사원 교육을 한 시간도 제대로 꾸려가지 못하면서 영업소장들에게는 교육참가 인원만 가지고 교육참가율을 독려하고, 아무런 뒷받침도 해주지 못하면서 영업소에서 제대로 결과를 창조하지 못한다고 야단이나 친다면 영업소장은 정말 때려치고 싶은 마음이 굴뚝같을 것이다.

이렇듯 마케팅은 어느 정도의 시스템화는 가능하나 성패여부는 지휘자에 의해 판가름이 나게 되어 있다. 어떤 조직이든 조직의 장을 맡은 사람은 자기가 맡은 조직을 어디로 끌고갈 것인가에 대한 확신이 있어야 한다. 아무 생각 없이 높은 직책을 맡고 나서 모르쇠로 일관한다면, 조직은 멍들고 많은 부하직원들의 의욕은 꺾이게 된다. 리더가 책임을 지려고 하지 않으면 그 밑에 있는 어느 사원도 책임을 지려고 하지 않는다.

본사에서 사원 시절을 보내고 대리가 되어 영업소장을 나오는 사람들은 대부분 좋은 영업소를 맡을 확률이 높다. 본인이 잘 몰라서 영업사원에 대한 지원을 잘 못해주는 사이에 영업소의 매출은 떨어지고 영업사원의 수입은 줄어든다. 그렇게 되면 일종의 죄악이 아닐 수 없다.

지점장들도 마찬가지이다. 본사에서 일정 기간을 보내고 외야의 영업현장에 대한 감각이 없는 상태에서 지점장을 지원하는 사람들이 많다. 그리고 또 이런 사람들은 외야에서 잔뼈가 굵은 사람들보다 본사 사람들과 잘 알고 지내므로 쉽게 지점장으로 발령이 난다. 이런 사람들이 지점장으로 부임하여 잘 모르고 헤매는 사이에 지점의 영업소장이나 설계사들은 한숨이 늘어간다.

보험회사에서 관리자로 일하는 사람은 결과로 나타난 숫자만 가지고 부하들과 얘기해서는 안 된다. 영업분야에 근무하는 사람치고 대단한 결과를 창출하기 싫은 사람은 어디에도 없다. 동기부여, 시장선정, 고객분석, 일을 추진하는 방법, 활용자료 등 무엇에선가 문제가 발생하여 원하는 결과를 만들어 내지 못하는 것이다.

당신이 현명한 관리자라면 부하직원과 진지한 개별면담을 통하여 한 차원 높은 상태에서 그 원인을 찾아 해결책을 찾아줌으로써 조직이 최종적으로 원하는 결과를 얻어야 한다.

리더가 무능하면 교활한 중간관리자가 조직을 제멋대로 난도질한다.
리더는 항상 자신의 일을 본인 스스로 해야 하며 부하들을 객관적으로 볼 수 있는 눈을 가져야 한다. 일을 하나 잘하면 그 일을 잘한 것이고, 일을 하나 그르치면 그 일을 못한 것이다. 한두 번 잘하는 것을 보고 모든 것을 믿으면 사고가 나고, 한두 번 못하는 것을 보고 의심하면 사기가 떨어져 아무 일도 못한다.

연고를 지나치게 중시하는 리더

인간은 살아가면서 누구나 혈연이든 지연이든 학연이든 많은 연고를 갖고 살아간다. 그것이 또 사람의 인생에 큰 영향을 미친다.

처음으로 영업소를 맡았는데 영업소 출근인원이 지점에서 가장 많을 때의 일이다.

하루는 지점장이 나를 불렀다.

지점장은 아주 다정스런 목소리로 이런 제안을 해왔다.

"박 소장은 아직 나이도 어리고 우리 회사에 오래 근무할 사람이니 내가 앞으로 특별히 신경을 써야겠어."

"고맙습니다."

"그래서 이야긴데 이번에 본사에서 영업소 분할을 하면 1호봉 승진을 시킨다는 얘기 들었지?"

"네."

"이번에 B영업소를 분할해야 겠는데 그 영업소는 출근인원이 너무 적단 말이야. 박 소장 영업소는 출근인원이 많으니까 이번 기회에 열 명만 B영업소로 전출을 시키면 어때?"

"그건 안 될 말입니다. 저희 영업소를 분할시킨다면 몰라도 어렵게 양성한 직원들을 이유 없이 다른 영업소로 보낼 수는 없습니다."

"박 소장에게 대단히 실망했네. 젊은 사람이 그렇게 욕심이 많은지 미처 몰랐네. 그렇게 자기 실속만 챙겨서 얼마나 잘되나 두고 보세."

사실 B영업소장은 지점장과 같은 학교 선후배간이었다.

그 사건 이후 나는 승진에 눈먼 사람으로 매도되다가 보유계약도, 출근인원도 없는 해방촌으로 인사명령을 받았다. 그 사건 이후 우리 영업소는 급속한 조직이탈과 영업위축을 가져왔다. 결국은 지점장도 오래가지 못했다.

조직의 높은 위치에 있는 사람이 자신의 개인적인 인맥을 중시하면 다른 사원들은 조직으로부터 소외감을 느낄 수밖에 없다.

> 리더가 중간관리자를 지연 · 학연 · 혈연 등의 이유로 편애하면 전체 조직의 장이 아니라 일부의 리더로 전락하고 만다. 따라서 조직은 전체 역량의 일부, 아주 작은 역량밖에 발휘하지 못할 공산이 크다.

독선적 리더

회사는 유능한 사람들이 많이 모여 일을 해야 성장하고 발전한다. 그러나 어리석은 리더들은 부하직원들을 평가하는 기준을 능력 위주보다는 본인의 지시를 잘 따르는가에 두는 경향이 있다.

내가 지점장을 할 때의 일이다. 하루는 영업소장이 나를 찾아왔다.

"지점장님! A설계사를 해촉해야겠습니다."

"아니 그 설계사는 영업소에서 가장 일을 잘하는 설계사 아니오?"

"일은 잘하는데요. 제가 시키는 일을 반대로만 하고요. 도대체 영이 서지 않습니다. 그래서 영업소 전체를 통제하기가 어렵습니다."

"김 소장 영업소는 월납을 얼마나 하지?"

"월 8백만 원 정도 합니다."

"그 영업소의 S팀장은 어떤가?"

"영업소에 꼭 필요한 사람입니다."

"그 S팀장은 한달에 월납을 얼마나 하지?"

"매월 30만 원은 합니다"

"그런데 그 팀장이 영업소에 꼭 필요한 이유는 뭔가?"

"제가 하자고 하면 잘 따라옵니다."

"김 소장이 해촉시키려는 A팀장은 월납을 얼마나 하는가?"

"매월 4백만 원은 합니다."

A팀장 업적을 빼면 영업소 업적이 얼마인가?

"4백만 원입니다."

"월납 4백만 원 하는 영업소는 회사에서 어떻게 할 것 같은가?"

"아무래도 폐쇄를 할 것 같습니다"

"영업소를 폐쇄시킨 영업소장은 어떤 대접을 받을 것 같은가?"

"물론 안 좋겠지요"

"내가 낳은 자식도 내 마음대로 안되는 세상이네. 하물며 A팀장은 부모님이 평생 가르쳤고, 학교에서 선생님이 16년을 가르쳤고, 결혼해서 남편이 십여 년을 가르쳤을 것 아닌가! 김 소장이 A팀장의 인성이나 습관을 바꾸려는 시도는 잘못된 것이 아닐까? 그게 가능할 것 같은가?"

"불가능할 것 같습니다."

"그러면 어떻게 해야 되겠는가?"

"제가 잘못 생각한 것 같습니다."

"자네 그릇 정도라면 충분히 A팀장이 일을 잘할 수 있도록 포용할 것이라고 믿네. 그래야 다음에 과장이나 더 큰 직책도 맡을 수 있어."

"알겠습니다. 최선을 다하겠습니다."

리더가 본인의 말을 잘 듣지 않는다고 능력있는 사원을 쫓아내면 결국은 무슨 말을 해도 참는 고분고분한 사람만 남게 된다. 고분고분한 사람들이 세상에 남길 흔적은 없다.

리더의 가장 큰 죄악은 유능한 사원이 능력을 발휘하지 못하게 막고 심지어는 마음에 들지 않는다고 쫓아내는 것이다.

모든 리더는 일로써 부하를 관리하고, 일로써 자신의 카리스마를 유지해야 한다. 회사는 상사의 말을 잘 듣는 사람보다 일 잘하는 사람이 모여서 고객을 만족시켜 돈을 내놓는 성과를 창출하는 곳이다. 리더에게 자신의 주장을 굽히지 않는 사람이 있다면 그의 고집이 고객과 회사에 도움이 되는가를 판단하여 도움이 된다면 인정하고 키워주는 아량이 필요하다.

약한 리더와 영리하고 교활한 중간관리자

영업소장을 하던 시절, 지점장은 회사에 오래 근무한 공을 인정받아 부임한 사람이었다. 사람좋은 사람의 표본이랄까? 소장들에게 듣기 싫은 소리를 하지 못하면서도 윗분들의 뜻이라면 무조건 따르는 형이었다.

업적에 관하여 윗분들의 독촉이 있으면 회의를 소집하고, 아무 말도 못하고 앉아 있었다. 그러면 과장이 상황을 설명하고 영업소별로 업적을 할당하고 무조건 달성하는 것 이외에는 없다며 호통을 쳤다. 그러고 나면 회의가 끝났다. 과장은 소장들에게 방법이나 기법을 알려주지는 않고, 하라면 하라는 식으로 무조건 목표달성을 독려하면서 영업소장들을 못살게 굴었다. 그러면 소장들은 마지못해 작성계약으로 마감을 하곤 했다. 그러면 마음씨 좋은 지점장은 소장들을 위로하기 위하여 회식을 하면서 술을 먹고 인사불성이 되곤 했다.

영업소장이 해결하지 못하는 일이 발생하면 지점장이 나서기를 싫어하니까 과장이 나서서 해결하고, 이 과정에서 교묘하게 실속을 챙기기도 했다. 상대적으로 약자인 소장들을 괴롭히고 무능한 지점장이 해야 할 일의 일정 부분을 대신 해주면서 지점의 일을 모두 그가 하는 듯 기고만장하니 조직은 와해될 수밖에 없었다. 지점의 실적은 점점 줄어들었고 결국 지점장은 대기발령을 받았다. 이후로도 그 과장은 새로 온 지점장의 약점을 찾아 자기 실속을 챙기기에 여념이 없었다.

나는 지금까지 한 명의 지점장도 그 과장으로 인해 승진하는 꼴을 보지 못했다. 그는 잘되는 일은 교묘한 방법으로 자기의 공으로 내세우고 안되면 지점장의 허물로 돌리는 작업을 하기 위해 지금도 열심히 잔머리를 굴리고 있을 것이다.

> 리더는 부하직원의 뒷모습만 보고도 부하가 가고자 하는 방향을 알 수 있어야 한다. 앞에서 하는 말과 행동만을 보고 사람을 판단한다면 당신은 리더로서 자질이 부족한 사람이다.

무능한 중간관리자

지점의 육성과장은 신입사원에게는 지점의 얼굴이다. 아무래도 신인교육의 대부분을 담당하고 있다보니 처음 보험회사에 입사를 결심하고 교육을 받으러 온 신인에게는 영업소장 못지않게 중요한 사람이다.

K과장은 영업소장을 오랫동안 했지만 별 성과를 거두지 못해 처음으로 과장 보직을 받은 사람이었다. 풍치가 있어서 구취가 심했다. 가글액과 치약, 치솔을 사다주고 수시로 양치질과 가글을 하라고 했지만 제대로 하지 않았다. 양복을 콤비로 입고 다니는 모양새가 아무래도 좋지 않아 백화점에 가서 정장을 사주며 은근히 주의를 줬으나 그것도 지키지 않았다.

신인교육 내용을 들어보니 내용이 좋지 않았다. 아무래도 안 되겠다 싶어서 지점장이 직접 신인교육을 할 테니 당신은 뒤에서 잘 듣고 다음달부터 직접 하라고 했다. 앞에서 지점장이 열심히 교육하는데 과장은 뒤에서 열심히 졸고 있었다.

신인교육 참석인원을 물으면 20명이라고 대충 대답했다. 같이 올라가서 확인을 해보니 12명이었다. 인원 체크를 담당하는 여사원에게 8명은 어디 갔느냐고 물으니 아침부터 12명이었다고 한다. 아침에 하는 보고사항이 저녁이면 틀렸고, 저녁에 하는 보고사항이 그 이튿날 아침에는 허위로 확인되었다. 건강이 좋지 않은 상태에서 저녁마다 술을 먹으니 그는 나날이 상태가 좋지 않았다. 내 주머니를 털어서 골프클럽을 사주며 아침저녁으로 골프를 하고 술을 가급적 먹지 않는 게 좋겠다고 말했다. 며칠 후 확인해보니 술 먹느라고 골프 칠 시간이 없다고 태연하게 말하는 것이었다.

당장 교체하고 싶었지만 본사에서 추천한 과장이기도 하고 부임 1년 이내 인사금지라는 인사원칙 때문에 어쩔 수가 없었다. 결국 K과장이 교체되고 새로운 과장이 와서 열과 성의를 다해 일하기 시작하면서 지점은 급격한 성장을 이룰 수 있었다.

무능한 중간관리자는 교육시키려고 하지 말고 즉시 교체하라. 중간관리자는 준비된 사람이어야 한다. 가르쳐도 말귀를 못 알아듣는 무능한 사람을 정 때문에 계속 함께 일한다면 막대한 시간과 에너지의 손실을 감수해야 한다.

강한 리더

처음 지점장으로 부임하고 한 달 마감을 해보니 전부문에 걸쳐 우리 지점이 전국 꼴찌였다. 여기저기서 우리 지점의 성적을 놓고 말들이 많았다.

어느 날 지역본부에서 지점장회의가 있었다. 지역본부장은 마감결과를 분석하면서 다음과 같이 말했다.

"내가 사람을 한 명 잘못 받아서 지역본부 순위가 뒤로 밀리게 되었습니다. 이렇게 사람 한 명이 중요한 것을 새삼 다시 느낍니다."

선배 지점장들은 조롱섞인 미소를 지으며 나를 쳐다보고 있었다.

나는 쥐구멍이라도 찾고 싶었지만 오기가 생겼다.

"본부장님! 질문이 있습니다. 혹시 집에서 화장실 가실 때 어떤 신발을 신고 가십니까? 아마 그냥 가실 겁니다. 그러나 이웃집을 갈 때는 슬리퍼라도 신고 가시겠지요?

"본론을 말해요!"

"마라톤을 뛰거나 에베레스트를 오르려는 사람은 정식으로 신발을 신어야 합니다. 즉 먼 길 가는 사람은 신발끈 매는 시간이 필요한 겁니다. 저는 지점장을 오래 할 사람이기 때문에 오랫동안 잘하기 위한 준비기간이 필요합니다. 신발끈 매는 시간 정도는 기다려 주시기 바랍니다."

다행히 본부장님은 나를 향해 활짝 웃어주셨다.

"우리 신임 지점장이 잘할 것 같습니다. 저런 패기와 오기라면 능히 지점을 멋있게 키울 수 있을 것입니다. 조금 전 내가 조급하게 말한 건 잘못되었습니다. 서울법인지점이 앞으로 엄청나게 잘할 것을 나는 믿어 의심치 않겠습니다. 다른 선배 지점장들도 우리 후배가 잘할 수 있도록 아낌없는 지원과 조언을 해주시기 바랍니다. 우리 모두 박 지점장에게 박수를 보냅시다."

그 후 P본부장은 한번도 나를 의심하지 않았다. 나는 그의 믿음에 보답하기 위하여 최선을 다했다. 그리고 5개월 만에 전부문 전국 1위라는 멋진 결과를 만들어냈다. 그리고 그러한 결과는 계속되었고 2위 지점과의 격차도 점점 크게 벌어졌다.

부하직원의 강한 기를 키워주는 리더가 되라. 지점장 부임 초기에 본부장이 만약 버릇없다거나 기타 이유로 나의 기를 꺾었다면 나는 그것을 핑계로 회사를 그만두거나 엉뚱한 짓을 했을 것이다. 진실로 강한 리더는 유능한 부하직원을 사랑한다.

현명한 중간관리자

지점장을 하면서 나는 과장들에게 다음과 같이 부탁했다.

"각자 자기가 맡은 분야에서 영업소에 도움이 되는 사람이 되도록 합시다. 매일매일 영업소에 도와줄 것이 없는지 찾도록 합시다. 영업소장이 잘하는 것은 과장이 직접 칭찬하면서 다른 영업소에 실명제로 확산하고, 잘못하는 것이 있으면 나에게 보고하세요. 야단치는 것은 내가 직접 할 테니 과장들은 칭찬만 하고 소장들에게 야단은 절대로 치지 마세요. 그리고 과장들은 다른 과장의 영역은 침범하지 않도록 주의하시기 바랍니다."

회의시간에도 과장들에게 맡은 분야의 주간과업을 알려주도록 했고 나도 되도록이면 과장들의 영역을 침범하지 않으려고 노력했다. 자기 영역을 인정받은 과장들은 더욱 분발, 타 지점 벤치마킹 등 다양한 정보와 지식으로 무장했다.

한번은 영업소장 회의시간에 나도 모르게 감정을 억누르지 못하고 심한 욕설로 야단을 쳤다. 회의가 끝난 후 P영업과장이 지점장실로 들어왔다.

"지점장님, 드릴 말씀이 있습니다."

"말씀해 보세요."

"조금 전 회의시간에 지점장님께서 소장들을 너무 심하게 야단치셨습니다. 물론 소장들이 잘못을 하긴 했지만 그렇게 소장들의 인격을 무시하는 발언을 하시면 오히려 사기도 저하되고 안 좋을 것 같습니다."

"알았습니다."

"특히 나이가 많은 소장들은 얼마나 자존심이 상하겠습니까? 입장 바꾸어 생각하면 얼마나 서럽겠습니까? 다시는 그러지 마십시오."

"예! 다시는 그러지 않겠습니다."

"제 의견을 받아주셔서 고맙습니다. 앞으로 더욱 열심히 하겠습니다."

과장은 그제서야 미안해하는 표정을 지으며 지점장실을 나갔다.

지점의 발전을 위해 소신있게 자신의 의견을 상사에게 밝히는 P과장은 정말로 회사를 사랑하는 사람이었다. 그리고 자기 일에 진정한 자부심을 갖고 생활하는 사람이었다.

그 후 나는 지점장을 하면서 정말로 P과장의 신세를 많이 졌다. 과장 또한 나에게나 영업소장에게 흠 잡히지 않으려고 부단히 노력했다. 그 사이에 우리 지점은 무럭무럭 성장하고 있었다.

> 중간관리자의 직언을 흔쾌히 받아들여라. 중간관리자의 충정에서 우러나오는 충언을 무시하면 리더는 모든 것을 잃는다. 그들의 바람직한 직언을 받아들이면 리더는 모든 것을 볼 수 있는 눈을 갖게 되고, 그것을 구분하지 못하면 모든 것을 잃게 된다.

2 일주일에 한 번은 칭찬을 하라

영업소장을 하면서 나는 가급적이면 설계사들의 장점만 보려고 노력했다. A는 근무태도가 좋고, B는 인상이 좋고, C는 연금보험을 잘팔고, D는 개척을 잘하고, E는 기계약자 관리를 잘하고, F는 지난달에 우수신인을 도입했고, G는 가정적이고, H는 사교적이고 등등 찾아보면 모두 칭찬할 만한 점이 있는 우수사원들이었다.

작은 일 하나라도 성공하면 나는 "이번 일은 A설계사가 한 일"이라고 자랑을 하고 다녔다. 그러다보니 어느새 우리 영업소는 우수사원만 근무하는 영업소가 되었다. 자연히 사원들의 사기도 올라가고 실적도 올라갔다.

그런데 이와 반대로 단점만 보려고 들면 무능한 사원만 눈에 보인다. A는 신계약은 잘하는데 도입을 안하고, B는 도입은 하는데 계약을 못하고, C는 키는 큰데 못생겼고, D는 잘생겼는데 키가 작고, E는 연고계약만 하려들고 등등…. 이런 식으로 설계사를 보면 뭔가 부실한 사원만 데리고 있는 소장이 되고 만다. 그렇게 되면 설계사의 사기가 높을 리 만무하고, 설계사들도 관리자의 단점만 찾아내려고 혈안이 된다.

부하직원들의 장점을 찾아내어 일주일에 한 가지씩 칭찬을 해주라. 그리고 단점은 관리자가 채워주어야 할 부분이라고 생각하라. 그렇게만 하면 항상 웃음이 피어나고 사기 충천한 조직이 될 것이다. 작은 조직이든 큰 조직이든 조직의 리더는 회사의 핵심이다. 그러므로 리더는 스스로에게 늘 이런 질문을 해볼 필요가 있다.

나는 회사와 시장이 나에게 부여한 책임의 중대함을 자각하고 있는가?
나는 항상 풍부한 지식과 덕성을 쌓기 위하여 노력하고 있는가?
나는 항상 심신의 단련에 힘쓰고 있는가?
나는 매사에 처사를 공명정대히 하고 법규를 준수하고 있는가?
나는 부하직원들로부터 신뢰와 존경을 받고 있는가?
나는 역경에 처하여서도 올바른 판단과 조치를 취할 수 있는 기품과 위엄을 갖추고 있는가?

리더는 마인드컨트롤에 능해야 한다. 즉, 결과를 놓고 일희일비(一喜一悲)해서는 안 된다. 일을 하다보면 좋은 일도 있고 나쁜 일도 생긴다. 그런데 너무 자기감정을 자주 노출시키면 조직원의 신임을 얻을 수 없다. 일의 드러난 결과만 가지고 기뻐하고 슬퍼하는 감정을 보이기보다는, 일의 본질을 꿰뚫어 보는 지혜로운 안목을 키워야 한다. 그래야 좋은 일이 지속되고 나쁜 일은 다시 반복되지 않는다.

리더는 부하직원들과 너무 가깝지도, 너무 멀지도 않은 관계를 유지하는 것이 좋다. 일을 잘하는 사원이라 하여 너무 가까이 하면 시야가 좁아져 전체 조직의 단결을 저해할 수 있고, 일을 못하는 사원이라 하여 너무 멀리하면 원망을 듣게 된다. 그러므로 전조직원을 공평무사하게 대해야 한다.

근대 일본의 기틀을 다진 오다 노부나가는 도요토미 히데요시에게 '원교근공(遠郊近攻)'을 가르쳤다고 한다. 모든 외교나 정치도 멀리 있는 사람과는 친해지려고 노력하고, 가깝다고 함부로 행동하는 사람은 엄하게 다스려 조직의 영(領)을 세우라는 것이다.

조직원 2만 5000명의 노동조합을 23년간 이끌어 온 한 위원장과 대화를 나누고 있을 때의 일이다.

"내일 대의원대회에서 교보생명의 안을 설명해 주십시오. 자료를 이렇게 만들어 왔습니다."

위원장은 사무국장에게 지시했다.

"알겠습니다. 사무국장이 공부를 해서 내일 발표하도록 하세요."

사무국장은 자료를 넘기면서,

"내용이 상당히 많은데 박 지점장이 내일 오셔서 직접 설명해 주시면 오히려 좋을 것 같습니다."

고 했다. 이 말을 들은 위원장은 목소리가 격앙되었다.

"이것 보시오, 사무국장, 당신은 뭐 하는 사람이오? 보험에 관한 것은 보험회사를 부르고, 은행에 관한 것은 은행을 부르고, 아예 임금과 단체협상에 관한 것은 회사측을 부른다면 조합원들이 조합을 뭐로 알겠소? 그래서야 조합원의 신뢰를 얻을 수 있겠어요? 사무국장이 밤을 새워 박 지점장에게 과외를 받아서라도 직접 하도록 하시오. 자신 없으면 내가 직접 오늘 밤 공부해서 발표하도록 하겠소."

바로 이런 자세가 큰 조직을 23년간 불협화음 없이 이끌어온 힘인 것이다.

조직 내에서 이루어지는 모든 일을 리더는 속속들이 알고 있어야 한다. 아웃 소싱(out-sourcing)을 하더라도 내용을 정확히 파악한 상태에서 아웃 소싱을 해야지 일을 하기 귀찮으니까 외부에 맡기는 일은 없도록 해야 한다.

어떤 리더라도 조직을 장악하려 한다. 부하직원을 손안에 넣고 일사불란한 조직을 만들고 싶어한다. 그러나 바닷가 모래밭에서 모래를 손으로 꽉 잡으면 손가락 사이로 다 빠져나가고 아무것도 남지 않는다. 망아지가 다칠까봐 우리에만 넣고 키우면 잘 달리는 명마(名馬)가 될 수 없다. 오히려 들판에 놓아 키우면 튼튼한 근육을 가진 명마로 스스로 성장한다. 리더는 부하직원이 마음껏 일할 수 있도록 넓은 폭(幅)을 주어야 한다. 자기가 그어 놓은 좁은 선(線) 위로만 오라고 해서는 안 된다.

사업계획을 달성하기 위하여 해야 할 일을 잘 파악하여 사전에 부하직원들에게 일을 해야 하는 동기와 목표와 일의 가치를 잘 가르치고, 해서는 안 될 규칙을 잘 주지시켜 그들 스스로 계획하고 달성하도록 자율성을 부여해 주어야 한다.

아침저녁으로 영업사원의 일거수 일투족을 파악하기 위하여 관리자가 활동일지를 체크하면서 정작 본인은 일기도 안 쓴다면, 그는 디지털 시대의 관리자가 아니라 골동품 전시장에나 전시되어야 할 유물로 전락한다. 되도록 부하직원에게 넓은 그라운드를 주어라. 그리고 자유롭게 뛰어나가게 하라.

리더는 중간관리자를 통하여 해야 할 일에 대한 정보를 입수하고, 중간관리자는 또 리더를 통하여 자신의 뜻을 펴나간다. 또한 중간관리자는 리더의 뜻이 200% 실현되도록 세심한 부분도 잘 살펴야 한다. 리더에게는 올바르고 유능한 중간관리자를 얻기 위해 유비의 삼고초려 정신이 필요하다.

중국 당나라 황제의 업적을 모아놓은 《정관정요(貞觀政要)》라는 책에는 이런 말이 있다.

"물은 배를 잘 띄워주지만 다른 한편으로는 배를 뒤집기도 한다."

물을 부하로, 배를 리더로 본 것이다.

리더와 중간관리자는 모두 강한 사람이어야 한다. 모진 역경이 갈 길을 방해하더라도 뿌리치는 힘이 있어야 한다. 구절양장같이 꼬인 일도 간단하게 본질을 파악하고 헤쳐나갈 지혜가 있어야 한다. 특히 리더는 강한 조직을 구축하여 힘을 실어주고, 공식라인을 통해 조직의 목적을 달성해야 한다.

리더는 비전에 몸과 마음을 불사르고, 부하직원들의 가슴에 불길을 일으킬 수 있는 열정이 있어야 한다. 또한 부하직원의 입장을 깊이 헤아려주는 능력이 있어야 한다. 부하직원의 삶보다 자신의 입장을 중요하게 생각하는 사람은 절대로 리더가 되어서는 안된다. 리더는 스스로 고통을 감내하여 부하를 잘살게 해줌으로써 조직을 살리는 사람이다. 조직이 처한 환경을 바탕으로 미래를 읽는 눈이 있어야 한다. 그리하여 조직원에게 현재보다 나은 희망을 제시함으로써 역경을 극복하는 힘을 길러주어야 한다.

제 5 장

조직관리의 노하우

회사가 부여한 목표를 200% 달성하는
강한 조직의 장이 되고 싶은 것은 모든 리더들의 희망이다.
그러나 그 희망을 현실로 이루어내는 사람들은 극소수이다.
고객과 회사가 만나는 접점에 대하여 항상 연구하여
강한 현장경쟁력을 갖고 있는 강한 사람들,
그런 사람들이 일하는 조직을 만들자.

I 신인, 발로 뛰며 찾아라

보험회사들은 우수영업사원을 도입하기 위해 총력을 기울이고 있다. 경험과 좋은 인맥을 갖춘 인재를 대량으로 도입하여 고능률 설계사로 육성하는 것은 모든 영업관리자의 희망이다. 그러나 그러한 사람들을 초빙하기 위하여 기울이는 영업관리자들의 노력은 초보적인 수준이 대부분이다. 주변 사람들 중 직업이 없는 사람이나, 보험영업을 할 만한 사람에게 치밀한 대책 없이 접근하여 한두 번 제안해 보고, 반응이 좋지 않으면 포기하고 마는 것이다.

설계사에 의한 신인도입이 이루어지지 않으면 영업관리자들은 절망적 상태에 이르게 된다. 해결책을 찾기 위하여 다양한 시책을 전개해도 성과가 없으면 설계사들을 원망하며 자기방어에 바빠지는 것이다.

"직접 나서서 주변사람을 도입하려고 해도 되지 않고, 알고 있는 모든 방책을 다 동원해도 안 되는 것을 어떻게 하라는 말이냐!"

물론 틀린 말은 아니다. 그러나 이렇게 답답한 상황이라면 인식의 전환이 필요하다. 돈을 벌고 싶어하는 사람과, 능력은 있는데 현재 하는 일에서 만족을 느끼지 못하는 사람으로 나누어 보면 주변에 후보자는 엄청나게 많아진다.

1998년 3월, IMF사태 이후 나는 서울법인 지점장으로 부임했다. 지점 상황은 상품판매가 제대로 이루어지지 않아 모든 부문에서 전국 최하위를 기록하고 있었고, 따라서 설계사에 의한 신인도입은 기대하는 것 자체가 어리석은 일이었다. 엄청난 경기침체로 인하여 모든 회사는 목표를 낮추고 성장보다는 현상유지와 생존을 목표로 삼고 있는 실정이었다.

지점 내의 상황이나 지점 밖의 상황이나 어느 것 하나 긍정적인 희망의 빛은 발견하기 어려운 상황이었다. 정상적인 방법으로, 선배들이 사용하던 방법으로 지점을 정상화시킨다는 것은 거의 불가능했다. 그렇다고 뾰족한 방법도 없었다. 진퇴양난이라는 말은 이런 상황을 두고 하는 말이었다. 고민 끝에 나는 이런 생각을 했다.

'더이상 물러설 곳이 없는데 무엇을 주저하고 고민할 필요가 있단 말인가? 어차피 이렇게 된 바에는 완전히 거꾸로 한번 해 보자!'

나는 지점의 구성원들에게 이렇게 역설했다.

"우리는 인생에서 최대의 호기를 맞았습니다. 우리에게 일찍이 없었던 엄청난 기회가 다가온 것입니다.

지금 국내정세는 우리에게 엄청난 기회를 제공하고 있습니다. 교보생명이 생명보험업계의 정상에 오를 수 있는 기회가 왔습니다. 그동안 우리 국민들은 고도성장 속에서 막연히 내일은 오늘보다 좋을 것이라고 생각해 왔습니다. 너나 할것없이 미래를 준비하는 데 소홀했던 것입니다. 그런데 이번 IMF 사태는 내일을 준비하지 않는 국가나 회사나 개인이 어떻게 된다는 사실을 우리에게 확실히 가르쳐주었습니다. 준비하지 않는 미래는 불행해진다는 것을 확실히 가르쳐주었습니다. 이런 시기에 우리가 보다 많은 사람들을 만나서 보험만이 미래의 행복을 지켜줄 수 있다는 사실을 가르쳐주기만 하면 우리는 엄청난 돈벼락을 맞을 수 있을 것입니다.

또한 사회적으로 능력있는 사람들이 하루아침에 정든 회사에서 쫓겨나 실업자로 전락, 돈벌 곳을 찾아 헤매이고 있습니다. 수백 명의 유능한 사람들이 우리 지점에 와서 여러분과 같이 돈벼락을 맞기를 희망하고 있습니다. 우리는 그들에게 이런 길이 있다고 가르쳐주기만 하면 됩니다. 곧 우리 지점은 이 사무실이 비좁을 정도로 인재들로 가득 차게 될 것입니다.

회사 내에서 우리 지점은 모든 부문에서 전국 최하위를 기록하고 있으므로 더이상 떨어질 곳도 없습니다. 우리는 앞으로 올라갈 일만 남았습니다. 앞으로 여러분은 일찍이 보지 못했던 단기간에 엄청난 성장을 이루는 보험 현장의 주역이 될 것입니다. 저는 이렇게 엄청난 기회를 생각만 해도 가슴이 설레어서 잠을 이룰 수가 없습니다."

모두들 반신반의하는 눈치였다.

나는 실업자의 입장에 서서 직접 사람들이 직업을 구하는 현장을 찾아나섰다. 처음으로 시도한 것이 신문광고였다. 당시 신문에는 구인난을 찾아보기 어려웠다. 지점에서 설계사 모집광고를 내고, 지원자들을 엄격한 면접절차를 거쳐 설계사로 선발했다. 또한 노동부 고용안전센터에 가서 직접 용모 준수한 젊은이들을 즉석 면접에 의해서 뽑기도 했고, 6월에는 전역장교뿐만 아니라 직업을 구하는 젊은이가 모이는 길목을 샅샅이 찾아다녔다. 마침내 유능한 젊은이를 엄청나게 많이 모을 수 있었고, 우리 지점은 설계사들이 앉을 자리가 없어 임대면적을 늘릴 수밖에 없었다. 그때 입사한 영업사원 중엔 우수한 신입사원이 많았는데 2000년 교보생명 대상을 받은 J씨도 이때 입사했다.

전역장교 도입

지점에서 신인을 도입하려고 처음 시도한 대상이 바로 6월에 전역하는 장교들이었다.

매년 6월이 되면 4000여 명의 장교들이 군복무를 마치고 사회에 첫발을 내딛는다. 이들은 직업을 구하기 위하여 발빠르게 움직인다.

국방부에 정식으로 구인 접수를 하고 전국 전역장교 취업박람회에 참가하여 입사지원서를 받았다. 서류심사에 의거 합격한 사람들에게 면접통보를 하고 면접을 실시했다. 그리고 최종합격자를 30명 선발하여 위촉했다. 이처럼 장교 출신 설계사들은 시행착오를 거치면서 현재까지 명맥을 유지해오고 있으며, 6월이면 또 새로운 후배들이 들어오도록 시스템이 구축되어 있다.

간호사 도입

1999년 어느 날 신문을 보니 S생명의 여왕이 소개되었는데 제주도에 있는 의사의 부인으로 간호사 출신이라는 기사였다. 순간적으로 좋은 생각이 떠올랐다. 환자를 위하여 열성적으로 일하면서도 박봉(?)에다 3교대 근무로 인한 잦은 야간근무 등으로 이직을 희망하는 간호사들이 많을 것이라고 생각되었다. 이러한 사람들을 지점에서 유치하여 길을 잘 알려주면 서로가 좋지 않을까 판단했다. 즉시 간호협회를 방문하여 협회 관계자들과 상의하니 대단히 좋은 생각이라며 간호협회에서 발행하는 신문을 활용하여 광고를 내보라고 하였다. 간호협회 신문에 지속적으로 광고를 실으면서 다수의 간호사를 지속적으로 유치할 수 있었고, 시행착오를 겪으면서 한 개 영업소 규모로 늘릴 수 있었다.

취업박람회 및 노동부 고용안정센터

경제신문에서 실시하는 취업박람회에 정식으로 참가, 지원서를 받았다. 영업소장들에게 취업박람회장에서 해야 할 행동요령 및 화법을 충분히 교육했다. 영업소장들을 취업박람회장으로 보내고 이튿날 현장을 방문해 보았다. 영업소장들은 부스에 앉아 있고, 설계사들이 지원자들에게 말을 걸고 있었다. 결국은 아무런 성과 없이 끝나고 말았다. 이러한 일을 할 때에는 영업소장이나 지점장이 직접 나서서 입사지원자를 설득하지 않으면 아무런 소용이 없다. 지원자를 많이 확보하기 위해서는 처음부터 끝까지 지원자의 입장에서 모든 문제를 접근하고 설득해야 한다.

배우자나 가족의 반대

용케 설득하여 입사를 확정하고 나서 갑자기 출근을 하지 않는 경우는 생각보다 많이 발생한다. 남자설계사의 경우 아내의 입장에서 이웃집 보험아줌마 같은 일을 자기 남편이 한다는 생각을 하면 속이 좋을 리 없다.

어느 날 한 달 정도 열심히 뛰던 설계사가 심각한 표정으로 면담을 요청했다.

본인은 열심히 일한 만큼 소득을 얻을 수 있는 좋은 직장이라고 생각하는데 아내의 반대가 워낙 심해서 어쩔 수 없다는 거였다. 동네 창피하고 친정집에서 알까 창피해서 함께 살 수 없다며 완강하게 나온다는 것이다. 그래서 그는 할 수 없이 다른 직장을 알아보기로 했다는 것이다.

한번 품은 뜻을 이루기 위해서는 때로는 부모님이나 스승의 반대도 무릅쓰고 일을 추진해야 할 때가 있는 법이거늘 그런데 아내의 반대에 뜻을 꺾어야 한다니 너무 안타까웠다.

나는 즉시 그의 집으로 찾아가서 부인과 대화를 시도했다. 내가 이렇게 찾아온 것은 남편의 능력이 너무 안타까워서 그런 것이라고 말하고, 전도양양한 그녀의 남편과 보험업의 장미빛 청사진을 보여주었더니 결국 그녀는 앞으로 적극적인 지원자가 되어줄 것을 약속했다.

여성설계사들도 마찬가지이다. 남편들의 반대로 일을 할 수 없다고 말하는 주부사원을 대하면 대부분의 영업관리자들은 "이렇게 저렇게 말해봐라"고 코치를 한다. 그러면 문제는 더욱 꼬이고 풀리지 않는다. 그러면 또 나는 직접 남편의 직장으로 찾아가서 보험의 가치와 진정한 프로여성들의 활약상을 이야기해 준다. 그러다보면 여성 설계사의 남편들은 거의 대부분 친구가 되면서 적극적인 협력자가 되어주었다.

문제가 발생하면 적극적으로 현장으로 나아가라! 현장에 나아가 적극적으로 대처하면 해결책이 나온다. 설령 해결하지 못한다 하더라도 절대 다음에 똑같이 당하지 않을 지혜를 얻을 수 있는 것이다. 문제가 발생했는데 현장에 나가보지도 않고 지레짐작으로 안된다고 말하는 소장들을 보면 이렇게 말하곤 했다.

"어차피 죽을 건데 뭐하러 사니? 그냥 죽어!"

영업관리자의 입장이 아니라 구직자의 입장에서 직업을 구하는 사람들의 길목을 찾아나섬으로써 출근인원 100명이었던 지점을 8개월 만에 출근인원 400명으로 늘릴 수 있었고, 그 해 11월 서울법인지점 내근사원들은 엄청난 수준의 상여금을 받았다.

우수한 신입사원을 도입하고 고능률 설계사로 육성하기 위해서는 영업관리자가 직접 나서지 않으면 안 된다. 영업소장이나 지점장이 직접 신인 도입에 나서지 않고 기존 설계사에 의한 신인도입에만 의존하는 점포는 현상유지 내지는 미미한 성장은 할 수 있을지 몰라도 획기적인 발전을 이룰 수는 없다.

영업관리자가 우수한 신입사원을 도입하여 고능률 설계사로 양성하기 위해서는 본인 스스로 현장경쟁력을 키우지 않으면 안 된다. 영업관리자의 현장경쟁력이란 우수한 영업사원 후보를 발견하고 설득하는 능력과, 신입사원이 고객을 만나서 계약을 잘 할 수 있도록 지도하는, 한마디로 현장에서 발휘할 수 있는 능력을 말한다. 21세기에는 현장경쟁력이 없는 영업관리자는 보험업계에 발을 붙일 생각은 아예 하지 않는 것이 좋다.

2 동반지도로 진퇴양난에 빠진 영업사원을 구하라

　영업사원이 현장에서 영업활동을 하다가 난관에 부딪히면 관리자가 적극적으로 나서야 한다. 소장이나 지점장으로서 평소 적극적으로 시장공략을 강조하면서, 정작 까다로운 고객을 만나 진퇴양난에 빠진 영업사원이 도움을 요청하면 외면하는 경우가 종종 있다. 영업관리자는 해법을 찾지 못하는 영업사원을 도와서 목적을 달성하도록 하는 것이 중요한 임무이며 이것은 회사의 현장경쟁력의 중요한 요소이다.

　영업사원이 동반지도를 요청하면 영업관리자는 신중하게 행동해야 한다. 아무런 대책없이 따라 나섰다가 낭패를 당하면 영업사원은 엄청난 실망을 하게 된다. 지점장이 나서도 안되는 일이니 나는 그만두어야겠다고 회사를 떠날지도 모른다. 따라서 영업사원이 어려움을 호소하면 먼저 상황을 객관적으로 파악해야 한다.

　영업사원은 고객과의 관계에서 감정적으로 흥분하여 일을 망칠 수도 있다. 그러나 관리자는 감정을 배제하고 이성적이고 논리적으로 대응하여 목적을 달성해야 한다.

동반전 준비

영업사원이 동반을 요청하면 침착하게 다음사항을 질문하여 상황을 파악해야 한다.

- 고객과 영업사원의 관계를 파악한다.
- 언제부터 알고 지내는 사이인가?
- 개인적인 친분이 어느 정도 있는 사이인가?
- 일에 관한 신뢰관계는 어느 정도인가?

- 고객을 파악한다.
- 고객의 신상을 파악한다(이름은? 나이는? 키는? 덩치는? 성격은?)
- 고객의 일에 대한 성향을 파악하는 것도 중요하다. 회사원이라면 개인적인 이익을 챙기는 사람인가? 회사를 위하여 목숨을 거는 사람인가? 부하들의 신임을 얻고 있는 사람인가? 상사의 신임도는 어느 정도인가?
- 고객의 재산은 어느 정도이며 월 소득은 어느 정도인가?

- 일의 진행상황을 정확히 파악한다.
- 고객은 보험에 대하여 어느 정도의 정보와 지식을 갖고 있는가?
- 고객은 이번 일에 대하여 다른 회사나 경쟁자와 상의를 하고 있는가? 있다면 경쟁자는 누구이며 어느 정도의 실력을 갖춘 사람인가?

– 무엇이 고객과 영업사원간의 의견을 일치시키지 못하고 있는가?

• 영업사원은 고객으로부터 무엇을 얻으려 하고 있는가?
– 영업사원이 고객에게 제안한 내용은 타당하며 논리적이고, 고객이 지불할 비용에 비하여 충분한 이익이 예상된다는 것을 상식에 맞게 설명하였는가?
– 영업사원의 요구가 고객에게 무리한 요구는 아닌가?
– 영업사원이 고객에게 실수한 부분이 있는가?
– 고객은 영업사원에게 어느 정도의 신뢰를 갖고 있는가?

• 고객은 이번 일에 대하여 어느 정도의 열의를 갖고 있는가?
– 고객이 보험에 대하여 근본적인 불신을 갖고 있는 상황에서 상품 설명에만 치중하였다면 기본으로 돌아가서 보험의 필요성부터 다시 시작해야 한다.

이렇게 영업사원에게 질문을 하여 상황을 파악하면 영업사원이 목적을 달성하기 위하여 무엇을 잘못하였고, 향후 어떻게 처신을 해야 되는지 시나리오를 그릴 수 있을 것이다. 만약에 시나리오가 그려지지 않거나 고객과 영업사원과의 불신이 있을 경우에는 영업관리자가 직접 고객을 방문하여 일을 해결해주어야 한다.

동반시 유의사항

영업관리자가 고객을 방문할 때에는 해당 영업사원과 충분히 상의하여 전략과 전술에 대한 시나리오를 미리 짜야 하고, 상호간의 역할에 대한 동의가 있어야 한다.

• 영업사원과 관리자가 할 말에 대한 구분이 있어야 한다.
  - 예를 들어 영업사원이 고객에게 관리자를 어떻게 소개할 것인가에 대해서도 구체적인 동의가 있어야 한다. "저희 지점장님입니다"라고 소개할 것인가? 아니면 "저희 회사에서 보험상품(상속세법, 금융소득종합과세, 후생복지, 노후준비 등)에 대하여 가장 권위가 있으신 지점장님입니다"라고 할 것인가를 결정하는 것은 동반에 성공하는 첫 걸음이다.
  - 영업관리자를 고객에게 소개해 주고 나면 영업사원은 되도록이면 말을 하지 않고 관리자가 대화를 이끌어 갈 수 있도록 해야 한다. 이 부분을 영업사원에게 미리 말해놓지 않으면 관리자가 동반을 나갔는데 영업사원이 대화를 계속하여 최초의 동반 목적을 살리기 어려워진다.
  - 영업관리자가 해야 할 말에 대하여 사전에 영업사원에게 말을 해 주어 영업사원의 동의를 구하는 것도 좋다. 만약에 이런 절차를 거치지 않으면 영업사원이 이미 고객에게 말을 해서 고객이 거절한 부분을 반복하여 일을 돌이킬 수 없는 상태로 만들 수도 있다.

• 영업관리자는 사전에 비즈니스 예절을 익히고 매너있게 행동해

야 한다.

영업관리자가 비즈니스 예절에 맞지 않는 언행을 한다면 일은 절대로 성사될 수 없다. 따라서 회사는 비즈니스 예절에 대하여 세밀한 부분까지 교육해야 한다.

• 고객에게 영업사원이 이미 제안한 내용을 변경해야 할 경우에는 사전에 영업사원에게 설명하여 동의를 구해야 한다. 영업관리자가 이러한 절차를 거치지 않으면 영업사원과 관리자 또는 고객에게까지 불신이 생길 수 있다.

• 영업관리자는 고객에 대하여 품위 있는 언행을 구사해야 한다. 고객의 사무실에 방문하기 이전에 해야 할 말을 치밀하게 준비하여 주어진 시간내에 고객의 생각을 바꾸기 위하여 최고의 협상력을 발휘해야 한다. 물론 고객의 예상되는 거절에 대하여 충분히 연구하고 영업사원과도 의견 조율을 해야 한다. '지점장이 가면 고객은 어떤 반응을 보일 것 같은가? 내가 이렇게 말하면 고객은 무슨 생각을 할 것 같은가?'를 상의하여 최적의 언어를 준비해야 한다. 고객에 대하여 치밀한 연구를 하여 다양한 시나리오를 검토하고 최상의 시나리오를 영업사원과 함께 구사해야 한다.

• 고객의 요구사항에 대하여 당당하게 응대하고 모르는 사항을 질문해 오면 모른다고 솔직하게 말하여야 하며 모르는 것을 아는척하면 돌이킬 수 없는 불신을 사게 된다. 고객이 해당 분야에 높은 식견을 갖고 있으면 배우는 자세를 일관하는 것도 좋은 전략이

될 수 있다. 고객에게 열심히 배우고 제자로서 고객에게 스승의
예를 갖추면 고객은 제자를 키워 줄 것이다. 어설프게 아는 척하
여 고객을 쫓아 내는 것은 정말 영업의 하수들이 자주 사용하는
방법이다.

• 소속 회사에 대하여 애사심이 묻어나는 언행을 해야 한다. 고객
이 외국사가 좋다며 자신이 격은 불친절 사례를 구체적으로 말한
다고 하더라도 그대로 받아들이고 일부 사원의 태도이면 전체적
으로 시장의 요구를 받아들이기 위한 회사의 노력을 간접적으로
홍보하는 것도 좋다. 어떤 경우에도 고객은 영업관리자가 애사심
이 없는 사람으로 판단되면 거래를 하지 않을 것이다.

• 건전한 국가관을 가진 사람으로 행동해야 한다. 국가와 사회에
대하여 비판을 많이 하는 한국인이지만 돌아서면 모두 애국자이
다. 국가와 사회에 대하여 부정적인 인식을 가진 관리자가 근무
하는 회사는 고객의 불신을 사기에 충분하다.

• 법인 고객을 방문할 경우에는 만날 사람이 기업내의 의사결정에
어느 정도 영향을 미치는 사람인지 사전에 파악하여 되도록이면
의사결정권자를 만나야 한다. 지점장이 기업을 방문하여 말단 사
원만 만나고 온다면 일의 성사 가능성은 대단히 낮아진다.

• 영업관리자가 고객을 방문하여 계약을 성사시키는 것도 중요하
지만 고객의 요구와 수준을 정확히 진단하여 향후 진로를 결정하

는 것도 대단히 중요하다. 따라서 영업관리자는 동반시 고객의
언행을 면밀히 살펴서 고객의 심리를 정확히 읽기 위하여 모든
신경을 집중해야 한다.

• 고객과 대화를 하면서 강하게 밀어붙여 결론을 낼 것인가? 아니
면 물러서서 다음을 기약할 것인가를 잘 판단해야 한다. 어떤 경
우에도 뒷문을 열어 놓고 협상에 임해야 한다. 아무리 고객이 까
다롭게 군다고 하더라도 관계를 끝내는 일은 없어야 한다.

동반후 관리

동반이 끝나고 나면 영업관리자는 영업사원과 동반시 있었던 상황
에 대하여 솔직한 대화를 해야 한다. 고객과의 협상중에 있었던 상황
에 대하여 서로의 의견을 말하여 고객의 심리상태를 정확히 진단하고
향후 전개해야 할 마케팅활동에 대하여 전략을 함께 수립해야 한다.

• 영업관리자가 본 고객을 솔직히 평해준다. 정직한 사람같다. 아
니면 교활한 사람같다. 누군가 보험회사에 근무하는 사람의 수준
높은 훈수를 받고 있는 사람같다. 일에 대하여 치밀한 사람이다.
아니면 사리사욕이 강한 사람같다 등의 대화를 통하여 영업사원
이 고객을 정확히 파악할 수 있도록 해 준다.

• 고객의 일에 대한 정보 및 지식 수준에 대하여 대화한다. 이를 통

해 향후 어떤 전략을 펼 것인가에 대한 바람직한 시나리오를 짜도록 한다.

- 고객의 요구와 영업사원의 제안 간의 격차를 진단하고 일치시킬 수 있는 방안을 구체적으로 강구한다. 영업사원이 양보해야 할 부분과 고객에게 끝까지 관철시켜야 할 것을 구분한다. 그리고 고객을 설득하기 위한 도구와 자료, 논리, 일정을 구체적으로 짜도록 한다.

- 한번 동반을 실시했던 고객은 끝까지 추적 관리하여 일이 성사되도록 해야 한다. 영업사원이 중도에 포기하지 않도록 지도해야 한다. 지점장이 동반을 하고 즉각 계약이 나오지 않는 경우 영업사원은 쉽게 포기할 수 있으므로 지점장이 지속적인 관심을 갖고 일을 성사시켜주어야 한다

영업사원이 까다로운 고객에 부딪혀 일을 진척시키지 못하는 상황이 오면 관리자는 대화를 통하여 현상황을 정확히 분석하여 목적을 달성할 수 있는 대안을 찾아야 한다. 무조건 따라 나서지 말고 상황을 파악한 후에 영업사원이 새로운 활로를 찾을 수 있도록 해주어야 한다.

그 방법으로 영업사원의 제안 내용에 문제가 있다면 제안서를 고쳐주면 되고, 언행에 문제가 있었다면 언행을 고쳐주어야 한다. 무조건 고객을 만나려 하지 말고 상황을 객관적으로 분석하면 아무리 까다로운 고객에게도 방법은 있다. 동반시 영업사원과 관리자가 사전에 조율된 시나리오에 의해 일사불란하게 연출하는 것은 대단히 중요하다.

영업관리자의 역량 중에서 동반지도능력은 회사의 경쟁력을 한차원 끌어 올릴 수 있는 중요한 능력이다. 영업사원이 발견한 우량고객을 영업사원의 역량으로 설득하지 못하면 영업관리자가 적극적으로 나서서 설득하여 결과를 창출해야 한다. 새로운 아이디어를 발견하고 (창의력), 그 아이디어를 현실화하기 위하여 주변을 설득하고(설득력), 한두번 설득해서 되지 않으면 끝까지 포기하지 않고 재시도하는 (추진력) 사람들만이 승리의 쾌감을 만끽할 수 있다.

3 부하직원의 역량이 나의 역량이다

유능한 영업관리자를 양성하기 위하여 영업기술과 기교를 가르치기보다 먼저, 영업인으로서 기본에 충실한 것이 무엇인가를 제대로 알게 해야 한다. 서울법인 지점장으로 처음 부임하여 필자는 설계사들에게 영업에 대한 교육에 우선하여 비즈니스 예절에서부터 고객과의 현장에서 부딪히는 문제 해결에 실질적으로 도움을 주는 교육을 실시했다. 그 일환으로 매주 월요일 아침 전사원 합동조회를 실시했는데 조회는 영업과장과 육성과장이 각 5분 이내에 설계사들이 해야 할 일이나 각과에서 이번주에 중점 추진 과업을 정해서 발표하도록 했다. 그 이후 지점장이 영업에 관련된 교육을 실시하는 것으로 정리를 했는데 지점장으로서 과장이 언급한 내용은 절대로 반복해서 말하지 않았고, 각과의 영역을 보호해 주었으며 과장들도 다른 과의 영역을 침범하지 않도록 했다. 지점의 발전에 도움이 되겠다는 아이디어가 다른 과의 영역이면 해당과장에게 알려주어 상호 협조체계를 이루도록 했다. 이

것이 바탕이 되어 결국은 지점의 영업과와 고객서비스과는 전국 1위가 되었고, 육성과도 지역본부 1위에 올랐다.

지점장으로서 매주 같은 말을 반복하지 않기 위해 나는 마케팅과 관련된 서적을 1주일에 최소한 한 권 이상은 읽었고 일상의 모든 부분을 보험영업과 관련시켜 유심히 관찰하고 기록했다.

지점장의 임무는 지점의 조직원들을 잘 관리하여 회사로부터 부여된 목표를 달성하는 데 있지만, 부하직원들의 역량을 키워주는 것도 대단히 중요한 임무이기 때문이다.

연구강의

대부분의 지점들은 신입사원이 시험에 합격하고 나면 교육에 참석하라고 종용하고, 교육에 참석하면 모든 것이 금방 잘 해결될 것같이 말한다. 그러나 교육이 어떻게 이루어지고 있고 교육내용이 어떤 것인지에 대한 점검에는 소홀한 경향이 있는 것도 사실이다.

지점장으로 부임 후 나는 신인 교육시간에 그들 뒤에 앉아서 영업소장의 교육을 받았다. 놀라운 사실은 대부분의 영업소장들이 교안 하나 없이, 사전준비 없이 강단에 선다는 사실이었다.

어느 날 나는 전 영업소장들에게 가장 자신 있는 과목을 1번에서 3번까지 제출하라고 했다.

그리하여 전 영업소장들에게 한 과목씩 전담과목을 정해주고 그 과목에 대한 교안을 제출하라고 지시했다. 지점에서 실시하는 교육은 철저히 현장에서 활용가능한 살아있는 지식이어야 한다. 특히 상품교육은 판매를 위한 교육이어야 한다. 그래서 강사의 강의 내용을 잘 듣고 그대로 고객에게 전달하면 고객은 무조건 청약서에 사인을 할 정도의 충실한 교육이어야 한다.

　이러한 관점에서 나는 소장들의 교안을 수정해 나갔다. 그리고 교안이 어느 정도 완성되고 나서 지점에 근무하는 여사원도 상품내용을 알아야 하기 때문에 전 내근사원이 참석한 가운데 연구강의를 실시했다. 여사원들도 모두 이해하고 판매할 수 있겠다고 말할 때까지 반복해서 연구강의를 실시했다.

　일과시간 후에 시간외 근무를 시킨다고 본사에서 문제를 삼았지만 나는 끝까지 실시했고, 어느 정도 수준에 오르자 지점의 전설계사들을 모아놓고 앞으로 신인을 도입하면 이렇게 교육을 시키겠노라고 말했다. 지점의 설계사들도 바쁜 시간을 쪼개어 신인교육에 참석, 강의를 들을 정도로 반응이 좋았다. 그리하여 설계사들 스스로 우리 지점의 교육은 전국 최고라는 확신과 자신감에 가득 차 있었다.

신인면접

　영업관리자들은 설계사들에게 신인을 도입해 달라고 말한다. 그러나 정작 본인은 별로 노력하지 않는다. 그러나 영업소장이 직접 신인을 도입하지 않고 영업소를 대형화시킨 사례를 나는 본 적이 없다. 영업소장은 우수한 신인을 만나면 유비가 제갈공명을 초빙하기 위하여 삼고초려를 한 지극정성으로 모셔야 한다. 사전준비를 철저히 해야 하는 것이다.

　보통 기존의 설계사들이 설계사 후보를 모시고 오면 영업소장이 면접을 한다. 사실 말이 면접이지 설계사로 일을 하라고 설득하는 것이다. 지점장으로 부임 후 영업소장들에게 면접시 유의사항과 면접에서 해야 할 말들을 교육을 했다. 파워포인트로 자료를 만들어서 시범을 보여주고 난 어느 날, 우연히 한 영업소의 면접 장면을 목도하게 되었는데 깜짝 놀랐다. 너무 수준 낮은 면접을 실시하고 있었던 것이다.

나는 영업소장들에게 일주일의 시간을 주고 연습을 하여 검사를 맡으라고 말했다. 일 주일 후 소장이 전부 모인 자리에서 점검을 실시했다. 한 명이 발표하고 다른 소장이 강평을 하고 지점장이 잘한 점과 잘못한 점을 지적해 주는 식으로 열세 명의 소장의 브리핑을 받았다. 그리고 일 주일 후 다시 점검하겠다고 말했다. 그러나 일 주일 후 다시 점검했을 때도 별로 실력이 향상되지 않았다. 그리하여 잘하는 영업소장과 부진한 소장을 3~4명씩 묶어서 조를 편성했다.

일 주일 후 다시 점검해봤으나 대부분의 소장들은 예상했던 수준에 도달하지 못하고 있었다.

"오늘은 영업소에 들어가지 마십시오. 앞으로 일정 수준에 도달할 때까지 여러분은 영업소에 갈 수 없습니다. 조회는 지점에서 합동조회를 실시하겠습니다. 자체 점검하여 일정 수준에 도달하면 영업소장 협의회장은 보고를 하십시오."

그날은 하루에 세 번 점검을 했다.

"오늘 나는 여러분에게 무척 실망했습니다. 전원 일정 수준에 오를 때까지 집에 갈 수 없습니다. 며칠이 걸리더라도 저는 지점장실에서 기다리겠습니다."

그 때부터 소장들의 눈빛은 긴장하기 시작했고 새벽 세 시에 다시 점검했을 때 나는 놀라지 않을 수 없었다. 소장들의 눈빛, 시선처리, 억양의 높낮이, 설득논리는 거의 완벽에 가까웠다. 그 이튿날 전영업소에서는 "신인을 모시고 오면 이렇게 면접을 하겠습니다" 하고 소장이 설계사들 앞에서 신인면접 리허설 연구강의를 실시했다. 설계사들은 우리 소장님이 이렇게 바뀔 줄은 몰랐다고, 이제는 자신있게 누구든지 데리고 올 수 있겠다고 말했다. 그 후 신인도입은 눈에 띄게 조금씩 나아지기 시작했다.

외부위탁교육

보험회사에서 영업에 전념하다보면 자칫 시야가 좁아질 수 있다. 보험 이외 다양한 분야의 지식이 없으면 제각각인 고객을 만나서 자연스럽게 대화를 이어갈 수 없다. 그것을 방지하기 위하여 지점장도 다양한 지식을 전달해 주려고 노력했지만 외부 전문가를 초빙하여 지점의 전조직원에게 교육을 실시했다.

또한 보험연수원이나 기타 사외 교육기관에서 영업소장들의 능력 향상에 도움이 되는 교육프로그램이 있으면 지점에서 경비를 부담하면서까지 교육을 시켰다. 이렇게 교육을 받고 오면 연구강의를 실시하여 지식이 확산되도록 하였다. 이러한 과정이 반복되면서 우리 지점의 설계사나 영업소장들의 실력은 다른 지점을 압도하기에 이르렀다. 지점의 전사원은 회사에서 가장 부지런한 지점장, 가장 실력 있는 지점장과 함께 근무한다는 자부심을 갖게 되었다.

설계사들도 세종로지점에 근무하는 것을 자랑으로 여기며 일하게 되었고, 지점에 근무하는 사원들도 자부심이 강해지고 각자 맡은 일을 완벽하게 하려고 스스로 노력하게 되었다.

결국은 과장 세 명이 전국 1위를 하고, 영업소장과 총무평가뿐 아니라 지점에 근무하는 모든 사원들의 근무성적 평가와 사기가 몰라보게 좋아졌다. 설계사들의 소득이 가장 높은 지점이 되었고, 영업소장 후보들이 가장 근무하고 싶어하는 지점으로 발돋움했다.

4 예상치 못한 해프닝을 즐겨라

지점장으로 근무할 때의 일이다. 한번은 영업소에서 술을 먹고 싸움이 벌어졌다. 젊은 사원들이 혈기를 자제하지 못하여 맥주병을 깨면서 싸웠고, 한 명의 귀가 찢어지는 사고가 발생했다. 병원에서 찢어진 귀 접합수술을 한 신입사원은 경찰에 고소하겠다고 벼르는 것이었다.

나는 영업소장과 팀장들과 사고 당사자들에게서 경위서를 받았다. 그리고 공통점을 찾았다. 전부 자신은 잘못이 없다고 주장하고 있는 것이었다. 그리고 잘못의 원인을 분석하니 우열을 가릴 수 없었다. 피해자는 경찰에 즉시 고발할 태세였다. 고민 끝에 나는 다음과 같은 결론을 내렸다. 모든 사원을 보호해야 한다. 그러기 위해서는 어느 누구의 손도 들어주면 안 된다. 자기는 잘못이 없다고 하는 마음을 "모두가 자기 잘못"이라고 말하도록 바꾸어야 했다. 나는 즉시 징계위원회를 열었다. 지점과장이 사건의 경위를 발표하고 즉시 판결을 내렸다.

"보험의 기본정신에 반하여 서로 싸움을 일으킨 사람을 회사에 계속 있게 할 수 없다. 영업소장은 면직처리하고, 싸움을 일으킨 당사자와 해당팀장은 모두 해촉처리, 다른 팀장을 비롯한 모든 사원은 지역본부 내의 전지점으로 한 명씩 전출시키고, 영업소는 폐쇄조치한다. 해당과장은 본사 및 지역본부와 협조하여 모든 조치를 오늘중으로 완료하라."

과장뿐만 아니라 소장, 팀장, 당사자 모두 총맞은 표정이었다. 분위기는 역전되었다. 서로 잘났다고 싸우던 사람들이 어느새 똘똘 뭉치고 있었다. 과장이 서류를 만든다고 하니까 팀장들이 당사자를 화해시키고 용서를 빌러 왔다. 나는 더욱 화를 냈다. 팀장 및 당사자는 일심동체가 되어 선처를 호소했다. 나는 이런 제안을 했다.

"여러분들의 말을 믿지 못하겠습니다. 행동으로 보여주십시오. 그래야 지역본부에 보고할 명분이 있습니다."

"무엇이든 시켜만 주십시오."

"그럼 내일 새벽 3시에 전원이 출근하십시오. 한 명이라도 열외가 있으면 원안대로 시행하겠습니다."

놀랍게도 그 이튿날 3시, 전원이 출근했다. 수원에 사는 모 팀장은 남편을 모시고 회사 근처에 일찍 와서 밤을 새웠다. 그리하여 일치단결하여 우정을 돈독히 하는 영업소로 발전했고, 그 사고는 오히려 영업소 발전의 계기가 되었다. 사람이 모인 조직은 어딜 가든지 해프닝이 발생하게 되어 있다. 신입사원이 대리를 두들겨팰 수도 있고, 대리가 부장의 책상을 엎을 수도 있다. 이런 패기있는 사람들이 큰 일을 할 수 있다. 쥐 죽은 듯이 조용한 사람들은 시키는 것 이상의 일을 할 수 없다. 리더는 때로 사고를 일으키는 사람을 보호하고, 조직내에서 발생하는 해프닝을 즐길 수 있어야 한다.

5 앞모습만 보고 사람을 평가하지 말라

링컨 대통령이 국방부 장관을 대동하고 전선을 시찰하던 중이었다. 마침 사단장은 전방에서 전투지휘를 하고 있는 중이어서 자리에 없었다. 몇 시간을 기다리고 있으니 사단장이 돌아왔다. 사단장은 국방장관과 대통령을 보더니 인사를 하고 2층으로 올라가버렸다. 보고서를 갖고 오려나 한참을 기다려도 사단장은 내려오지 않았다. 민망해진 국방장관은 부관에게 어떻게 되었느냐고 물으니 부관은 이렇게 대답했다고 한다.

"사단장님께서는 피곤하셔서 침실에 드셨습니다. 내일 새벽 일찍 일어나실 것입니다."

국방장관은 불같이 화를 내며 대통령에게 사단장을 당장 해임시키겠다고 말했다.

링컨은 웃으면서 다음과 같이 말했다.

"국방장관, 조용히 하게! 사단장이 깨겠어. 얼마나 열심히 전투를 했으면 저렇게 곤하게 잠을 자겠나. 이 전쟁을 하루라도 일찍 끝낼 수만 있다면 나는 기꺼이 병사들의 말고삐를 잡고, 그들의 군화라도 닦아주겠네. 조용히 돌아가세."

당신의 부하직원이 업무상으로 아주 유능하다면 설령 좀 예의가 없더라도 훌륭한 점은 훌륭하다고 평가해야 한다. 그래야 조직이 원하는 목표를 달성할 수 있다. 리더는 그 조직이 부여한 임무에 의해 부하직원에게 상사이지, 그의 인간적 주인은 아니라는 점을 명심해야 한다

보병소대장 시절, 100km 행군을 하는데 낙오병이 발생했다. 고참들이 개머리판으로 마구 두들겨패도 누워서 일어나지 않았다. 나는 낙오병의 눈을 손가락으로 뒤집고 다른 손으로 찌르는 동작을 취했다. 정신없이 누워 있던 병사는 피하려고 꿈틀했다. 완전한 탈진은 아니었다.

나는 분대장을 보고 말했다.

"김 하사! 정 일병은 도저히 안되겠다. 의무대 차에 태워서 부대로 보내라. 그리고 부대에 복귀하면 매일 완전군장으로 구보를 시켜라. 기본체력이 약한 것 같다. 정 일병은 이번이 첫 휴가인데 다음 훈련 때까지 미루고 훈련을 무사히 마치면 휴가를 보내도록 해야겠다. 이렇게 약한 모습을 부모님에게 보여드릴 수는 없잖나. 나 먼저 간다."

정 일병은 벌떡 일어나서 나를 쫓아오기 시작했다.

"정 일병! 너는 걸으면 안돼."

"아닙니다. 저도 갈 수 있습니다."

"더이상 걸으면 죽을지도 몰라."

"아닙니다. 저는 부대까지 걸어갈 수 있습니다."

"그러면 부대까지 앞사람하고 1미터 이상 떨어지면 바로 의무대 차에 태울 것이다."

정 일병은 고참들의 발길질과 소총 개머리판으로 맞아도 누워 꼼짝도 않더니 '휴가'와 '부모님'이라는 말에 벌떡 일어나 부대까지 잘도 걸어왔다.

밖으로 나타난 말과 행동보다 인간의 근본심리와 인간을 읽을 수 있어야 한다. 부하직원의 머리속과 가슴속 생각과 마음을 읽을 수 있을 때, 그의 잠재능력을 발휘하도록 이끌어 조직의 목표를 달성할 수 있는 것이다.

지점장을 하다 보면 자주 지점장실에 오는 소장들이 있다.

"지점장님! 점심 약속 있으십니까?"

"저녁에 약주 한잔 모시겠습니다."

"우리 영업소 설계사들은 나이가 많아서 가르쳐도 잘 못 알아듣고, 성과가 없습니다."

물론 소장들의 이러한 태도가 잘못되었다는 것은 아니다. 그러나 지점장에게 그렇게 신경쓰는 것을 영업사원에게 쓴다면 더 좋은 성과가 나오지 않을까?

반면에 불러도 불러도 안 오는 소장들도 있다.

"점심식사 같이 할까요?"

"죄송합니다. 신인들하고 약속이 있습니다. 다음에 하시죠."

"잠깐 지점장실로 오실래요?"

"죄송합니다. 지금 신인교육을 해야 하니까 하실 말씀 있으면 전화로 얘기하세요."

"오늘 지점에서 마감 끝나고 회식을 하려고 하는데 어떻게 생각하십니까?"

"먹는 게 뭐 중요합니까. 저는 신인면접을 저녁에 해야 하니까 빠지겠습니다."

"이번 마감에 고생하셨습니다."

"제가 한 것이 아니고 김 팀장이 몇 달 전부터 공을 들여 정말 힘들게 큰 계약을 했습니다. 지점장님, 그를 크게 칭찬해 주십시오."

당신이 지점장이라면 어느 소장을 좋아하겠는가?

리더는 부하직원의 그림자를 보고 그 사람이 어디를 향하고 있는지 알 수 있어야 한다.

앞모습만 보고 사람을 평가하지 말고, 뒷모습도 감안해야 하는 것이다. 앞모습만 화려하게 치장한 사람과 앞모습은 비록 땀에 범벅이 된 정리되지 않은 모습이더라도 뒤에는 새로운 생명이 자라는 아름다운 향기가 숨어있는 사람을 구분하는 눈을 가질 때 진정한 조직의 리더가 될 수 있지 않을까!

6 위기가 기회다

바이오리듬(biorhythm)이란 인간의 신체·감정·지성에 주기(週期)가 있다고 하는 학설이다. 인간에게만 그런 주기가 있는 것이 아니고 조직에도 바이오리듬이 있다. 하늘 높은 줄 모르고 성장일변도를 걷는 것 같은데 어느날 문득 무릎이 꺾이며 '내가 왜 이런 지경에 이르렀을까?' 하는 후회에 휩싸이기도 한다. 일이 잘 풀릴 때도 안 될 때를 걱정하며 준비하는 것이 필요하고, 일이 안 될 때 전후좌우를 잘 살펴 나아갈 길을 찾는 것이 바로 리더가 해야 할 일이다.

리더는 야생마를 조련하는 사람이다. 거친 야생마를 잘 다룰 수 있어야 한다. 녀석은 주인을 가고자 하는 목적지까지 빨리 태워주기도 하지만, 때로는 몸부림을 쳐서 땅바닥에 내동댕이치기도 한다. 따라서 야생마가 역량을 어떻게 발휘하는가는 말을 타고 부리는 자의 역량이다. 말이 잘 달릴 때 오랫동안 잘 달릴 수 있도록 하려면 말과 호흡을 잘 맞추려고 노력해야 하고, 말이 달리지 않으려고 짜증을 부릴 때는 힘을 돋워줄 먹이를 주고, 사기를 진작시켜줄 방책을 동원해야 한다. 리더는 일이 잘될 때보다 안 될 때를 빨리 알아차리고 대응책을 강구해야 한다. 그러나 일이 잘 안 될 때 대부분의 리더는 부하직원들에게서 그 원인을 찾는다. 그렇게 되면 부하직원들의 단점만 눈에 보이게 되고 조직은 미궁 속으로 빨려들어가게 된다. 이렇게 되면 리더와 조직원 모두 확실히 공멸의 길을 가는 것이다. 일이 잘 안 될 때에는 재빨리 잘되는 방법을 찾는 지혜와 민첩성이 리더에게 필요하다.

무조건 현장으로…

계약을 잘 못하는 영업사원의 변명을 듣고 있노라면 대한민국에 보험계약을 할 곳은 한 군데도 없다. 안 되는 이유를 장황하게 늘어놓는 사원에게 장시간 정신교육을 해도 아무 소용 없다. 영업소장을 할 때 내가 아는 모 설계사는 단체계약을 의욕적으로 추진하다가 그만 다른 회사의 경쟁자에게 업적을 빼앗기는 일이 벌어졌다. 설계사는 의욕이 떨어져 그만둘 생각을 하고 있었다. 나는 즉시 설계사와 함께 그 회사로 갔다. 회사측 관련 부서인 노무부와 조합까지도 모두 우리편이었는데 갑자기 사장이 다른 회사를 지목한 것이었다. S사의 전무와 막역한 관계여서 어쩔 수 없는 일이라 했다.

나는 우리 영업사원을 대동하고 사장실을 방문했다.

비서에게 면담을 신청하니 기다리라고 했다. 잠시 후 노무부 사람들이 와서 자기들 사정을 봐달라고 통사정을 했다. 결국 설계사는 노무부 사람들과의 안면 때문에 그곳을 철수하지 않을 수 없었다.

그러나 나는 사장을 만나기 전에는 절대 갈 수 없다고 버텼다. 그날도 하루종일 사장실 앞에서 기다렸다. 사장이 일을 보러 나오면 정중하게 인사했으나 그는 모른 척하고 그냥 지나쳤다. 매일 하루도 빠짐없이 사장과의 면담을 요구했더니 3일째 되는 날 비로소 만나주었다.

"사장님, 저희는 이 회사의 후생복지 향상과 생산성 향상을 위해 지난 일년간 심혈을 기울여 왔습니다. 평상시 이 회사를 출입하면서 사원들의 사장님에 대한 존경심이 남다르다는 것도 알 수 있었고요. 저희들은 이 회사에서 꼭 우리의 제안을 받아주리라는 확신을 갖고 열심히 일했습니다. 그런데 저희는 마지막 단계에서 제외되었습니다. 그 이유를 알고 싶어서 사장님을 찾았습니다"

"아니 보험 들면서 우리가 들고 싶은 곳에 드는 거지 안 드는 이유를 일일이 설명해야 되나요?"

"일년간 이 회사를 위해 고생한 저희를 위해 제발 말씀해 주십시오. 그래야 다른 곳에서는 이런 일을 또 당하지 않을 것 아닙니까?"

사장은 화를 내었다.

"아니, 우리 회사 내부의 결정사항을 당신들에게 일일이 제시해야 할 법적 근거가 뭡니까?"

"저희는 이 회사에 근무하는 사원들의 후생복지 향상을 위해 일년을 고생했는데 탈락한 사유 정도는 알아볼 수 있지 않습니까?"

내가 워낙 집요하게 파고들자 사장은 감정을 이기지 못하고 막말로 나왔다.

"내 마음대로 했소. 어쩔거요?"

"그러시면 안 되지요. 전 종업원의 미래의 행복과 직결된 문제를 사원들의 이익을 고려하지 않고 감정대로 처리하셨다면, 이 회사에 근무하는 사원들이 그 사실을 알면 사장님에 대하여 얼마나 실망하겠습니까?"

"아니 당신이 뭔데 우리 사원들에게 알린단 말이오?"

"당연히 알려야지요."

"이 사람들, 아주 나쁜 사람들이구만."

"저희가 왜 나쁜 사람들입니까?"

"알았소, 돌아가시오."

"결론을 내주십시오!"

"해당부서를 통해서 알려주겠소."

다음날 우리는 노무부장으로부터 업적의 2분의 1을 가져가라는 통보를 받았다.

문제가 발생하면 앉아서 고민하지 말고 즉각 현장으로 달려가 원인을 파악해보면 해결책이 나오게 돼 있다. 현장에 가보지도 않고, 시도해보지도 않고, 영업사원의 보고사항만을 근거로 판단한다면 아무리 유능한 리더도 좋은 결과를 창출하기 어렵다.

잘되는 곳 중심으로…

본인이 맡은 조직이 잘 안되고 있다고 생각하면 책을 덮고 책상을 벗어나는 것이 좋다. 돌파구는 결코 책상 앞에서 나오지 않는다.

1991년 영업소장을 할 때의 일이다. S생명은 보장성 단체보험을 많이 팔기로 소문이 났는데 우리는 너무 적게 판다고 본사에서 질책했다. 다른 영업소장들도 누구는 팔기 싫어서 못 파느냐며 신세한탄을 하는 것이었다.

나는 S생명 법인지점을 찾아갔다. 지점에 가서 일을 하고 싶어서 왔는데 설계사로 일을 하도록 해달라고 했다. 지점에서는 지점장 면접을 하면서 오랜만에 대형신인이 왔다고 좋아했다. 그리고 영업소장을 배정해 주었다.

　며칠간을 출근하면서 상품교육도 받고, 신인면접 방법을 배우고 나니 우리 영업소를 운영해야 할 방향이 설정되었다. 한동안은 우리 영업소 설계사들에게 새로운 것을 가르치면서 열기를 살릴 수 있었다. 물론 그때 나에게 좋은 지식과 정보를 제공해 준 동업사의 소장과 지점장과는 지금도 좋은 관계를 유지하고 있다.

　영업소나 지점이 잘 안 된다고 생각하면 안 되는 사람들끼리 모여서 신세한탄하는 대열에 절대로 끼지 마라. 이러한 점은 영업사원들도 마찬가지이다. 일이 잘 안 될 때는 회사 내에서든 회사 밖에서든 잘하는 사람을 찾아가서 세밀하게 관찰하고 궁금한 점을 꼬치꼬치 묻는다. 그러면 현재 업적이 부진한 이유와 대책을 찾을 수 있다.

성공한 사람들의 책읽기

　서점에 가면 경영 고수들의 일대기가 많이 나와 있다. 정주영 씨의 《시련은 있어도 실패는 없다》, 김우중 씨의 《세계는 넓고 할 일은 많다》, 이명박 씨의 《신화는 없다》, 구자경 씨의 《오직 이길밖에 없다》처럼 경영에 성공한 사람들의 일대기를 읽다보면 내가 지금 겪고 있는 어려움은 아무것도 아니라는 사실을 자각하게 되고, 어려움을 헤쳐나갈 용기를 얻게 된다.

　역사적으로 성공한 정치가의 일대기를 읽는 것도 도움이 된다. 수 왕조의 부정부패에 환멸을 느끼고 당을 창업한 이세민의 일대기를 그린 《정관정요》, 오다 노부나가의 일대기라든가, 도쿠가와 이에야스의 《야망》, 조선을 연 이성계의 일대기 등을 읽다보면 책 속에서 지혜와 힘을 빌릴 수 있다.

책 속 주인공이 만약에 나와 같이 힘든 상황을 맞으면 어떤 행동을 할 것인가, 혹은 내가 만약 주인공이라면 어떻게 생각하고 행동했을까를 생각하면 좋은 방안이 떠오를지도 모른다.

끊임없이 새로운 것을 시도하라

현장경험이 없는 사람이 이론만 가지고 교육을 하면 교육을 받을 때는 영업사원들의 사기가 충천하는데 이상하게 교육이 끝나고 현장에 돌아가면 막막해하는 현상이 벌어진다. 그리고 교육 전과 똑같은 행위를 반복하거나 무력감에 빠지는 경우가 발생한다. 따라서 고객과 회사가 만나는 현장에서 필요한 정보와 지식만 집중적으로 교육하는 것이 좋다.

조직이 슬럼프에 빠졌을 때 탈출구를 찾아야 할 책임은 리더에게 있다. 조직을 처음 맡았을 때의 마음으로 돌아가 자신이 지금 가고 있는 길이 어느 방향인지를 파악하면 문제의 절반을 해결한 것이나 마찬가지이다. 이럴 때는 무엇인가 새로운 것을 시작해서 조직에 활력을 불어넣어야 한다. 조직원이 힘들어한다고 해서 조직원을 편하게 해주려고만 한다면 틀림없이 그 조직은 붕괴하고 말 것이다.

첫째, 대청소나 자리배치를 다시 하여 사무실 분위기를 바꾸어보는 것은 어떨까?

둘째, 고객을 설득하기 쉽도록 새로운 영업자료를 만들어 자료를 제공하면 영업사원들의 사기를 진작시킬 수 있다.

2000년 금융소득 종합과세에 관한 자료를 재산증식 및 안전성이라는 고객의 입장에서 만들어 설계사들에게 제공한 결과 1년간 지점에서 3000억 원 정도의 보험료를 거둬들인 경험이 있고, 94년 육군시장에 맞는 안내장을 별도로 제작하여 큰 성과를 거두기도 했다. 96년에는 연금보험을 '노후준비' 라는 고객의 입장에서 논리를 전개해 엄청난 계약을 체결한 적도 있다.

넷째, 새로운 시장을 선정하여 적극적으로 공략하는 것이 좋다. 이 방법은 확실한 효과를 가져올 수 있다. 그러나 선정만 하고 관리자가 앞장서지 않는다면 큰 효과는 기대하기 어렵다.

1991년도에 시작한 기업주 일부부담시장이 업계에 큰 돌풍을 일으켰듯이 공략할 수 있는 시장을 얼마든지 개발할 수 있다.

1993년, 젊은 사원들을 많이 도입했다. 요즘 젊은이들의 특징은 연고가 풍부하지 않으며 또한 연고시장에는 잘 가려고 하지 않는다는 것이다. 활동의욕은 높은데 갈 곳이 없었다. 어느 날 우연히 잠실에 있는 롯데월드를 지나다가 그곳에 근무하는 사람이 임시직을 포함하면 엄청나다는 데 착안하여 20명 정도를 투입, 어깨띠를 두르고 매일아침 출입구에서 인사를 시켰다. 열흘 정도 인사를 시키자 모두들 인사를 받아주었다. 그리고 5일간 직장인 보장보험 안내장을 뿌렸다. 그리고 사무실 및 영업장에 설계사를 투입한 결과 많은 계약을 성사시켜 영업의 활력을 찾은 적도 있다.

결론적으로 말하면 슬럼프에 빠진 조직에 힘을 불어넣기 위해서는 지도자가 앞장서서 열심히 뛰어야 한다.

장점을 칭찬하라

조직이 슬럼프에 빠지게 되면 전체 구성원이 서로의 단점에만 주목하는 경향이 생긴다. 따라서 리더의 눈에도 부하들의 거슬리는 점만 보이고 단점을 지적하게 된다.

그러나 리더가 그런 시각을 갖는 동안 부하직원들은 잘되는 옆사무실 영업소나 지점의 유능한 리더를 부러워하면서 당신이 빨리 다른 곳으로 가고 새로운 유능한 리더가 와서 좋은 길을 알려주기를 바라고 있다는 사실을 명심해야 한다.

조직의 실적이 떨어지고 분위기가 침체되었을 때 자기자신을 돌아보면 대부분의 원인은 리더 자신에게 있다는 사실을 알게 될 것이다. 실적이 떨어진 이유를 리더가 올바른 방법을 알려주지 못한 데 원인이 있다고 생각하고 진정으로 미안한 마음으로 부하직원들의 장점을 칭찬하고 용기를 북돋아주다보면 분위기는 역전될 수도 있다.

7 생각의 그릇을 크게 만들어라

대부분의 신입사원은 처음 입사했을 때 경비 아저씨에게도 깍듯이 인사한다. 그리고 업무를 빨리 배우고 싶어서 겸손한 자세로 일한다. 그리하여 주변의 인정을 받게 되고 자리가 조금 올라가게 되면 일 이외의 것에 관심을 가지게 된다. 그러면 "예전같지 않다"는 말을 듣게 된다. 거기까지가 그 사원의 그릇이다.

그런가하면 회사를 창업한 사람은 어떤가? 초기에는 회사 구성원 모두를 가족같이 아낀다. 사원들을 자신의 사업을 도와주는 고마운 사람으로 예우한다. 이때는 회사에서 벌어지는 모든 일은 바로 자신의 일이다.

그런데 회사의 규모가 점점 커지고 어느 정도 궤도에 오르게 되면 사소한 일은 위임을 하게 되며 사원들을 자기가 먹여살리는 머슴이라 생각하는 경우가 종종 발생한다. 그렇게 되면 능력있는 사원은 제 갈 길을 가게 되고, 회사 내에는 사장의 기분을 잘 맞추는 사람만 남게 되어 회사는 그때부터 성장을 멈추고 추락의 길을 걷게 된다. 거기까지가 창업자의 그릇이다.

역대 대통령 중에서 시간이 지나면서 국민의 평가가 엇갈리는 사람으로 박정희 대통령이 있다. 그에게선 개인적인 부정축재의 흔적을 찾아볼 수 없다. 그러나 박정희는 역대 대통령 중에서 가장 욕심이 많은 사람이었다. 박 대통령은 경부고속도로를 '자기 길'이라고 생각하며 건설했다고 한다. 자기가 다닐 길이니 수시로 확인관리를 했을 것이다. 헬기를 타고 가다가 큰 공장이 건설되는 것을 보면 "저기 내 공장이 하나 지어지고 있구만. 한번 둘러보고 가세"라고 말했다 한다. 대한민국 내에서 벌어지는 사업이 모두 내 것인데 개인적으로 금품을 집에 갖다 놓을 이유가 없었던 것이다. 다른 지도자들과 비교가 되는 대목이다.

당신은 어디까지를 내 것이라고 생각하는가? 생각하는 거기까지가 바로 당신의 그릇이다.

내 그릇의 크기는?

예로부터 큰 인물은 그릇이 크다고 했다. 그릇이 크니 담을 지식도 많고, 따르는 사람도 많다는 뜻일 것이다. 한 사람이 살아가면서 담을 세상은 얼마나 클까? 그것은 사람마다 천차만별이다. 태어나면서 차이가 있기도 하지만 스스로 노력에 의해 커지기도 작아지기도 한다.

우물에서 두레박으로 물을 담아 올렸더니 모래가 하나 있다고 해서 물을 버리는 경우는 없다. 우물물에 모래가 조금 있어도 상관하지 않는다. 그러나 조금이라도 이상한 냄새가 난다면 인간은 그 우물을 사용하지 않게 된다. 우물은 인간의 배설물을 희석시키기에는 너무 협소한 공간이다.

그러나 바다에 갔을 때 누가 몰래 바다에 소변을 좀 눴다고 해서 누구도 바다에 뛰어들기를 주저하지는 않는다. 바다는 인간의 배설물을 감쪽같이 삼켜서 고기를 살찌우고, 우리 인간은 그 고기를 잡아서 맛있게 먹는다. 바다의 넓이는 이물질을 소화할 수 있을 만큼 크기 때문이다.

인간도 마찬가지이다. 자기와 생각이 조금만 달라도 감정이 격해지고, 결국은 싸움을 벌여서 문제를 일으키는 사람이 있는가 하면, 상대방 생각이 다른 것을 인정하고 잘 수용하여 목표를 달성하기 위하여 더불어 살아가는 사람이 있다. 만약 꽤 괜찮은 상대방과 불협화음이 생긴다면 다음과 같은 오기를 품어보라.

'내가 저 사람도 담을 수 없을 정도로 용량이 작은 인간이란 말인가!' 이렇게 반성하고 스스로 그릇을 키워서 그 사람을 담을 수 있도록 노력하라. 그 길만이 당신의 그릇을 키우는 지름길이다.

영업사원에게 돈 많은 사람은 우수 가망고객임에 틀림없다. 우수한 계약자를 '큰 보험에 가입하고 잘 유지할 사람'이라고 정의한다면 돈 없는 사람보다 재산가들이 유망한 고객임에 틀림없다. 그러나 그런 사람일수록 보험에 대한 거절의 강도가 심하다. 그럴 때 물러나지 말고 이런 생각을 하라. '내가 저 사람도 담지 못할 정도로 그릇이 작단 말인가? 이번에는 억지로라도 내 그릇을 넓혀서 시간이 걸리더라도 끝까지 담아보자.'

이런 오기를 갖고 활동하다보면 당신의 그릇이 점점 커지는 것을 느낄 수 있다.

우수한 영업사원은 계약을 잘하고 계약자 관리를 잘하는 사람이다.

영업관리자로서 고능률 영업사원이 지시를 잘 따르지 않는다든지, 전출이라든지 그런 유형의 제안을 해오면 이렇게 생각하라. '내가 저렇게 유능한 설계사를 담지 못할 정도로 작은 그릇이란 말인가? 이번에야말로 나의 그릇을 넓힐 수 있는 절호의 기회가 온 것이다. 저 설계사의 어떠한 요구라도 모두 들어주고 결국은 내 그릇에 담아봐야겠다.'

이런 오기를 품고 고민하는 사이에 당신의 그릇이 한없이 커지는 것을 느낄 것이다. 그릇이 큰 관리자는 성격이 모난 사원도 잘 포용하여 능력을 올바르게 발휘하도록 이끈다. 그것은 곧 조직의 성과로 직결된다.

반대로 그릇이 작은 관리자는 부하사원의 작은 허물도 이해하지 못하고 일일이 지적하여 조직의 사기를 저하시키고 생산성을 저하시킨다. 날마다 새로운 것을 배운다면 정신적 거인이 될 수 있고 주변 사람들에게 더욱 큰 도움을 주는 가치있는 사람이 될 수 있다. 세상에서 가장 큰 공간은 당신을 새롭게 배울 수 있는 공간이며, 가장 작은 공간은 당신이 이미 알고 있는 공간이다.

큰 호수에 큰 고기가 산다

잉어는 치어에서부터 자라는 환경에 따라 성장을 조절한다. 만약 잉어를 작은 수족관에 키우면 겨우 10cm 내외에서 성장을 멈춘다. 그러나 잉어를 대형수족관에서 키우면 20cm 내외로 성장한다. 잉어가 작은 호수에서 자라면 30cm 내외로 자라게 된다. 그러나 큰 호수에서 자라면 70~90cm 내외까지 성장한다. 즉 잉어를 담고 있는 그릇 크기와 잉어의 성장은 비례하는 것이다.

사람도 그가 속한 세계의 크기와 비례해 성장한다. 아니, 어쩌면 더 심할지도 모른다. 어려서 운동에 탁월한 자질을 가진 친구가 있었다. 세계제패가 꿈이라던 친구는 고등학교 1학년 때 전국체전에서 우승하고 운동을 그만두었다.

이유는 1학년이 우승을 하자 2~3학년 선배들이 매일 기합을 주고, 군기를 잡았다는 것이다. 참다못한 친구는 선생님에게 도움을 요청했고, 그 후 친구는 선배들로부터 선생님에게 고자질을 했다고 더욱 심한 모욕을 당하고 운동을 그만두었다. 참으로 안타까운 일이지만 우리 주변에서 얼마든지 볼 수 있는 일이다.

유능한 영업사원을 만난 고객은 재테크와 가정의 재무설계를 잘하여 행복을 유지한다. 그러나 보험상품 내용도 잘 모르는 사원을 만나면 본인에게 별로 필요도 없는 엉뚱한 상품에 가입했다가 손해만 보게 된다.

또한 어떤 팀장은 계약도 잘하고 논리정연하나 신입사원의 작은 잘못도 포용하지 못하고 인격적인 모욕을 주어 쫓아낸다. 결국은 나 홀로 팀장이 되는 것이다.

유능한 리더를 만나면 별로 능력이 없는 것 같은 영업사원도 큰 능력을 발휘하여 회사에 큰 기여를 하게 된다. 반면에 큰 능력을 발휘하던 사원도 무능한 리더를 만나면 작은 것에만 관심을 기울이다가 탈락하는 경우를 볼 수 있다. 능력 있는 영업사원이 조직에서 능력을 발휘하지 못하고 탈락한다면 가장 큰 이유는 리더의 그릇이 작은 때문이다. 대형잉어가 살 수 있는 큰 호수 같은 사람이 되기 위해서는 리더 스스로 각고의 노력을 기울이지 않으면 안 된다. 폭풍우와 장마가 지나야 호수에 쌓인 퇴적물이 깎여나가 호수의 깊이와 넓이가 커지듯이, 스스로 고통을 슬기롭게 이겨내면서 인내할 때 자신의 그릇이 커진다.

유능한 부하직원을 양성하는 것은 쉽지 않은 일이다. 한번 낚시를 던져서 바로 무는 고기는 피래미이다. 큰 고기를 잡으려면 인내심을 갖고 기다려야 하며 설령 미끼를 물어도 끌어올리는 데 오랜 시간이 걸린다.

마찬가지로 유능한 신인을 잡기란 보통 어려운 일이 아니다. 까다로운 듯해 보이던 사람일수록 일단 설계사가 되기로 마음먹으면 강하게 거절하는 고객을 잘 설득하여 회사의 유망한 고객으로 만드니 참으로 이상한 일이다.

군에서 10년을 간부생활을 하다가 보험설계사로 입사한 P팀장은 입사 3년 만에 5억 이상을 벌어서 지금은 자기 사업을 하고 있다.

그는 입사 초기에 참으로 까다로운 사람이었다.

걸핏하면 "담배 있어?" "라이터 있어?" 반말을 찍찍 내갈겼다. 나는 그의 커피 심부름도 마다하지 않았다. 그의 이런 거만함 때문에 다른 설계사와 마찰도 심했지만 나는 다른 설계사들에게 이렇게 부탁했다.

"소장을 봐서 3개월만 참아주십시오. 3개월 내에 저 사람을 겸손하게 만들어 놓겠습니다. 우리 영업소에는 저런 분이 꼭 필요합니다."

결국은 소득이 높아지고, 소속감이 생기면서 그는 타의 모범이 되는 언행으로 영업소의 계약확장과 조직확충에 큰 기여를 했다.

대형사원일수록 리더의 생각의 범위를 넘어서기도 한다. 창의적이고, 대가 세고, 욕심도 많고, 결코 만만하지 않은 사람을 바라보는 기쁨이 클 때 당신은 유능한 사원으로부터 존경받는 관리자로 성공할 수 있을 것이다.

8 될성부른 나무는 떡잎부터 알아본다

리더의 임무는 기업의 목표를 달성하는 것 이외에도 기업의 지속적인 발전을 위하여 인재를 양성하는 것이다. 인재를 양성한다는 것은 흔히 나무를 키우는 것에 비유된다. 나무를 잘 키우기 위해서는 좋은 위치에 심고, 거름도 알맞게 주고, 물도 알맞게 주며, 주변의 잡초를 제거해 주어야 한다. 그러나 일년생 풀에 정성을 쏟는다고 나무가 될 수 없고, 회양목같이 작은 품종은 좋은 위치에서 아무리 영양분을 알맞게 공급해도 소나무 같은 거목이 될 수 없다. 수림이 울창한 산을 만들고 싶으면 거목이 되는 수종을 엄선해서 심어야 한다. 천성이 1m밖에 안되는 작은 나무에 아무리 정성을 들여도 거목이 될 수 없는 이치와 같다.

옛말에 될성부른 나무는 떡잎부터 알아본다고 했다. 큰일을 할 수 있는 인재를 키우려면 리더는 사람을 보는 안목이 있어야 한다. 실력이 없어서 아부하는 사람과 실력이 있어서 당당한 사람을 구분할 수 있어야 한다. 현재는 조직이 원하는 대로 일을 잘하는 것 같지 않지만 잘 다듬으면 앞으로 큰일을 할 사람과, 시키는 일을 고분고분 잘하지만 10년 후에도 거기서 거기일 사람을 구분해야 한다. 기업이 원하는 인재가 아니면 본인의 장래를 위해서나 기업을 위해서나 과감하게 방출할 필요도 있다.

키울 사람

일을 찾아서 하는 사람

군생활을 할 때 대부분의 사병들은 훈련이 없는 휴일에는 한쪽 구석에 처박혀 잠을 잔다든지 동료들과 잡담을 하곤 했다. 이때 이루어지는 대화의 대부분은 현실에 대한 불만과 사회에 대한 동경이었다 .

"국방부 시계가 돌아서 제대를 하면 이러저러한 일을 해서 떵떵거리고 살 테니 언제든지 연락만 주십시오. 제가 군대를 안 왔으면 지금쯤 그 꿈이 실현되고 있을 겁니다."

이 하사는 이런 청운의 꿈을 거창하게 떠들곤 한다. 반면 김 하사는 쉬는 날에는 혼자서 연병장의 낙엽을 치운다든지 막사의 허물어진 곳을 고친다든지 잠시도 쉬지 않았다.

"김 하사! 좀 쉬지, 힘들지 않아?"

"괜찮습니다. 놀면 뭐합니까? 시간도 잘 가고 좋습니다."

김 하사가 낮잠을 잔다거나 농땡이 치는 것을 나는 한번도 본 적이 없었다.

제대 후 10년이 지났을 때 이 하사를 우연히 만났다. 그는 10년 전과 똑같은 말을 하고 있다.

"형님! 말도 마소, 사회가 다 썩었습니다. 정치하는 놈들은 이렇고, 돈 있는 놈들은 이렇고, 또 후배들은 선배 알기를 뭐같이 알고, 도대체 믿을 놈이 있어야지요. 이민이나 가야겠습니다. 저는 한국 땅이 싫습니다."

반면 그때의 김 하사는 지금 모 중견그룹 연구실에서 책임연구원으로 튼실하게 자리를 잡고 있다. 어떤 자리에 있건 자기 일에 최선을 다하는 사람, 가만 보면 작은 일에 최선을 다하는 사람이 결국 큰일도 잘한다. 이러한 일꾼을 리더는 발탁해서 키워야 한다.

돈이 없을 때 빌리지 않고 벌려고 노력하는 사람

돈이라는 것은 인간이 살아가는 데 필요악적인 존재이다. 돈 때문에 패가망신하는 사람이 있는가 하면, 돈 때문에 떵떵거리는 사람도 있다. 보험회사 영업관리자의 보람은 어려운 사람을 잘살게 만들어 주는 것이다.

그런데 돈이 없을 때 인간이 나타내는 반응은 크게 두 가지이다.

첫째, 다른 사람에게 빌리거나 심지어 도둑질도 마다하지 않는 사람이다. 이런 사람이 도와달라고 손을 내밀면 도와줄 필요가 없다. 영업관리자를 하면서 활동비가 없다고 우는 소리를 하며 돈을 빌려달라고 하면 어쩔 수 없이 빌려주곤 했다. 그러나 제대로 갚는 사람이 별로 없었다.

둘째, 돈이 필요하면 벌려고 노력하는 사람이다.

이런 사람은 현재 어렵더라도 조금만 도와주면 큰일을 할 수 있다. S팀장은 입사 초기 점심 먹을 돈이 없고, 차비도 없었지만 돈을 빌리려고 하지 않았다. 소장이 안타까워서 활동비에 보태라고 돈을 주면 급여날 바로 와서 갚았다. 고객에게도 계약을 구걸하지 않고 당당하게 일했다. 도와달라고 말하는 것이 아니라 무엇을 도와줄까를 먼저 생각 하는 사람이었다. 지금 그는 큰 아파트에서 가족과 단란하게 잘살고 있다.

고객에게 잘하는 사람

회사에서는 사원들의 능력을 사는 것이다. 회사의 목적달성에 필요한 능력을 사는 것인데 간혹 리더들이 자신의 필요에 의하여 사람을 평가하고 나서는 경우가 있다. 고객에게도 잘하고 상급자에게도 잘하면 더할 나위 없이 좋겠지만 대부분 고객에게 잘하는 사람이 리더에게는 편하게 혹은 버릇없게 대하는 경우도 있다. 설계사 L은 H계열사에 출입하면서 영업을 하는데 H생명이 생기고 나서 스카우트 제의를 받았다.

H생명으로 옮기지 않으면 출입을 금지시키겠다는 협박과 함께 당근이 제시되었다고 한다. 이때 설계사 L은 이렇게 답변했다고 한다.

"저도 옮기고 싶습니다. 그러나 저는 계약자를 위하여 일을 해왔습니다. 그런데 H생명은 교보생명보다 배당금이 적고 재무구조가 취약합니다. 제가 H생명으로 옮기고 나서 계약을 한다면 저는 쉽게 활동할 수 있어 좋겠지만 이 회사에 근무하시는 분들은 상대적으로 손해를 보게 됩니다. 제 계약자들에게 이러한 손실을 대신해줄 수 있는 방안을 제시해 주신다면 즉시 옮기겠습니다."

결국은 담당임원이 감동하여 지속적인 협조를 받았다고 한다. L은 고객에 대하여 철저히 봉사하고 약속을 지키는 것으로 유명하다. 그러나 리더의 조그마한 실수도 용서하지 못하고 끝까지 물고늘어지는 것으로도 유명하다. 그래서 어떤 사람들은 그를 싫어하기도 하지만, 사실 이러한 설계사는 꼭 키워야 할 사람이 아닐까.

버릴 사람

약속을 어기고, 거짓말을 하는 사람

"죄송합니다. 갑자기 일이 생기는 바람에."

"차가 밀리는 바람에 늦었습니다."

"저는 이렇게 완벽하게 일을 했는데 저놈이 잘못하는 바람에……."

"문제는 내가 아니고 상대방이 약속을 안 지키는 바람에……."

"다음에 잘하겠습니다."

회사 내에서 약속을 안 지키는 사람은 회사 밖에서도 약속을 지키지 않는다. 사원이 약속을 안 지키면 회사도 덩달아 약속을 안 지키는 기업이 된다.

지키지 못할 약속은 안 하는 것이 좋다. 약속을 지키지 않고 잘못을 인정하지 않고 변명하는 사람, 거짓말만 하는 사람은 결국은 회사에 치명타를 입힌다.

공금을 무서워하지 않는 사람

총무 시절 설계사 대신 수금을 갔다. 마포에 있는 업체였는데 수금을 하고 주머니에 지갑이 없는 것을 알았다. 당시 종로 2가에 있는 사무실까지 갈 차비가 없었다. 나는 걸어서 사무실에 왔다. 물론 보험료로 차비를 내고 사무실에 와서 보험료를 채워넣으면 되지만 그렇게 하면 내가 잠시라도 도둑놈이 되는 것 같아서 걷는 편을 택했다.

지점장을 할 때 영업소 총무를 하는 사원이 있었다. 학교를 막 졸업하고 처음 직장에 취업을 하여 열심히 일을 배우는데 인상도 좋고 키도 커서 보기 좋았다. 그런데 어느날 설계사가 월초에 보험료를 10만 원 수금해와서 총무에게 주었는데 월말에 확인을 했는데 입금처리가 되어 있지 않았다. 큰 금액도 아니었고 실효된 것도 아니고 날짜도 20일밖에 되지 않아 발견 즉시 입금을 시켰지만 나는 총무를 불러서 그의 사표를 받았다.

며칠 후 50대 후반의 남자가 찾아왔다.

"제가 OOO의 애비되는 사람입니다."

"그렇습니까? 그런데 무슨 일로 오셨습니까?"

"어제 아들놈으로부터 말을 전해들었습니다. 물론 잘못을 한 건 사실이지만 10만 원밖에 되지 않고 즉시 변제를 했으니 선처해 달라고 찾아왔습니다. 앞으로 이런 일이 없도록 잘 가르치겠습니다."

"물론 잘 가르치셔야지요. 그러나 우리 회사에는 더이상 근무할 수 없습니다. 저는 아드님께서 저에게 욕을 하거나, 저의 뺨을 때리더라도 용서할 수 있습니다. 그러나 계약자 보험료에 1원이라도 손을 댄 것은 용서할 수 없습니다. 그것은 우리 회사에 대한 계약자의 믿음을 저버린 행위이기 때문입니다. 아드님에게 새로운 직장을 찾으라고 하십시오. 이번 일이 아드님의 인생에 뼈아픈 교훈이 되도록 아버님께서 가르침을 주시기 바랍니다."

이렇게 대학을 졸업하고 어렵게 취직을 한 그 젊은이는 10만 원을 늦게 입금시킨 실수로 인생의 진로를 바꾸게 되었다.

금융권에 근무하는 사람들은 고객의 돈을 핵폭탄으로 생각해야 한다. 핵은 있어야 할 곳에 있으면 인류의 안전을 지켜줄 수 있지만 있어야 할 곳에 있지 않으면 많은 사람에게 피해를 준다. 핵을 무서워할 줄 모르는 사람은 핵으로부터 격리시킬 수밖에 없다.

사생활이 문란한 사람

술을 먹으면 꼭 2차, 3차를 외치다가 결국 집에 안 들어가서 가정불화가 많은 사람, 남녀관계가 불분명하여 스캔들을 일으키는 사람, 금전관계가 흐릿하여 부채가 많은 사람을 가까이하면 누구나 피해를 본다. 이런 사람을 부하직원으로 두고 있으면 결국은 회사의 이미지에 치명타를 입게 된다. 집에 안 들어가면서 회사일 때문이라고 핑계를 대면 가족들은 회사를 욕하지 않겠는가.

결혼생활 5년 동안 자식이 없는 남자 설계사가 있었다. 그런데 거래처의 여사원에게 총각이라고 속이고 문제를 일으켰다. 이 사실을 부인도 알게 되었고 그들은 이혼했다. 나는 회사의 이미지를 실추시켰다고 해서 그를 해촉시켰다. 그러나 나중에 안 사실이지만 그는 그 여사원과 결혼하여 아들을 두 명이나 낳았다고 했다. 부인되는 사람도 다른 남자와 결혼해서 자식을 낳고 잘산다고 한다. 이런 것을 어른들은 '궁합'이라고 표현했다.

또 한번은 영업소 내 남녀 설계사가 스캔들이 있어서 그만둘 것을 명했다. 두 명 모두 진심으로 잘못을 빌고 동료들에게도 사과를 하면서 제발 보험일을 계속해서 먹고살게 해달라고 눈물로 호소했다. 영업소 내의 팀장들도 선처를 호소하길래 불문에 붙이기로 했다. 그런데 몇 달 후 그 두 명은 나와 모종의 관계가 있는 것으로 영업소에 소문을 퍼뜨려 진화하는 데 애를 먹었다.

영업하는 사원들이 고객과의 신뢰관계를 이용하여 개인적으로 금전거래를 하는 경우도 있다. 문제가 발생하면 고객은 회사를 믿고 거래를 했다고 말한다. 개인적인 금전거래는 결국 회사의 이미지에 치명타를 입힌다.

고객들과 싸우는 사람

고객이 조금만 불친절하게 나오면 개인적인 감정을 내세우는 사람이 있다.

"당신 몇 살이야? 나도 나이를 먹을 만큼 먹었어."

"당신 제대로 알기나 하고 말하는 거요? 모르면 시키는 대로 하세요."

"어디다 대고 반말이야."

어떤 경우에도 고객은 존중받아야 한다. 고객은 무식할 권리도, 화를 낼 권리도, 여자이거나 남자일 권리도, 나이가 어릴 권리도 있다. 물론 개인적인 차원에서는 존중받아야 하지만 어떤 회사의 일원으로 고객을 만날 때는 남녀노소를 불문하고 회사를 대신하여 그가 말하고 행동하는 것이다. 따라서 고객을 만나서도 지나치게 자신을 내세우는 사람은 퇴사시켜 집에 가서 실컷 존경받도록 해주어야 기업이 산다.

부하를 이용해 사욕을 채우는 사람

부하직원이 한 일을 자신이 한 것으로 말하는 사람이 있다. 부하직원이 일을 잘해서 공을 세우면 "그것은 제가 가르친 일입니다" 혹은 "내가 지침을 준 것입니다" 혹은 "그 친구는 내가 키운 사람입니다"라고 공을 가로채는 사람이 있다. 또 부하직원이 상을 받으면 자기 덕이라고 한턱 내라고 말하기도 한다. 이런 사람을 가까이 하면 덕될 것이 없다. 개인적인 일을 부하직원에게 부탁하고 안 해주면 인간성이 메마른 놈이라고 욕을 한다. 결국은 유능한 인재를 쫓아내고 회사를 위기로 몰고 간다.

어떤 경우에도 부하직원의 신임을 얻지 못하는 리더는 회사로서는 미덥지 못한 존재이다. 리더에게 있어서 부하직원은 민심(民心)이다. 민심을 얻지 못하는 지도자가 나라를 망치듯이 부하직원이 불신하는 사람을 회사가 보호하면 회사가 불신을 받게 되고, 결국은 시장에서도 불신받는다.

게으른 사람

천성이 편안함만 추구하는 사람이 있다. 움직이는 것이 싫어서 운동도 안하여 배가 많이 나오고 살이 찌고, 아침에는 지각을 많이 하고, 조금만 아파도 죽을병이 든 것처럼 병원을 찾는다. 자기 자신을 잘 관리하지 못하는 사람이 어떻게 회사 일을 잘할 수 있겠는가? 편안함을 추구하는 게으른 사람은 집에 가서 편하게 살도록 도와줘야 한다.

아부하는 사람

한 회사에서 있었던 일이다. 오너가 일본에 출장을 가면 사전에 수행비서를 매수하여 매일 오너가 무엇을 하는지 체크하는 본부장이 있었다. 이 사람에게 회사 내에서 일어나는 일은 관심도 없었고 고객이 불만을 품고 계약을 해지하는 일도 안중에 없었다. 이 사람으로 인해 회사는 한쪽이 무너지고 있었다. 그러나 오너가 일본에서 돌아와 신규

사업에 관한 질문을 했을 때 다른 임원들은 대답을 잘 못하는데 본부장은 일본에서 직접 보고온 오너보다 더 잘 알고 있었다. 오너는 본부장을 더욱 중용했고 사장으로 진급시켰다. 그런데 얼마 후 회사는 부도가 나고 말았으니…….

아부를 잘하는 사람은 부하들로부터 아부받기를 원하기 마련이다. 결국은 기업이 원하는 인재를 모두 내쫓고 자기에게 아부하는 무리로 도당을 만든다. 아부 잘하는 사람이 승승장구하는 회사는 곧 망한다.

우수한 사람만으로 조직된 기업은 어디에도 없다. 인간이든 동물이든 어느 집단이든 문제를 일으키는 사람이 꼭 있게 마련이다. 중요한 것은 리더가 사전에 문제의 원인을 발견하여 대비하는 것이다. 끊임없는 관찰을 통해 사전에 문제의 징후를 발견하고, 경고하며 예방하는 지혜가 리더에게는 꼭 필요하다.

9 적이라도 장점은 배우고 칭찬하라

나보다 훌륭한 후배와 함께하는 삶은 행복하다. 그러나 훌륭한 후배에게 인정받는 선배가 된다는 것은 힘든 일이다. 똑똑한 후배는 선배의 실수나 잘못을 용서하지 않는 경향이 있다. 따라서 후배에게는 신중하게 행동하고 배려하는 것이 필요하다. 그래야 그 후배들이 넉넉한 마음으로 더 좋은 세상을 만든다.

영업소장을 5년 정도 했을 때의 일이다. 다른 지역본부의 설계사들 네 명이 그쪽 영업소를 정리하고 우리 영업소로 오겠다고 했지만 나는 정중하게 거절했다.

"사람은 한번 정한 인연을 쉽게 버리면 안됩니다. 영업소에서 불편한 일이 있으면 영업소장과 상의해서 해결하십시오. 부부간이나 부자간에도 사이가 안 좋을 수 있는데 그때마다 헤어지면 이 사회가 어떻게 유지되겠습니까? 인간은 서로 사이가 안 좋아도 더불어 사는 지혜가 필요한 동물입니다."

"저희를 받아주지 않으면 S생명으로 가겠습니다."

"그럼 그렇게 하세요."

"아니, 서류상으로 아무 하자 없이 오겠다는데 왜 안 된다는 겁니까? 저희가 오면 신인도 많이 할 겁니다!"

"물론 그러셔야지요. 그러나 그 신인을 지금 있는 영업소에서 하십시오."

"이유가 뭡니까?"

"당신들이 오면 우리 영업소는 물론 큰 힘이 될 겁니다. 그러나 그쪽 영업소장은 큰 타격을 받게 되겠지요. 현재 영업소장이라면 틀림없이 저보다 후배일 겁니다. 어떤 분인지 모르지만 저는 다른 영업소의 사람을 빼앗아서까지 우리 영업소를 키우고 싶지는 않습니다. 나를 부도덕한 영업소장으로 몰지 마십시오. 정말로 현재의 영업소가 싫으면 다른 곳으로 가십시오."

그들은 결국 우리 영업소에 오지 못했다. 나는 즉시 해당 영업소장에게 힘내서 잘하라고 격려전화를 해주었다. 여자 소장이었는데 시작한 지 얼마 안 된 상태에서 격려를 받아 큰 힘이 되었노라고 지금도 나를 만나면 고마워한다. 만약 그때 내가 그들을 받아들였더라면 나는 그 후배 소장을 떳떳하게 볼 수 없었을 것이다.

다른 회사의 설계사들이 내게로 오겠다고 찾아오면 나는 설득해서 돌려보냈다. 같은 업을 하는 사람으로서 후배들에게 당당하고 싶었다. 그래서인지 다른 회사에 근무하는 소장들도 나를 믿고 따르는 후배들이 다수 있다.

한때 회사에서 타사의 설계사를 스카우트하는 열풍이 불은 적이 있었다. 다시는 그런 일이 있어서는 안 된다고 생각한다. 보험회사끼리는 어쩌면 고객을 향하여 함께 전쟁을 벌이는 협력자인데 형제들끼리 자식*을 뺏고 뺏기는 전투를 치르는 것과 마찬가지가 아닐까? 유능한 인재가 필요하면 키워서 쓰는 풍토를 만들어야 한다. 경영은 정정당당하게 룰을 지켜서 싸우는 승부이다. 룰을 지키지 않고 싸워 이기는 것은 일시적인 이익은 가져올 수 있으나 더 큰 파국을 불러온다. 깨끗하고 당당한 승부를 펼쳤을 때 고객은 박수를 보낼 것이다.

영업소장 시절 설계사를 동반하여 기업을 방문했을 때의 일이다. 우리 영업소측 설계사는 후생부장을 만나고 있었고, 다른 회사의 설계사는 과장을 만나고 있었다. 해당 부장과 과장은 후생복지보험을 어디에 가입할 것인가를 놓고 갈등하고 있었다. 나는 이렇게 말했다.

"S생명도 좋은 회사입니다. 상품내용도 우리 회사의 상품과 비교하여 손색이 없습니다. 그리고 과장께서 저렇게 추천하는 것을 보니 그 영업사원도 틀림없이 훌륭한 사람일 것 같습니다. 한번 만나게 해 주시면 합리적인 해결책을 강구하겠습니다."

그러나 S생명의 영업사원은 부장을 만나서 우리 회사와 나를 욕했다는 것이다. 결국 그 회사는 우리 회사와 계약했고, 나는 S생명의 영업사원을 만나 위로하고 격려해 주었다. 그것을 계기로 그와는 오랫동안 교류할 수 있었고 나중에는 우리 회사로 와서 일을 했다.

적이라고 하여 무조건 나쁘게 보지 말고 적의 장점을 칭찬하고 배우는 자세를 가져야 한다. 적에게도 존경받을 수 있는 도덕성을 갖출 때 고객은 스스로 찾아오는 것이다.

제 6 장

21세기 보험시장의 변화

금융 업종 간의 벽이 없어지는 시대를 맞이하여
보험인과 보험조직,
보험회사의 미래는 어떤 모습일까?
생명보험산업의 현실과 과제를 짚어보았다.

I 생명보험의 고유영역이 무너지고 있다

생명보험이 황금알을 낳는 거위라는 평가를 받던 시대도 있었으나 어찌된 셈인지 IMF를 겪으면서 보험료를 많이 받아도 손해가 나는 이상한 현실이 되어버렸다. 따라서 생명보험을 업(業)으로 하는 사람은 현재 생명보험산업이 어떤 환경에 처해 있는지 정확히 인식하고 이에 대처해야 한다.

생명보험산업은 1960년대 보험관계법령의 제정과 국민저축제도 등의 시행으로 기반을 구축하였으며, 1980년대 중반에는 보험시장 개방으로 상호경쟁체제로 전환한 후, 1990년대 세계무역기구의 출범과 OECD 가입으로 국제화와 개방화가 더욱 가속화되었다. 우리나라는 2001년 3월말 현재, 연간 수입보험료 52조, 총자산 121조에 달하는 세계 6위의 생명보험 강국으로 성장하였다.

먼저 고객들이 어떤 가입성향을 나타내고 있는지를 알아보자.

■ 개인보험 가입현황

(단위 : 건수, 100만 원)

구 분		업 적			
		건수	%	보험료	%
국내사	교보생명	4,633,172	17.4%	1,486,617	15.1%
	삼성생명	7,115,302	26.7%	3,480,032	35.4%
	대한생명	3,714,220	13.9%	1,528,926	15.5%
	흥국생명	901,269	3.4%	254,530	2.6%
	SK생명	1,235,450	4.6%	221,306	2.2%
	금호생명	1,386,287	5.2%	230,907	2.3%
	동양생명	1,184,162	4.4%	278,624	2.8%
	신한생명	845,167	3.2%	363,998	3.7%
외국사	알리안츠제일	1,205,694	4.5%	397,924	4.0%
	메트라이프	182,415	0.7%	44,678	0.5%
	푸르덴셜	188,825	0.7%	50,097	0.5%
	ING생명	230,154	0.9%	127,273	1.3%
	AIG생명	1,996,594	7.5%	505,871	5.1%
국내사		21,519,656	80.6%	7,989,506	81.2%
외국사		5,782,190	21.7%	1,854,406	18.8%
계		26,698,917	100.0%	9,843,912	100.0%

(기간 : 2001. 1. 1~ 2001. 12. 31)

표에서 보는 바와 같이 생명보험회사 중에서 가장 높은 시장점유율을 나타내고 있는 삼성생명보다도 유사보험 분야의 실적이 높게 나타나고 있다. 이는 생명보험 고객의 상당수가 생명보험회사가 제공한 서비스에 만족을 느끼지 못했거나 불만을 느끼고 다른 분야로 떠나고 있

(단위 : 건수, 100만 원)

구 분		업적	
		건수	보험료
전체 보험시장		30,449,313	13,898,900
생보사 전체		26,698,917	9,843,912
	점유율(%)	87.6%	70.8%
유사보험사 전체		3,750,396	4,054,988
	점유율(%)	12.4%	29.2%

다는 것을 의미한다.

또한 타금융권에서는 생명보험의 이점(利點)을 파고들고 있는데 생명보험은 여기에 대한 방어능력도 약하고, 타금융권의 영역을 침투하지도 못하고 있다. 기존 생명보험회사들이 타금융권의 생명보험 영역 침투는 방치하면서 같은 생명보험회사를 공격하는 것은 적 앞에서 아군끼리 싸우는 것과 같다.

퇴직보험은 생명보험회사의 고유영역으로 오랫동안 생명보험 발전에 크게 기여했던 시장이었다. 그러나 이 시장 또한 손해보험과 은행권에 문을 열어주고 말았다.

또한 연금보험도 생명보험 독점시장에서 타금융권에 문호를 개방한 지 오래되었다. 생명보험업계 사람들은 이러한 상황을 직시해야 한다.

■ 퇴직보험 가입현황

(단위:100만 원)

구 분		업 적		
		보험료	%(업계)	%(전체)
생보사	교보생명	15,085	33.7%	22.7%
	삼성생명	15,324	34.2%	23.1%
	대한생명	6,207	13.9%	9.3%
	SK생명	1,895	4.2%	2.9%
	럭키생명	1,526	3.4%	2.3%
	금호생명	1,283	2.9%	1.9%
	흥국생명	1,029	2.3%	1.5%
	기 타	2,434	5.4%	3.7%
손보사	삼성화재	799	34.3%	1.2%
	현대해상	315	13.5%	0.5%
	LG화재	347	14.9%	0.5%
	동양화재	199	8.5%	0.3%
	동부화재	482	20.7%	0.7%
	기 타	190	8.1%	0.3%
은행	한빛은행	2,498	12.9%	3.8%
	신한은행	1,607	8.3%	2.4%
	하나은행	3,379	17.5%	5.1%
	국민은행	1,719	8.9%	2.6%
	한미은행	1,540	8.0%	2.3%
	외환은행	2,260	11.7%	3.4%
	산업은행	3,927	20.3%	5.9%
	기업은행	1,055	5.5%	1.6%
	조흥은행	1,368	7.1%	2.1%
생보계		44,783	67.4%	
손보계		2,332	3.5%	
은행계		19,353	29.1%	
전체계		66,468		

(기간 : 2001. 1. 1~2001. 12. 31)

2 유사보험이 발전하는 이유

생명보험업계의 안이한 대응

한국에서 보험이 보험으로 판매되기 시작한 역사는 그리 오래되지 않는다. 도입 초기에는 '보장' 보다도 '저축' 을 강조하여 판매되었고, '88올림픽을 기점으로 보장의 개념으로 판매되기 시작했다고 해도 과언이 아니다. 소액의 보장부분 보험료와 많은 저축부분 보험료로 거둬들인 보험료는 개발경제시대의 고금리 상황에서 보험회사에 엄청난 이익을 가져왔다. 이러한 상황이 지속될 것이라는 예측 속에 각 재벌들은 앞다투어 생명보험업에 진출했고, 노태우 정부는 금융시장개방에 대응한다는 명분으로 과도하게 많은 생명보험회사를 인가하여 90년대 초 한국에서 생명보험 영업을 하던 회사는 무려 34개에 이르렀다. 생명보험에 대한 기본적인 인식이 없는 사람들이 보험회사의 리더로 등극하면서 보험회사는 상호비방과 영업인력을 부당 스카웃하는 추태를 공공연히 드러냈다. 이러한 상황에서 고객들은 보험에 대해 실망하기 시작했고 그 틈새를 비집고 외국의 보험회사들이 들어오기 시작했다. 프루덴셜 등 외국 생보사들과 비보험 분야의 약진이 그것이다.

외국사들이 종신보험을 위주로 영업을 전개할 때 기존사들은 98년 IMF를 맞을 때까지 이들의 실적을 무시했고, 비보험분야(농협·우체국·은행 등)가 안정성이나 접근의 용이성과 정치권 세력을 등에 업고 보험분야를 파고들 때, 생명보험회사 및 생명보험의 이익을 대변해 주어야 할 협회 및 감독기관은 제 역할을 하지 않았다고 볼 수 있다.

은행들이 일사불란하게 로비전을 펼쳐 보험차익비과세 기간을 3년에서 7년으로 늘어나도록 한 것에 대하여 생보사들은 연합전선을 구축하여 효과적으로 대응하지 못했는데, 이는 생명보험회사들이 자사의 이익에 급급하여 큰 인재를 키우지 못한 것이 가장 큰 원인일 수 있겠다. 어렵게 정치권에 진출한 생명보험회사 출신들도 일단 진출하고 나면 생명보험산업의 발전보다 자신의 입신영달에 급급하여 아무런 역할을 하지 못하고 중도에 하차하는 경우가 많았다.

반면 은행이나 우체국·농협 등은 경영의 어려움을 타개하기 위하여 적극적으로 보험분야에 진출, 이 영역을 지속적으로 확대하고 있다. 타금융권이 보험업에 진출하여 성공하는 이유는 효과적으로 대응하지 못한 업계 전체의 잘못도 있지만 궁극적으로 각사의 리더들이 거시적 안목을 갖추지 못함으로 인해 고객의 외면을 자초한 것이다.

발전적인 경쟁이 필요하다

90년대 들어 생명보험업계의 경쟁이 치열해지면서 보험영업을 하는 사람들은 과도한 경쟁을 하는 이전투구(泥田鬪狗) 현상을 고객들에게 노출시켰다.

첫째, 무분별한 설계사의 도입으로 인한 비적성 설계사가 양산되었고, 이들의 부정확한 상품판매는 숱한 민원을 야기시켰고, 이들의 조기퇴직으로 인해 고객들은 보험가입 당시 약속했던 서비스를 충분히 제공받지 못했다.

둘째, 회사간의 설계사 스카우트와 이로 인한 계약이동으로 인해 입은 고객의 손실은 결과적으로 고객이 생명보험을 불신하는 결과를 가져왔다.

셋째, 생명보험회사들이 고객서비스 업무의 대부분을 설계사에게만 의존함으로써 고객은 균등하지 못한 천차만별의 서비스를 제공받게 되었다. 따라서 설계사의 서비스 능력이 회사의 서비스로 인식되었다.

넷째, 설계사가 고객의 정보를 계약서 등을 통해 회사에 제공하면 회사 전체로 고객의 정보가 공유되어 악의적인 동료설계사에게 고객을 빼앗기는 현상까지 발생했다. 이 또한 고객에게 보험회사가 불신을 받는 한 원인이 되었다. 또한 회사 차원에서 보면 고객의 정보를 입수하여 정보를 보호하고 직접 차원 높은 서비스를 제공하려는 노력을 기울이지 않았다.

다섯째, 생명보험회사간의 과도한 경쟁으로 각사가 자사의 우수성을 입증하기 위하여 상호간 비방전을 전개하였다. 서로 상대회사의 잘못된 점을 지적하다 보니 고객의 입장에서는 생명보험회사 전체에 대한 의구심을 갖게 되고 결과적으로 고객이 외면하는 결과를 낳았다.

여섯째, 보험가입 인구의 증가로 추가가입 여력이 적어짐으로써 시장이 포화상태가 되었다. 그런 상황에서 고객의 니즈가 변하고, 시장 상황이 변하고 있는 것을 미처 읽지 못하고 업적에만 치중한 방만한 경영을 펼친 것이다. 각사가 고객을 위하는 협력관계를 유지하는 것보다 상호비방과 기본적인 정보공유가 불가능한 경쟁관계를 구축한 것도 한 원인으로 지목된다.

3 고객과의 경쟁에서 승리하라

생명보험이 고객으로부터 사랑과 감사를 받기 위해서는 생명보험업에 종사하는 전원의 뼈를 깎는 노력이 있어야 한다. 각자의 역량을 키우기 위하여 노력해야 할 것이고, 정보를 공유하여 고객을 향한 전선을 새로이 정비해야 한다. 또한 대(對)정부관계에서도 일방적으로 받는 관계가 아니라 적극적으로 대처하여, 보험이 차지하고 있는 사회적 역할에 걸맞은 대접을 받을 수 있도록 해야 한다.

생명보험의 위상을 회복하자

경쟁의 개념정립

점차 가속화되는 경쟁에서 보험인이 살아남기 위해서는 경쟁자의 개념을 명확히 해야 한다. 마케팅에서 경쟁은 근본적으로 고객과의 경쟁이다. 즉 고객에게 차별화된 서비스를 제공하여 선택받는 회사는 살아남는 것이고 고객의 선택을 받지 못하면 경쟁에서 도태될 수밖에 없는 것이다. 또 하나의 유력한 경쟁자는 외부금융권이다. 농협이나 우체국 등은 여러가지 형태로 보험상품을 판매하면서 이 부문의 영역을 넓히고 있다.

또한 은행들도 '방카슈랑스'의 개방에 대비하여 기존의 은행상품보다 사업비를 많이 쓸 수 있는 보험상품 판매를 위하여 전력을 재정비하고 있는 실정이다. 실제 일부 은행에서는 전은행원에게 보험설계사 자격증을 획득하도록 종용하기도 하고, 체계적으로 준비를 하고 있다. 방카슈랑스가 본격적으로 도입되면 기존 보험회사에서 판매되고 있는 저렴한 보험료로 고액보장을 받을 수 있는 상해보험이나 건강보험 등은 상당부문 잠식당할 것으로 예상된다.

따라서 보험회사들은 고객과의 경쟁과 타금융권과의 경쟁을 위하여 전선을 재정비하지 않으면 안 된다. 보험회사들을 상대로 좁게 형성되어 있는 전선을 고객과 타금융권을 향하여 확대하고, 동업사 간에는 긴밀한 협력체계를 갖추어야 한다.

생명보험회사들이 주변환경에 대하여 신경을 쓰지 않고 내부에서 싸우는 사이에 유사보험들이 30%를 잠식하여 이제 생명보험회사들은 70%의 시장을 놓고 옹색하게 싸우는 모양새가 되고 말았다. 은행권의 방카슈랑스가 도입되고 나면 생보사들은 생명보험 전체시장의 70~80%를 타영역에 넘겨주고 20~30% 시장에서 각축전을 벌이는 날이 올지도 모른다. 그러므로 보험사 간에는 경쟁이 아니라 협력관계를 구축하여야 한다.

적극적 정책

생명보험 가입자에 대한 부가적인 혜택은 어느 사회에서나 필수적이다. 이는 국가가 국민의 생명과 재산을 보호해야 하는 기본 책무의 일정부분을 보험회사들이 대신해 주기 때문이다. 즉 국가는 국민의 생명과 재산을 보호하기 위하여 외부의 적으로부터 보호하기 위하여 군대를 양성하고, 내부의 적으로부터 보호하기 위하여 경찰을 양성하고 있다. 그러나 갑작스러운 사고로 인하여 입은 가족의 사망이나 재산의 손실에 대하여는 국민 스스로 알아서 대비하는 수밖에 없다. 그것을 체계적으로 대비하기 위하여 민간보험회사를 인가해주고 가입자에 대하여 일정부분 혜택을 주고 있는 것이다.

그러나 생명보험 가입자에게 주고 있는 세제혜택은 그 한도가 너무 미미하다. 예를 들어 보장성보험료에 대한 소득공제 한도는 70만 원인데 그것도 손해보험과 생명보험을 합친 금액이다. 그에 비하면 카드사용료에 대한 공제한도가 500만 원까지 가능한 것을 감안하면 생보업계가 정부의 정책에 얼마나 소극적으로 대응한 것인지를 알 수 있다.

또한 보험차익비과세기간이 3년에서 5년, 7년으로 늘어난 것에 대하여 적극적으로 대응하지 못한 것이라든지, 기타 생명보험 영업환경에 타금융권의 지배나 침투가 활발한 반면, 반대로 생명보험이 타금융권으로 업무영역을 확대한 경우는 없다. 따라서 각 생명보험회사는 내부경쟁을 지양하고 정책적 연대를 구축하여 생명보험의 위상을 회복하기 위한 노력을 적극적으로 기울여야 한다.

생명보험협회의 역할

생명보험협회는 생명보험회사를 회원으로 하여 회원의 공동이익증진과 상호간의 업무협조유지, 생명보험문화 확산 등 생명보험사업의 건전한 발전에 기여하기 위해 1950년 창립된 비영리사단법인으로 국내에서 생명보험사업을 영위하고 있는 22개 생명보험회사와 대한재보험회사가 회원사로 되어 있다.

회원사들의 회비로 운영되는 이 협회는 그동안 회원사들의 권익을 위하여 나름대로 정책을 개발하고 지원을 하기는 했으나, 은행연합회 등 타금융권협회가 한 일에 비교해 보면 상대적으로 힘이 실리지 못했다. 따라서 향후 협회는 정부의 방침을 전달해주는 상의하달식 운영이 아니라, 생보사들의 어려운 입장을 대외적(대정부·대국회·대국민)으로 대변하고 관철하는 역할을 수행해야 한다.

존경받는 영업이 되기 위한 우리의 노력

생명보험업의 윤리준수

생명보험에 종사하는 사람들은 스스로 사회의 구성원으로서 법과 질서를 지켜 주변사람의 존경을 받을 수 있도록 해야 한다. 또한 법 이전에 보험인으로서 예절과 윤리를 지킴으로써 고객으로부터 존경받을 수 있도록 언행을 조심해야 한다. 이는 경영층에서부터 솔선수범하여 영업사원에까지 전파될 수 있도록 해야 할 것이다. 회사간의 영업인력에 대한 자체 교육에 투자하지 않고, 타사에서 양성한 인력을 스카우트한다든지 하는 부도덕한 짓은 삼가야 한다. 또한 고객을 유치하기 위하여 상호비방이나 흑색선전보다는 상대의 장점을 인정해 주는 아름다운 모습을 고객에게 보일 필요가 있다. 이러한 것이 선행되었을 때 보험업계는 진정 새로운 모습으로 거듭날 수 있을 것이다.

생명보험사 간의 협력체계 구축, 정보공유

생명보험회사들은 상호간 소모적인 경쟁을 지양하고 서로 협력하여 비용을 줄이고 정보를 공유하여 우량고객에게 선진화된 서비스를 제공할 수 있어야 한다.

예를 들어 언더라이팅 차원에서 고객을 심사하는 기능과, 보험금 지급사유 발생시 현행 시스템으로는 각사가 개별적인 비용을 지출하고 있다. 이러한 정보를 공유한다면 상당부문 비용을 절약할 수 있을 것이고, 이러한 업무를 분류하여 M&A와 분사 또는 업무제휴를 한다면 결과적으로 골고루 모두에게 이익이 돌아갈 수 있다.

현재의 생명보험회사들은 생명보험 산업이 안고 있는 큰 문제를 해결하기에는 너무 작은 단위이고, 영업사원들이 고객을 만나서 해결해야 하는 수많은 문제를 해결하기에는 또 너무 거대하다. 따라서 생명보험을 이끌고 있는 리더들은 대승적 차원에서 단결하여 큰일을 해결해야 하고, 내부적으로는 영업사원들이 안고 있는 비정형화된 서비스를 정형화하고, 정형화된 업무를 디지털화하여 비용을 줄이면서 고객의 만족도를 높이는 고도의 경쟁력을 발휘하지 않으면 안 된다.

4 고객 선호도 1위 기업이 되기 위해서는…

리더들이 해야 할 일

핵심역량의 첨단화

보험회사의 리더들은 보험회사의 핵심역량을 최고의 상태로 유지하기 위하여 항상 최선을 다해야 한다. 마케팅분야에서 고객으로부터 "보험은 당연히 ○○회사"라고 머리속에 각인될 정도의 브랜드 선호도 1위 기업이 되어야 한다. 또 모든 경영기법을 총동원하여 전사적으로 정보와 지식이 인체의 피와 같이 원활하게 도는 기업상태를 유지해야 한다. 고객 선호도 1위 기업이 되기 위해서는 단순히 우수한 몇 명의 영업사원을 확보하고 있다고 가능한 일이 아니며, 지원부서와 자산운용부서에 이르기까지 회사의 전부서가 긴장상태를 유지할 수 있도록 해야 한다.

시장위주의 현장경영

21세기 모든 기업은 시장에서 승부를 보게 되어 있다. 아무리 훌륭한 아이디어도 고객으로부터 선택받지 못하면 휴지조각에 불과하며 고객의 선택을 받는 상품과 회사만이 생존할 수 있다. 따라서 앞으로 보험회사 리더들의 경영능력은 철저하게 시장에서 평가받아야 한다. 사장으로 취임하여 고객들로부터 선택을 많이 받아 보유계약을 늘리면 우수한 리더이고, 보유계약을 감소시키면 무능한 리더이다. 회사 안에서 관리능력만으로는 생존을 보장받을 수 없다. 영업소장이나 지점장들도 1차고객인 영업사원들과 2차고객인 계약자와 회사가 만나는 접점에서 경쟁력이 있을 경우에만 생존을 보장받고 고객의 존경을 받을 수 있다.

서비스체계 재구축

그동안 보험회사는 고객에 대한 서비스업무의 대부분을 설계사 개인에게 의존해 왔다. 그러나 앞으로는 영업사원에 의한 개별적인 서비스를 회사 차원의 차원 높은 서비스로 전환시켜야 한다. 또한 보험회사별로 개별적으로 제공하고 있는 서비스의 기본적이고 공통적인 부분은 각사가 공유하여 서비스를 제공할 필요가 있다. 여기에서 고객이 받는 서비스는 단순히 보험료를 납부하고 보험금을 지급받는 일에 관한 것뿐만 아니라, 생명보험업의 본질이라 할 수 있는 인간의 '생로병사(生老病死)'에 접근할 수 있어야 한다.

영업사원들이 해야 할 일

평생직업의식

보험영업을 하는 사람들은 늘 고객의 새로운 요구사항을 해결해 주어야 한다. 영업초기에는 계약자가 100명만 되어도 좋겠다고 생각을 하지만 계약자 수가 늘어나면 늘어날수록 고객에게 제공해야 할 서비스는 많아진다. 그런 와중에서도 신규고객을 확보해야 하고, 신계약을 그달 그달 획득해야 한다. 그러다보니 경우에 따라서는 빨리 돈을 벌어서 그만두어야겠다는 생각을 가질 수도 있다. 영업사원이 회사를 그만두면 그를 믿고 보험에 가입한 고객은 놀이공원에 갔다가 엄마를 잃어버린 아이의 신세가 된다. 따라서 한번 보험인의 길을 선택한 사람은 본인을 믿고 보험을 가입한 모든 계약이 만기될 때까지 계약자에게 서비스를 제공하겠다는 평생직업의식을 가져야 한다.

고객에 대한 절대적 책임감

모든 인간관계는 상대적이다. 즉 상대방이 잘해주면 나도 잘해주게 되고, 상대방이 잘 못하면 나도 잘 못해주게 된다. 그러나 고객과 영업사원과의 관계는 일정부분에 있어서 이러한 논리가 적용되지 않는다. 고객은 보험에 관하여 무식할 수도 있고, 약관의 내용을 모르고 엉뚱한 요구를 할 수도 있으며, 추가로 보험에 가입할 수도 있고, 또 기분에 따라서 모든 거래를 다른 곳으로 옮겨버릴 수도 있다. 영업사원은 가입한 고객이 어떠한 요구를 하더라도 친절하게 고객의 눈높이에서 고객이 이해할 때까지 책임있는 자세로 일을 해야 하고, 고객의 이익을 보호하기 위하여 절대적 책임을 다해야 한다.

정보와 지식의 정예화

보험영업사원으로 성공하기 위해서는 지속적으로 자신의 정보와 지식을 정예화해야 한다. 여기에서 정보와 지식의 정예화 척도는 고객보다 한 걸음 앞선 수준을 말하며, 금융에 관하여 고객이 알고 싶어하는 모든 정보와 지식으로 지식의 폭을 확대해야 한다. 이러한 부분은 인터넷을 적절히 활용하면 어느 정도 가능하다. 또한 이러한 부분은 보험회사에서 영업사원의 역량에만 책임을 전가하지 말고 금융권에 대한 정보를 지속적으로 제공해 줄 수 있는 디지털 채널을 구축한다면 의외로 쉽게 해결할 수 있다.

고소득층의 까다로운 요구를 충족시킬 수 있는 역량개발

앞으로 저렴한 보험료로 고액보장을 받고 싶어하는 저소득층이나 청년층은 인터넷이나 방카슈랑스 등 상대적으로 보험료가 싼 곳으로 이동할 것이다. 따라서 보험영업사원들은 "초일류는 비용을 묻지 않는다"는 말로 대변될 수 있는 고소득층에 접근하여 최고의 서비스를 제공할 수 없다면 생존을 보장받기 어려운 시대가 올 것이다. 따라서 영업사원들은 가입자에게 차별화되고 종합적인 금융서비스를 제공해 줄 수 있는 역량을 지속적으로 개발해야 한다. 영업사원의 역량개발은 해당분야의 전문서적을 통한 독서와, 인터넷, 세미나, 강연회, 사내외 교육과 해외 연수 등을 통하여 기회 있을 때마다 놓치지 말고 스폰지가 물을 흡수하듯 지식을 흡수해야 하는 것이다.

후생복지시장에서 생존할 수 있는 역량개발

향후 경기가 좋아지면 종업원의 후생복지형 상품이 호황을 이루게 될 것이고, 경기가 나빠지더라도 종업원의 임금인상 욕구를 충족시키기 위하여 후생복지형 상품이 필요한 시기가 도래할 수밖에 없다. 따라서 영업사원들은 기업의 재무구조 개선과 복리후생에 관한 관련법령뿐만 아니라 노조와 기업의 입장을 잘 이해하고 조정자의 역할을 수행하여 기업과 종업원이 서로 윈윈할 수 있는 대안을 제시할 수 있는 능력을 키워야 한다. 이러한 능력을 갖추기 위하여 노동조합의 업무 흐름을 알고, 임금관련 세법이나 근로기준법, 사내복지기금, 퇴직금제도, 경영에 대한 일반이론을 꾸준히 학습해야 한다.

5 보험을 금융의 중심으로 만들자

    생명보험은 국민의 생명과 재산을 보호해야 하는 국가의 기본임무를 대신하는 역할을 하고 있다. 만약 국가가 질병에 걸린 사람을 완벽하게 치료해 주고, 사고를 당한 유가족의 생활을 보호해주고, 늙으면 완벽한 시설에서 행복한 노후를 즐길 수 있도록 해준다면 생명보험이 필요 없는 세상이 된다. 그러나 그러한 완벽한 국가는 이 세상에 존재하지 않기 때문에 생명보험이 필요한 것이다.

    생명보험이야말로 가족을 지켜주는 아름다운 것이고, 자신을 지켜주는 든든한 것이며, 종업원과 회사와의 관계에서 해결하지 못하는 많은 문제를 해결해 줄 수 있는 멋진 사업이다. 현실의 문제를 슬기롭게 극복한다면 향후 생명보험은 국민의 사랑을 독차지하는 금융산업으로 발전할 것이다.

상품

현재 생명보험회사별로 주력상품을 정하여 판매하고 있는데 일부 생보사는 고객의 사망에 대한 보장에 주력하는 종신보험만을 판매한다든지, 고객의 입장을 고려하지 않고 보험사의 입장에 고객이 따라오기를 바라는 상품정책을 펼치고 있다. 이는 결코 오래 지속될 수 없는 상품정책이다. 따라서 생명보험 본연의 업의 본질을 수행할 수 있는 생로병사에 관한 고객의 모든 니즈를 수용할 수 있는 상품정책으로 전환해야 한다. 즉 보험회사에 이익이 되는 상품 위주에서 고객이 보장받고 싶어하는 모든 분야의 보장을 받을 수 있도록 상품정책을 변화시켜야 한다. 단순히 얼마의 보험료를 내고 얼마의 보장을 받는 상품을 판매하는 것이 아니라, 납부한 보험료를 통하여 재테크 · 위험보장 · 노후준비 · 가족사랑 등 모든 것이 해결되는 시대가 곧 도래할지도 모른다.

인력

생명보험회사의 규모를 내근사원이나 설계사의 숫자로 파악하던 시대는 이미 지나갔다. 앞으로는 얼마나 많은 인력을 보유한 회사나 지점이냐가 중요한 것이 아니고 얼마나 우수한 인력을 보유한 회사인가에 따라서 회사의 경쟁력을 측정할 수 있을 것이다. 여기에서 우수인력의 기준은 학력이나 다른 기준이 될 수 없고, 시장에서의 경쟁력으로 판단해야 한다. 마케팅분야에 근무하는 사람은 얼마나 고객을 유치할 수 있느냐와 고객의 존경을 받아 회사의 선호도를 높일 수 있느냐에 따라 능력을 판단해야 하고, 자산운용 분야에 근무하는 사람은 얼마나 자산 이회전 수익률을 낼 수 있느냐에 따라 인력의 우수성을 평가해야 한다. 따라서 우수자가 많이 생산해서 그렇지 못한 동료들을 먹여살리는 구조를 조정하여, 우수자가 엄청난 대우를 받는 여건이 형성되어 고능력 우수자가 과감하게 보험업계에 도전할 수 있는 길을 열어야 한다. 앞으로는 본인의 능력을 자신하는 젊은이들이 도전하여 능력에 상응하는 보수와 대우를 받는 멋진 직업이 보험이 아닐까!

서비스

생명보험회사에서 설계사를 통해 고객에게 제공되는 각종 형태의 서비스는 정형화하여 회사에서 제공하는 시스템으로 가야 한다. 즉 영업사원에게만 의존하는 서비스를 지원부서로 이전하여 고객은 영업사원과 상관없이 회사가 제공하는 고차원적인 서비스를 제공받을 수 있어야 한다. 서비스 분야도 보험상품과 관련된 부분만이 아니라 인간의 생로병사에 관한 모든 서비스를 제공할 수 있어야 한다. 그러기 위해서는 생명보험회사의 자산운용의 근본적인 흐름을 바꾸어야 한다.

예를 들어 연금보험을 가입하여 연금을 수령하는 시스템으로 상품을 판매할 것이 아니라, 양로원을 운영하면서 행복한 노후를 즐길 수 있도록 하는 상품을 판매한다면 고객은 보이지 않는 연금보험 상품을 가입하는 것이 아니라 보고 듣고 느낄 수 있는 서비스를 구입하는 것이 된다. 앞으로 생명보험회사의 경쟁력은 서비스에서 고객의 선택으로 판가름날 것이다.

이러한 분야도 핵심적인 사항을 제외하고는 각 생보사가 업무제휴를 해야 한다. 예를 들어 국민은행에서 중소기업은행으로 송금이 가능한 것과 같이, 교보생명에 가입한 보험을 삼성생명을 통하여 약관대출받을 수 있고, 기초적인 사항에 관한 서비스를 받을 수 있다면 멀리 떠났던 고객을 다시 생명보험계로 돌아오게 할 수 있을 것이다.

자산운용

보험회사에서 은행 자회사를 설립한다든지 증권사나 투신사를 설립하여 종합금융그룹으로 가는 비전을 각사가 제시하고 있다. 그러나 가장 바람직한 자산운용 시스템은 고객이 납부한 보험료를 운용하는 방법에서 보험회사가 증권사를 활용한 주식투자를 할 것이 아니라, 직접 증권거래소에서 주식을 운용하는 것이 거래비용을 줄일 수 있어서 더 유리하다.

고객이 보험료를 납입하고 찾는 시스템은 은행식으로 운용하고 기타 투신사의 상품도 직접 취급할 수 있어야 한다. 자체 카드사업부에서 신용카드 업무를 취급하여 카드사용 수수료를 타금융권에 넘겨주지 말고 자사의 수익으로 한다면 비차익에 큰 이익이 될 것이다. 자산운용을 기존의 틀에서 하려고 하지 말고 타금융권의 영역으로 적극적으로 진출하여 운용한다면 보험회사나 고객 모두에게 유리할 것이다. 은행이나 우체국, 농협 등이 보험업무에 진출하듯이 보험도 타금융권의 장점, 즉 돈이 되는 사업에 적극적으로 진출해야 한다.

결론적으로 말하면 향후 보험은 종합금융그룹으로 갈 것이 아니라 고객이 보험회사에서 금융권의 모든 서비스를 만끽할 수 있도록 되어야 한다. 이러한 날이 빨리 오기 위해서는 보험인이 얼마나 거시적인 안목을 갖고 상호 단결하여 전선을 재정비하느냐에 따라서 달라질 것이다.

보험사의 경영자들은 생명보험 영역 내에서 작은 싸움을 하지 말고 큰 영역으로 진출하기 위해 단결해야 하며, 영업사원들도 고객이 보험을 버리면 앞으로 보험영업을 할 수 없다는 사실을 명심하고 동료간에 상호비방을 하지 말고 협력체계를 이루어야 한다. 그리하여 국민들이 생명보험을 사랑하게 될 때 모든 보험인이, 모두 잘사는 날이 올 것이다.

유럽의 여러 국가들은 자국의 이익을 위하여 전쟁을 벌이다가 정치·경제 등 여러 부분에서 미국에게 현격히 뒤떨어진 것을 자각하고, 유럽국가연합을 만들어서 정치·경제·문화 등 여러 부문의 협력체계를 통하여 미국이나 아시아의 성장에 대응하고 있다. 영국인은 영국인임과 동시에 유럽인이며 세계인이다. 이처럼 보험업에 종사하는 사람들도 거시적 안목을 갖고 고객을 상대해야 한다.

영업사원은 지점 소속임과 동시에 회사의 사원이며, 보험인이고, 금융인이라는 틀 속에서 살아가고 있다는 사실을 깨닫지 않으면 안 된다. 보험인은 고객을 위하여 상호 협력하고 정보를 공유하면서 함께 잘살 수 있는 길을 모색해야 할 것이다. 언젠가 보험이 은행을 제치고 금융의 중심에 서게 될 것이고 보험업에 종사하는 것이 모든 사람의 선망의 대상이 되는 날이 반드시 올 것이다.

예절이 경쟁력이다

I

1 표정

우리는 누구나 처음 보는 사람의 인상을 보고 그 사람의 됨됨이를 짐작한다. 관상이란 인간의 오랜 경험과 직관에 의한 것으로 학문적으로는 통계학의 영역에 속한다.

영업사원은 매일 최소한 세 번 이상 거울을 보면서 표정을 관리해야 한다. 아남그룹의 창업자인 김향수 회장은 "매일아침 거울을 들여다보라. 고객이 호감을 가질 수 있는 얼굴이 되도록 연습하라"고 했다. 3분 이상 자신의 얼굴을 세밀하게 관찰하여 가장 멋있고 신뢰할 수 있는 표정을 찾아야 한다.

2 외모

어떤 사람이 하얀 와이셔츠에 넥타이를 매고, 머리에 무스를 발라 드라이를 하고, 양복을 입고, 구두를 잘 닦고, 깨끗하게 세차한 차를 타고 출근을 한다. 그런데 출근 장소가 밭이고 이 사람은 차에서 내려 삽을 들고 열심히 일한다. 사람들은 이 사람을 보고 뭐라고 할까?

때와 장소와 일에 알맞은 옷차림이 있다. 밭일을 할 때는 작업복이 제격인 것처럼 비즈니스맨에게는 그다운 복장이 있다. 보험 영업사원은 당연히 정장을 해야 한다. 고객을 만나거나 아는 사람을 만나더라도 정장을 하지 않으면 고객은 여러분이 회사를 그만두었거나 곧 그만둘 것이라고 의심할 것이다.

와이셔츠는 항상 깨끗하게 다림질하여 입어야 한다. 회사 배지는 항상 착용하여야 한다. 양복 상의 포켓이나 와이셔츠 상의 포켓에 볼펜이나 만년필을 꽂은 채 다니는 것은 비즈니스 예절에 맞지 않다.

• 머리는 늘 단정해야 한다.
   남자들은 귀가 확실히 드러나도록 깎고, 머리가 뻗치면 무스를 발라 보기좋게 손질을 하는 것이 고객에 대한 기본예절이다.
   여성들은 너무 진한 컬러의 염색은 삼가는 것이 좋다. 자신에게 맞는 헤어 스타일을 찾아내는 것이 중요하다.

• 남자들은 매일 면도를 해야 한다. 까칠까칠하게 자란 수염은 당신을 게으르고 꼼꼼하지 못한 사람이라고 느끼게 한다.
   여성은 너무 지나친 화장은 삼가야 한다. 안경은 유행을 따르는 패션보다는 점잖고 자신의 얼굴에 맞는 안경테를 선택하는 것이 좋다.

• 신발은 옷의 색깔보다 진한 색깔을 신는 것이 좋다.

옷보다 밝은 색깔의 구두는 고객의 시선을 밑으로 향하게 하여 대화를 집중시킬 수 없게 한다.

• 액세서리

넥타이는 신중하게 선택해야 한다.

여성의 경우 옷에 어울리는 액세서리를 착용하는 것도 좋다. 그러나 너무 진한 원색의 머리핀 등 화려한 액세서리 착용은 삼가는 것이 좋다.

• TV를 본다든지 강연회 등에서 리더나, 지도자의 체형이 여러분과 비슷할 경우 그 사람의 복장과 헤어스타일을 흉내내어 보는 것도 좋은 방법이다.

이제 남자들도 다른 사람의 양복과 넥타이, 헤어스타일을 유심히 관찰할 필요가 있다.

3 인사

여러분은 회사를 대표해서 고객을 만나는 것이기 때문에 나이를 따지지 말고 인사하자. 특히 나이가 어린 고객에게 먼저 인사하면 고객은 여러분을 겸손한 사람으로 보고 다음부터는 먼저 인사할 것이다. 바야흐로 계약을 위한 첫걸음이 시작되는 것이다. 고객이 사무를 보거나 다른 곳에 집중하고 있을 때는 먼저 인사를 하고 허리를 숙이는 것이 좋다.

- 인사는 모자란 것보다 지나친 것이 좋다. 정성을 다해서 당당한 목소리로 인사하자. 걸어가면서 인사하지 말고 멈춰서서 하자. 고객을 보는 즉시 하자.

4 명함

명함은 그 사람의 얼굴이다. 여러분이 고객에게 명함을 주고 오면 고객은 여러분에게 전화를 할 때마다 여러분의 명함을 보면서 전화를 하게 된다.

명함에 자택 전화번호를 넣는 것은 명함의 격을 낮추는 것이므로 금물이다. 명함종이의 질, 글자체, 내용에서의 특색을 살리는 것이 좋다. 영업사원의 명함은 한글을 사용해야 한다. 상대방의 명함을 받았을 때 혹시 모르는 한자가 있으면 즉시 물어본다.

- 명함지갑을 꼭 휴대하고 30장 이상의 명함을 준비해야 한다. 돈을 넣는 지갑에 넣고 다니면서 구겨진 명함을 사용하면 안 된다.
- 명함은 반드시 오른손으로 주고 왼손으로 상대의 명함을 받는다. 무슨 물건이든 왼손으로 주는 것은 예의에 어긋난 것이다.
- 명함은 반드시 서서 준다. 책상에 앉아서 명함을 주는 것은 상대방을 낮추어 보는 예의에 어긋난 행동이다.
- 명함을 줄 때에는 예를 들어 "교보생명 홍길동입니다"라고 본인

을 밝히면서 준다.

- 명함은 고객이 바로 읽어볼 수 있도록 명함의 상단을 잡고 준다.
- 고객의 사무실에 들어가기 전에 명함의 위치를 확인하고 들어가야 하며 고객 앞에서 명함을 찾기 위해 허둥대지 말아야 한다.
- 고객의 명함은 소중히 받아서 뒷주머니에 넣지 말고 와이셔츠 상의 윗주머니에 넣든지 명함지갑에 넣는다.
- 고객의 명함을 구긴다든지 가지고 손장난을 쳐서는 안 된다. 고객의 얼굴을 갖고 장난치는 것과 같다. 실제로 내가 건넨 명함을 상대방이 오른손에 잡고 왼쪽손의 손톱에 기타를 치듯 장난을 치는 것을 보고 명함을 돌려달라고 말한 적이 있다.
- 고객의 명함에 면전에서 메모(낙서)를 해서도 안 된다.
- 한꺼번에 여러 명의 명함을 받았을 경우에는 탁자 위에 순서대로 올려놓고 이름과 얼굴을 익히면서 대화하는 것이 좋다. 이런 경우 일어설 때 필히 명함을 소중히 챙겨 와야 한다.
- 두 명 이상이 한꺼번에 고객을 방문했을 경우에는 대표자만 명함을 준다. 보조적으로 따라간 사람은 명함을 줄 필요가 없다.
- 이야기 도중 이름을 잊어버려서 포켓에 넣어둔 명함을 꺼내 보는 것은 실례이다. 받은 명함은 아무렇게나 급히 넣지 말고 회사명, 이름 등을 잘 확인한 후에 넣는다.

5 악수

- 악수는 서구의 인사로서 우리 나라에서도 이미 생활화되어 있다.

- 악수를 할 때에는 사람과 사람이 손을 마주잡고 정을 느낄 수 있게 해야 한다.
- 반드시 선 자세로 오른손을 내밀어 자연스럽게 해야 하며 허리를 숙이면 안 된다. 가벼운 목례 이상은 오히려 결례이다.
- 손은 적당히 강하게 깊이 잡고, 가볍게 한번 흔들어준다. 너무 느슨하게 잡으면 상대를 무시하는 느낌을 줄 수 있고, 손끝만 가볍게 잡으면 상대를 낮춰 보는 듯해 모욕감을 줄 수 있다.
- 시선은 상대의 눈이나 얼굴을 보면서 정다운 표정을 지어야 한다.
- 악수는 사회적 신분이 높은 사람이나 연장자, 또는 여성이 먼저 청해야 한다.
- 신분이 높은 사람이 연소자일 경우에는 연장자라도 먼저 손을 내밀어서는 실례가 된다.
- 남성인 경우 여성에게 먼저 악수를 청하지 않도록 한다.
- 여성의 경우 남자고객이 악수를 청할 경우 과감하게 악수한다. 왜냐하면 여성으로서 남자를 만난 것이 아니라 회사를 대표하여 고객을 만난 것이기 때문이다.
- 악수를 하면서 손가락으로 상대의 손바닥을 간지럽히면 절대로 안 된다. 서양에서 이것은 오늘밤에 만나자는 연인들의 비밀스러운 약속 사인에서 유래된 것이다. 그리고 왼손으로 상대방의 어깨를 친다든지 불필요한 터치를 하지 않는다.

6 응접실

응접실에서 주인이 앉아야 할 자리와 손님이 앉아야 할 자리를 구분해야 한다.

의자에 앉아서 사무실 전체를 바라볼 수 있는 자리는 주인 자리이므로 손님은 그 반대편에 앉아야 한다. 주인은 대화 도중에도 사무실에서 일어나는 일에 관심을 기울여야 하기 때문이다. 팔걸이가 있는 소파와 없는 소파가 있을 때는 팔걸이가 있는 것이 상석이다. 책상에서 가까운 쪽, 입구에서 먼 쪽이 상석이다.

- 기다리는 경우 신문이나 잡지를 보아서는 안 된다. 한가한 사람으로 비쳐질 수 있다.
- 사무실 환경을 미리 파악한다든지 대화의 순서(첫 화두, 본론 진행, 마무리 말)를 미리 점검하는 것이 옳다.

7 대화시 유의사항

- 자세를 항상 바르게 유지해야 한다. 다리를 꼰다거나 옆으로 기댄다거나 팔짱을 낀다거나 상체를 뒤로 제낀다거나 다리를 떨면서 말한다면 상담을 실패로 몰고가는 지름길이다.
- 호칭은 존칭어를 사용해야 한다.
- 은어나 속어는 사용하지 않도록 한다.
- 전문용어를 사용하지 말고 고객이 알아듣기 쉬운 용어를 사용

한다.

- 낮은 목소리로 또박또박 말한다. 목소리를 너무 크게 하면 신뢰감이 떨어진다.

- 확신용어를 사용한다('~인 것 같아요' '~일걸요'라는 표현은 사용하지 않는다).

- 다른 사람을 험담하지 않도록 한다. 험담을 해야 할 정도로 나쁜 사람에 대한 평가를 의뢰받으면 이렇게 답하라.
"그 분에 대해서는 잘 모릅니다."

- 잘 모르는 것은 모른다고 솔직하게 답하라.
모르는 것을 아는 척하는 것은 당신을 믿지 못할 사람으로 만드는 지름길이다.

- 질문화법을 많이 사용하도록 하자.
질문 후 고객의 의견을 충분히 듣도록 하자. 질문은 해놓고 정작 상대방의 답변에 관심을 기울이지 않는다면 자신이 진실되지 못하고 끈기없고 무책임한 사람이라는 것을 알리는 행위이다. 국회에서도 대정부질문을 열심히 해놓고 막상 해당 장관이 답변을 할 때는 자리를 비우는 국회의원이 있는데 이런 사람은 다시는 찍어서는 안 된다.

- 고객의 잘못을 시정하려고 하지 마라.
당신이 시정해 주지 않아도 시간이 지나면 고객이 알아서 고친다. 고객은 태어나면서부터 부모님으로부터 예의범절에 관한 교육을 받았고, 최소한 12년 이상의 학교교육을 통해 선생님으로부터 가르침을 받았다. 부모님과 선생님이 못 고친 것을 당신이 고치려고 든다면 거리만 멀어질 뿐이다. 예를 들어 오전에 만나서 인사를 했는데 오후에 "오랜만입니다"라고 인사하면 그냥 넘어가는 것이 좋다. 거기에서 "오랜만은요. 오늘 오전에 만났잖아요?"라고 지적한다면 고객은 당신의 지적을 조금도 고마워하지 않을 것이다.

• 준비된 말이 성공을 보장한다.
고객을 만나기 전에 대화의 시나리오를 만드는 것을 생활화하자.

8 약속

• 약속을 쉽게 하지 마라. 약속을 하지 않아서 깨지는 인간관계는 없다. 그러나 약속을 하고 지키지 않아서 깨지는 인간관계는 많다. 신중하게 약속하고 한 번 한 약속은 꼭 지켜야 한다. 약속을 잘 지키면 당신은 인생에서 절반은 성공한 것이다.
• 고객을 방문할 때에는 전화로 필히 약속을 하고 방문해야 한다. 예고 없이 불쑥 찾아가면 고객은 당황하게 되고 당황하면 상대가 귀찮아진다.
• 고객의 사무실로 찾아가는 약속은 시간 간격을 두는 것이 좋다. 예를 들면 "3시에서 3시 30분 사이에 찾아뵙겠습니다" 하면 30분의 여유를 갖게 된다.

9 전화

단정한 자세로 또 표준화법으로 전화를 받아야 한다. 보이지 않는다고 담배를 피우면서 전화한다든지, 차를 마시면서 전화한다든지, 수화기를 목에 걸고 전화한다든지, 다른 일을 하면서 전화를 한다면 일의 성공확률이 절반으로 줄어든다.

- 다른 영업사원을 찾는 전화를 받은 경우에도 친절하게 끝까지 책임 있게 받아야 한다. 설령 후배나 나이 어린 설계사를 찾는 전화를 받더라도 존칭을 사용해야 한다. 예를 들어 나보다 어린 사원을 고객이 찾을 경우에도 고객은 당신의 나이를 모르므로 존칭어를 사용해야 한다.
- 전화를 연결시키는 도중에 끊어지는 일이 없도록 신입사원들은 미리 연습해둘 필요가 있다.
- 전화를 끊을 때는 고객의 수화기 내려놓는 소리를 듣고 끊는 것을 생활화하자.

10 이동전화

- 세상에서 가장 중요한 때는 '지금'이고,
  세상에서 가장 중요한 사람은 '지금 당신 앞에 있는 사람'이고,
  세상에서 가장 중요한 일은 '지금 당신이 하는 일'이다.

고객과 미팅을 할 때에는 다른 잡음이 개입하지 않도록 해야 한다. 고객을 만날 때는 반드시 이동전화를 꺼야 한다. 고객의 사무실에서 이동전화를 받는 것은 몰상식한 사람으로 보이는 지름길이다.

서울대학병원 영안실에서 실제로 있었던 일이다. 마침 같은 시간에 도착한 임원과 문상을 함께했다. 고인의 영전에 절을 하던 중에 핸드폰이 울렸다. 임원은 당황해서 주머니에 손을 넣어 핸드폰 폴더를 열었다 닫는 것으로 벨소리를 멈추게 했다. 상주를 향하여 절을 하는 중에 또다시 핸드폰이 "삐리리삐리리" 울리자 그 임원은 다시 주머니에 손을 넣고 핸드폰 소리를 껐다. 문상을 끝내고 나와서 방명록에 서명을 하는 중에 또다시 핸드폰이 울렸고 임원은 화를 내며 전화를 받았다.

"당신 말이야! 사람을 이렇게 망신시킬 수 있소?"

누가 누구를 망신시킨 것일까? 그 사람이 자신의 회사를 망신시킨 것이다.

11 차량예절

• 본인이 직접 운전을 하는 경우 안전운전, 양보운전으로 보험인의 품위를 유지해야 한다. 옆차의 운전자가 난폭운전을 한다고 욕을

- 오너드라이버인 경우

운전석		1
3	4	2

- 기사가 운전하는 차량

기사		3
2	4	1

하면 동승자는 불안해하므로 바쁜 일이 있는 사람이겠지 이해하고 넘어가는 것이 좋다.

- 고객과 함께 차량 탑승시 승차 예절에도 유념해야 한다. 뒷자리에 "먼저 타십시오" 하는 것은 맞지 않다. 탑승 우선순위를 미리 생각했다가 순서에 맞추어 타야 한다.

12 엘리베이터

- 안내원이 있는 엘리베이터는 안내원의 지시를 따르면 된다.
안내원이 없는 엘리베이터를 고객과 함께 탈 경우에는 먼저 탑승하여 열림버튼을 눌러 고객이 안전하게 타도록 배려해야 한다. 고객에게 배려한다는 게 "먼저 타시죠" 하다보면 엘리베이터 문이 닫히고, 당황해서 급하게 버튼을 누른다든지 닫히는 문에 손을 집어넣는 경우가 있다. 내릴 때는 열림버튼을 누르고 고객이 먼저 안전하게 내리도록 해야 한다. 사람이 많이 타고 있어서 버튼을 누르기 힘든 위치에 있을 때는 직접 누르려고 하지 말고 "죄송합니다만 7층을 눌러주십시오" 하고 정중하게 부탁하라. 그리고 "대단히 감사합니다" 하는 인사도 빼먹지 않는다.

- 엘리베이터에서는 출입구 쪽이 말석이고 안쪽이 상석이다.

13 내방고객 접대하기

- 고객이 다른 영업소의 설계사를 찾아온 경우 해당영업소까지 직접 모시고 안내하는 것이 기본예절이다.
- 손님이 찾아오면 하던 일을 중단하고 즉시 맞이한다.
- 전화 통화중일 때는 목례를 한 후 되도록 통화를 빨리 끝내고 응대한다.
- 부득이 기다리게 할 수밖에 없다면 시간의 지체 정도를 말한 후 가능한 빨리 응대한다.
- 찾아온 손님은 집에서 손님을 접대하듯 차를 대접하고 편안한 마음으로 일을 마칠 수 있도록 도와주어야 한다. 차를 대접할 때는 손님의 기호를 반드시 확인하여 접대한다. 커피의 경우 설탕과 크림을 넣는지 여부를 체크하는 것도 좋다.
- 일을 마치고 돌아가는 고객에게는 반드시 건물 입구까지 나가서 배웅해야 한다. 아무리 급한 일이 있어도 엘리베이터까지는 배웅해야 한다. 집에 찾아온 손님을 방안에서 배웅하는 것이 실례이듯 사무실에 앉아서 배웅인사를 하는 것은 무례한 일이다.
- 손님이 돌아가실 때는 잊은 것이 없나 점검한다.
- 필요한 경우 주차장에 연락하여 내방객의 승용차를 대기시킨다.

14 식사 및 음주

직장에서 회식을 하거나 고객과 술을 먹더라도 되도록 1차에서 끝내는 것이 좋다. 술자리를 시작할 때 미리 2차는 하지 못한다고 말하는 것이 좋은 방법이다. 술자리에서 생긴 상대방의 해프닝에 대해서는 감싸주는 것이 좋다. 술 먹고 실수한 일을 다음날 맨정신으로 확인한다면 상대방은 수치심을 느끼고 다시는 당신을 안 만나려고 할 것이다.

중국의 한 고사에 의하면 왕이 연회를 베푸는 도중에 갑자기 바람이 불어 불이 꺼지고 그 틈에 누군가 왕의 애첩의 가슴을 만졌다. 애첩은 재빨리 갓의 끈을 뜯고 왕에게 말했다.

"어느 놈이 저의 가슴을 만졌는데 제가 갓끈을 뜯었습니다. 불을 켜고 벌을 내리세요."

왕은 웃으면서 모든 신하에게 갓끈을 뜯을 것을 명했고 모두 유쾌하게 술자리를 마쳤다. 그 후 전쟁터에서 왕이 궁지에 몰렸을 때 한 장수가 온몸을 던져 왕을 구했다. 전쟁이 끝나고 왕이 포상하려고 하자 장수는 그때 왕의 애첩의 가슴을 만진 사람이 자기이며 이미 죽은 목숨인데 그 때 왕이 살려주었으니 당연히 보은한 것이라고 말했다고 한다. 술자리를 주관하는 사람은 참석자에게 이러한 배려를 할 줄 알아야 한다.

지점장이 주관하는 회의에서 영업소장이 실수를 했다면 덮어주는 지점장이 훌륭한 지점장이다. 그 자리에서 훈계하고 야단을 치면 분위기나 관계가 악화될 수도 있다.

모 지점에서 회식을 하는데 평소에 스트레스를 많이 받은 소장이 지점장에게 평소의 불만을 말했다. 지점장이 처음에 뭐든지 말해보라며 부추기기도 했다. 소장은 신이 나서 더욱 떠들었고, 급기야는 지점장이 화를 내자 소장은 말을 하라고 해놓고 왜 화를 내느냐고 항의하다가 주먹다짐으로 번지는 사태가 발생했다. 이런 경우 잘못은 지점장에게 있다. 술자리에서조차 가슴을 열 수 없는 사람은 다음부터 만나지 않는 것이 좋다. 술을 먹다가 갑자기 이런 상황이 벌어지면 인내심을 갖고 모든 이야기를 들어주든지, 아니면 일단 그 자리를 피하고 시간이 지난 다음 술자리에서 지켜야 할 사항을 자연스럽게 알려주는 것이 올바른 태도일 것이다.

- 고급 커피숍이나 식당에서는 되도록 창쪽에 앉는 것이 좋다.
  창문 쪽에 앉으면 식당 내부만 보이지만 그 반대편에 앉으면 창밖으로 보이는 멋진 정경을 즐기면서 식사를 할 수 있기 때문에 고객을 배려하는 것이 되고, 또 뒷배경이 멋있으면 당신도 멋지게 보일 수 있다.
- 고객과 점심식사를 자주 하는 것이 좋다. 식사를 하면서 업무 이외의 이야기를 할 수 있고, 고객 주변의 정보를 입수할 수 있다. 식사중에는 일보다는 인간적으로 믿을 만한 사람이라는 이미지를 줄 수 있는 대화를 준비하는 것이 좋다.

- 영업사원은 맛있는 음식점을 지역별로 기억해야 약속을 할 때도 한결 쉽다.

"한식이 좋으시겠습니까? 양식이 좋으시겠습니까?"
"한식이 좋겠는데요."
"그러면 제가 된장찌개 잘하는 집을 알고 있는데 어떻습니까?"

- 또한 음식을 시킬 때도 "뭘 드시겠습니까?" "아무거나!" 류의 멋없는 대화보다는, "이 집은 해물된장찌개가 일품입니다. 한번 드셔 보시지요"라고 말할 수 있을 정도가 돼야 한다.

- 고객과는 가능하면 술을 많이 마시지 않는 것이 좋다.

  특히 여성 영업사원이 고객과 술을 마시는 것은 아무런 도움이 되지 않는다. 남자 영업사원들도 마찬가지로 일이 성사되기 전에 마시는 술은 계약에 아무런 도움이 되지 않는다. 그러나 계약이 성사된 다음 간단하게 마시는 술은 우정을 돈독하게 할 수 있다. 부득이 술을 먹게 되면 많이 먹으려 하지 말고 본인 주량에 맞추어 먹는다. 이때의 술은 기본적으로 본인이 즐겁기 위해 먹는 것이 아니고, 상대방을 즐겁게 해주기 위해 먹는 것이다. 소주 한잔을 먹고도 분위기를 맞추어주고 재미있게 먹는 사람이 훌륭한 주당이다. 주는 대로 받아먹고 실수를 한다면 씻을 수 없는 불명예로 남게 된다.

- 여성인 경우에도 명절이나 가족모임 등에서 부득이 술을 받아야 할 경우가 발생한다.

  이때 흔쾌히 술잔을 받아서 분위기를 맞추는 지혜가 필요하다. 따라주는 술도 중간에 "그만!"이라고 말하지 않는 것이 좋다. 상대방을 무시한다는 인상을 받을 수도 있다. 주는 술을 마다하지 말고 모두 받고 건배를 제의받으면 흔쾌히 같이 건배하라. 그리고 마실 때는 본인 주량만큼만 마시도록 한다.

2

비즈니스에서 골프가 필요하다는 것은 누구나 인정하는 시대가 되었다. 골프는 특히 복잡한 현실에서 골치아픈 일을 하는 현대인에게 대자연의 멋진 분위기 속에서 파트너와 여유로운 시간을 즐기게 해준다.

골프를 인간관계나 사업 발전의 도구로 사용할 수 있을 정도가 되려면 규칙과 에티켓을 제대로 알고, 어느 정도의 실력을 갖추어야 하며 상대방과 능숙하게 대화할 수 있어야 한다.

처음 골프를 배우는 사람은 경기 기술과 성적에 유독 관심이 많다. 골프는 감독이 없는 경기로서 자기와의 승부이기 때문에 당연한 일이다. 그러나 골프를 비즈니스의 수단으로 이용하려는 사람은 함께 라운드 하는 고객이 기분좋도록 모든 배려를 아끼지 않아야 한다. 골프를 스스로 재미있게 치고, 인기 있는 골퍼가 되고 싶거든 함께 라운드 하는 사람을 기분좋게 해 주기 위하여 골프를 친다고 생각하라. 골프 비즈니스가 대중화되는 요즘 회사에서도 골프 비즈니스에 관해서 교육할 필요가 있다. 2000년 여름 경기도에 있는 한 골프장에서 라운드 중 앞 팀이 밀려 시간이 남길래 캐디에게 "가장 꼴불견 골퍼가 어떤 사람들인가요?" 하고 물었다.

"지난 주에 ○○생명 모 이사와 함께했는데요. 공이 안 맞는다고 캐디에게 화를 내더니 퍼팅이 안 들어간다고 퍼터로 그린을 찍어버리더라고요."

"그래서 어떻게 했어요?"

"회사에 보고해서 그 사람은 영구히 우리 골프장에 출입금지 골퍼로 등록시켜버렸지요."

같은 업계 사람으로 왜 그리 창피하던지…….

비즈니스 골프에서 꼭 지켜야 할 사항

1 멤버 짜기

고객에게 골프를 제의하여 고객이 승락하면 함께 운동할 멤버는 고객에게 우선권을 주는 것이 좋다.

"멤버는 어떻게 할까요?"

"나는 아무나 좋습니다."

이렇게 말한다면

"그러면 제가 한 분을 모시고 갈 테니 고객께서도 한 분 모시고 오시죠?"

라고 의향을 물어보는 것이 좋다. 멤버가 짜여지면 자연스럽게 한 명의 유망고객을 소개받게 된다. 내가 같이 동행할 멤버는 고객의 연령이나 직위, 성품을 고려하여 선발해야 한다. 고객에게 함께 운동할 사람의 프로필(이름·직업·나이·나와의 관계, 특징, 핸디 등)을 사전에 알려주는 것이 좋다. 그리고 동행할 사람들에게는 미리 연락을 해야 한다. 날짜가 임박해서 연락하면 다른 이가 취소한 자리에 억지로 끼워넣기 하는 것으로 오해를 받을 수 있다.

2 부킹하기

고객에게 골프를 제의하여 승락하면 날짜를 선택해야 한다.

"날짜를 언제로 할까요?"

"4월 둘째주 일요일이 좋겠습니다."

"그러면 부킹은 어떻게 할까요? 제가 할까요, 아니면 선생님께서 하시겠습니까?'"

"어디가 가능하십니까?"

"저는 개인적으로 IR회원권을 갖고 있습니다."

"좋습니다."

"그러면 4월 둘째주 오전으로 부킹을 하겠습니다. 시간이 확정되면 수요일까지 연락을 드리겠습니다."

날짜는 임박하게 잡지 말고 2~4주 후로 여유를 갖는 것이 좋다. 말을 꺼내고 바로 그 주에 하려고 하면 고객은 당황할 수 있다. 부킹을 본인이 하기로 했으면 차질이 없도록 치밀하게 준비해야 한다. 만약 차질이 생겨서 예약이 어렵게 되면 즉시 고객에게 상황을 알려야 한다. 고객은 운동을 하려고 준비하고 있는데 하루 전에 예약이 안 되었다고 통보하는 일은 없도록 한다.

3 준비

골프에 필요한 장비를 사전에 잘 점검해야 한다.

옷은 계절감각에 맞게, 또 멋을 살리는 것이 좋다. "초보자는 배우는 것으로 골프를 치고, 중급자는 가르치는 것으로 치고, 싱글은 패션으로 라운드를 한다"는 말이 있다. 당신의 골프에 대한 첫인상은 스코어보다도 의상일 수도 있으므로 세련된 복장으로 이미지 연출을 극대화하라. 여름에 속옷(런닝셔츠)을 입지 않아 땀에 몸이 그대로 드러나는 경우가 있는데 보기에 좋지 않다. 모자는 좋은 액세서리라고 생각하고 평범한 것보다 튀는 것을 선택하는 것도 좋다. 볼이나 티는 본인의 성향에 맞추어 충분히 준비해야 한다. 가끔 OB를 내고 공이 없다거나, 티가 부러져서 없다고 캐디에게 있냐고 묻는 것을 보았는데 준비성 없는 사람으로 보였다. 전날 술을 마셔 술냄새를 풍기는 것은 함께 운동하는 사람에 대한 예의가 아니므로 전날에는 술자리를 삼가거나 적당히 마시고 최상의 컨디션을 유지하는 것이 에티켓이다.

4 골프장 도착

골프장에는 약속시간보다 20~30분 정도 먼저 도착하여 옷을 갈아입고 손님을 맞을 준비를 하는 것이 좋다. 골프장을 처음 방문하는 고객인 경우 프런트에서 열쇠를 받아서 로커와 식당, 화장실의 위치를 안내해주면 고객은 당신에게 호감을 갖기 시작할 것이다.

5 라운드

- 가벼운 내기는 게임을 재미있게 할 수 있다. 상대방의 의견을 물어서 거절하면 하지 말아야 하고, 좋아한다면 첫 홀을 시작하기 전에 내기의 룰을 정해야 한다.
- 고객이 티샷을 할 때 잡담을 한다든지 딴짓을 하지 않도록 해야 한다. 고객의 샷을 보고 잘 치면 "굿 샷, 나이스 샷, 슈퍼 샷, 드림 샷 등" 칭찬을 아끼지 않는 것이 좋다.
- 티박스에서는 티 마커 선으로부터 30cm 정도 뒤에 티를 꽂아서 배꼽 시비에 말리지 말고, 여유있는 사람으로 보일 필요가 있다. 티박스에서의 연습 스윙은 한 번 이상은 하지 않는 것이 좋다.
- 서울 근교에서 골프를 치는데 어떤 이가 매 홀마다 드라이브 연습스윙을 다섯 번 이상 하고 나서 캐디에게 "어느 방향으로 쳐야 되지?"라고 물어보고 다시 연습스윙을 서너번씩 하고 티샷을 하는데 사람들 모두 엄청난 스트레스를 받은 적이 있다.
- 드라이버 샷은 최소한 200야드 이상 나갈 수 있어야 페어웨이를

고객과 함께 걸으면서 대화할 수 있다.

- OB가 나고 거리가 나지 않아서 스코어가 더블 파를 넘어설 경우 볼을 집어들어 경기의 흐름이 지체되지 않도록 해야 한다.

- 캐디는 플레이어의 운동을 도와주는 사람이므로 플레이어는 도움을 받는 사람답게 정중하게 대하는 것이 좋다. 캐디에게 야한 농담을 한다든지 함부로 대한다면 고객은 당신을 가벼운 사람으로 볼 수도 있다.

- 누군가와 골프를 통하여 친해지고 싶다면 그의 캐디가 되어주는 것이 좋다. 벙커에 빠진 공을 치면 보수용 갈고리를 집어준다든지, 잃어버린 공을 같이 찾아준다든지, 고객에게 핀까지 남은 거리를 말해주는 것은 좋은 에티켓이다.

- 본인이 OB가 나면 OB 티에 가는 것을 두려워하지 말아야 한다. 멀리건을 요구하는 것은 신사답지 못한 행동이다. 골프를 치면서 OB가 나는 것은 절대로 상대방의 기분을 상하게 하는 것이 아니다. 그러나 OB 이후의 행동이 경기에 방해가 된다면 동반자의 기분을 상하게 할 수 있다.

- 페어웨이에서 걸음걸이는 경망스럽지 않고 자유스러운 것이 좋다.

- 고객이 보지 않는다고 하더라도 규칙을 지켜서 경기를 해야 한다. 경제활동이나 골프는 감독이 없는 자율경기가 아닌가. 상대방을 조금씩 속이더라도 벌칙이 없는 경우가 많다. 그러나 이런 사람을 경제활동에서는 사기꾼이라고 싫어하며, 골프에서 자신에게 엄격하지 못하면 사람들은 '저 사람은 사업을 하는데도 저렇게 반칙을 할지 몰라' 라고 생각하고 거리를 두려고 한다.

- 그린에서는 그린에 상처를 내지 않도록 조심해야 하며, 상대방이 퍼팅 자세를 취하면 정숙해야 한다. 그림자가 있을 경우 퍼팅자의 퍼팅 라인에 걸치지 않도록 해야 하며, 퍼팅라인과 일직선상에 위치하면 신경 쓰이게 되므로 피해주는 것이 좋다. 처음 퍼팅을 완료했다면 깃대를 꽂을 준비를 하는 것이 좋으며, 퍼팅이 끝났다고 바로 그린을 떠나는 것은 무례한 행동이다. 기브(OK)는 홀까지의 거리가 가까울 경우 당신의 실력으로는 충분히 넣을 수 있다고 인정하는 것이므로 상대방에게는 후하게 주는 것이 좋다. 또한 본인이 "이 정도면 OK지요"라고 기브를 요청하는 것은 에티켓에 맞지 않다. 기브를 받으면 상대방이 나의 실력을 인정해준 것이므로 정중하게 "감사합니다"라고 답해야 한다. 공이 홀 컵에 들어가면 즉시 공을 꺼내야 한다.
- 경기중에 휴대폰이 울리고 전화를 받으면 '저 사람은 중요한 일이나 하지 왜 골프장에 왔지?'라는 생각을 갖게 한다. 휴대폰은 로커에 두고 가는 것이 좋다.
- 라운드중에는 흡연을 삼가는 것이 좋다. 부득이하게 담배를 피워야한다면 담배연기가 고객에게 가지 않도록 주의한다.
- 각 홀의 티샷을 하기 전에 그리고 페어웨이를 걸어가면서 대화거리를 준비하라. 날씨 이야기, 골프채에 관한 이야기, 상대방의 골프 경험중 에피소드 질문, 자연경관, 골프회원권을 갖고 있으면 골프장 사정, 최근 프로골프 경기에 관한 내용도 좋다.
- 고객의 샷이 계속적으로 에러가 발생하더라도 고객이 요청하지 않는 한 코치하려고 나서지 마라. 당신의 말을 듣고 즉시 자세를 교정할 수 있는 사람이라면 미스샷을 연속적으로 하지 않는다.

내 경험에 비추어 보더라도 자세교정은 연습장에서 해야 한다. 고객의 멋진 자세를 칭찬은 하더라도 잘못을 지적하는 일은 없도록 해야 한다.

• 스코어가 좋고 나쁨을 떠나서 모든 샷과 퍼팅은 신중하게 해야 한다. 공을 날려보낼 방향, 거리를 정확히 계산하고 치는 것을 습관화해야 한다. 정확한 계산 없이 공이 잘 맞을 리 없고, 대충 치고 아쉬워한다면 고객은 속으로 이렇게 생각할 것이다.

'이 사람은 일도 이렇게 대충하고 실수를 많이 하고 후회하겠구나!'

• 대화는 항상 '나 위주'가 아니라 '상대방 위주'로 진행시켜라. 상대방의 생각을 정확히 파악할 수 있도록 생각의 폭을 넓혀야 한다. 인간은 무엇보다도 자기 자신에 가장 강한 애착을 갖고 있다. 비즈니스 골프에서는 공을 얼마나 멀리 치고 스코어가 얼마나 좋은가 하는 것이 중요한 게 아니라 나의 성격과 정직성, 유머, 멋을 상대에게 알리는 것이다. 그러므로 고객과의 관계를 평생 유지하고 싶다면 상대방 위주로 생각하고 행동하는 것이 필요하다. 다른 사람을 가장 잘 이해할 수 있는 방법은 적절한 질문화법과 경청하고 맞장구를 치는 것이다.

6 사고예방

지점장을 할 때 골프사고로 인한 장해2급 보험금 지급서류가 있어서 그 계약자의 이야기를 들어본 적이 있다.

절친한 친구와 골프를 치는데 친구의 드라이브샷이 OB가 난 것을 보고 앞으로 걸어가는데 뒤에서 무슨 소리가 나서 머리를 돌리는 순간 볼에 맞았다는 것이다. 친구는 드라이브 샷이 OB가 나자 동행자의 동의를 받지 않고 급하게 멀리건 샷을 한 것이었다. 그 볼이 5m 앞에서 돌아보는 사람의 눈을 맞춘 것이었다. 눈은 실명되고, 직장까지 그만두게 되고 급기야는 호프만식에 의한 5억 원의 손해배상 청구소송을 친구를 상대로 진행중이었다. 골프를 치다가 사고가 나면 모든 비즈니스는 끝나고 도덕적·민사상·형사상 책임이라는 것이 남게 되므로 골퍼는 항상 사고예방에 주의를 기울여야 한다.

- 앞팀이 볼의 도달거리 밖으로 나갈 때까지 기다려야 한다.
- 잠정구 또는 트러블 샷을 할 때는 반드시 동반자에게 알려야 한다.
- 연습 스윙은 반드시 지정된 장소에서 해야 한다.
- 동반자가 샷을 할 때는 충분한 거리를 두고 떨어져 있어야 하며 앞으로 나가지 말아야 한다.
- 파3홀에서 앞팀의 사인을 받고 샷을 한 볼에 맞았다면 피해자 과실이다. 이 경우 자기방어 의무를 소홀히 한 것이 되므로 다친 사람은 자기 비용으로 치료를 받는다.
- 그늘집에서 마시는 여름의 맥주 한잔과 겨울 골프에서의 따끈한 정종 한잔은 짜릿함을 주기도 하지만 음주는 되도록 안 하는 것이 좋다.
- 골프 카, 리프트 사용시 주의해야 한다. 1999년 경기도의 한 골프장에서 2인용 골프 카를 타고 가다가 급하게 좌회전을 하는데 쿵

• 골프와 자본주의는 공통점이 많다. 골프는 그 기원이 영국의 스코틀랜드 지방의 양치기 소년들이 양떼를 보다가 심심해서 막대로 돌을 쳐서 멀리 보내기와 들토끼 구멍에 집어넣기를 하면서 시작되었다는 설이 유력하며, 자본주의는 영국의 대학자 아담스의 《국부론(國富論)》에서 출발했다.

미국으로 건너간 자본주의는 그곳에서 꽃을 피워 미국을 세계 최고의 부자나라로 만들었고, 골프 또한 미국으로 건너가 영국보다 화려한 꽃을 피우고 있다. 자본주의나 골프 모두 엄격한 자기관리를 요구하며 자기관리를 잘한 사람이 좋은 성적을 얻게 되어 있다.

• 세계 최초의 골프경기는 1754년 스코틀랜드에서 귀족들이 세인트앤드류스 골프 클럽을 조직하여 처음으로 전국 규모의 경기를 개최하였다.

• 우리나라 골프의 시초는 1897년 영국인들이 원산세관 구내에 6홀을 만들어서 처음으로 경기를 했다.

• 1921년 서울 효창공원에 미국인 댄트가 설계한 9홀이 최초이고, 기업화한 골프장은 1964년 한양컨트리클럽과 1968년 안양골프장이다.

• 공식대회나 홀인원 등 기록을 인정받기 위해서는 공인구를 사용해야 하며, 공인구는 세계골프규칙을 관장하는 영국 왕립골프협회(R&A)와 미국 골프협회(USGA)가 인정하는 볼로서 상온에서 비행 거리와 굴러간 거리를 합하여 총거리 280야드(256m)를 초과해서는 안 된다.

• 세계에서 가장 권위 있는 4개의 대회를 메이저대회라고 하며 남자의 경우 US마스터스, US오픈, 브리티시오픈, USPGA선수권대회를 말하며, 여자의 경우 LPGA(Ladies Professional Golf Association)대회는 나비스코 다이나쇼어, LPGA 챔피언십, US 여자오픈, 듀모리

에 클래식이 있다.

- US마스터스는 1935년 보비 존슨이 창설하여 미국 조지아주 오거스 터내셔널GC에서만 열린다. 매년 4월 둘째주에 개최되며 입장권도 지정관중에게만 팔고 광고행위가 일체 없다.
- US오픈은 매년 6월에 개최되며 미국 내셔널 타이틀 대회이다. 브리티시 오픈은 매년 7월에 열리며 1860년에 시작하여 최고의 역사를 자랑한다. USPGA선수권대회는 매년 8월에 열리는데 프로골퍼만이 참가하는 대회이다.
- 대회 명칭에 오픈이 붙으면 참가자격에 프로와 아마추어선수를 가리지 않는 대회를 의미한다.
- 챔피언이 붙은 대회는 공식경기 챔피언 기록보유자만이 참가하는 대회를 의미하며, 클래식이 붙으면 주최측의 초청자에게만 참가자격이 주어지는 대회를 의미한다.

하는 소리가 들리기에 돌아보니 함께 타고 있던 거래처 사장님이 페어웨이에 하늘을 보고 누워 있는데 그야말로 하늘이 노래졌다.

골프 경기중 일어나는 대부분의 사고는 가해자 잘못이다. 초보자일수록 사고예방에 주의해야 한다. 사고가 나면 그날의 비즈니스는 꽝이다. 만약 사고가 발생한다면 즉시 골프장에 알려서 도움을 받고 신속히 환자를 치료하는 데 모든 정성을 기울여야 한다.

7 골프경기 이후의 사우나

한국의 골프장들은 대부분 좋은 목욕 시설을 갖추고 있다. 운동을 하면서 땀을 흘리고 샤워를 하는 것이 좋아서 골프를 친다는 사람도 꽤 있을 정도이다. 손님보다 먼저 샤워를 마치고 나와서 손님을 기다리는 것도 예절이다.

8 식사 및 마무리

- 고객과 골프중 그늘집이나 식당에서 자리에 앉을 때는 창쪽으로 앉아서 고객이 창밖의 풍경을 볼 수 있도록 배려야 한다.
- 경기 후에 골프장 주변의 맛있는 식당을 기억해 두었다가 안내하는 것도 좋다.
- 고객의 샷과 퍼팅에 세심한 주의를 기울였다가 경기가 끝나고 식사를 하면서 "16번 홀에서 김 사장님의 드라이브는 타이거 우즈보다 멋있었습니다" 또는 "7번 홀에서 박 회장님의 15m짜리 퍼팅은 박세리도 넣기 어려운 것이었습니다. 옆에서 보는 저도 짜릿했습니다"라고 적절한 칭찬을 해주는 것은 고객의 기분을 좋게 해주는 멋진 화법이다.
- 사전에 회사의 로고가 새겨진 볼이나 티, 회사로고가 새겨진 골프용 시계 등 비싸지 않은 기념품을 첫 홀이나 마지막 홀에서 고객에게 주는 것은 당신의 정성을 보여주는 좋은 예이다.
- 식사를 하면서 즐거운 라운드였다고 먼저 만족을 표시하면서 상

대방의 반응을 보며 업무적인 이야기를 꺼내는 것도 좋다.

그리고 자연스럽게 다음 약속을 하는 것은 관계를 지속시킬 수 있는 좋은 방법이다.

KI신서 443

고객과 경쟁하라

1판 1쇄 발행 2002년 7월 30일
1판 19쇄 발행 2013년 10월 1일

지은이 박낙원
펴낸이 김영곤 **펴낸곳** (주)북이십일 21세기북스
부사장 임병주 **이사** 간자와 타카히로
마케팅영업본부장 이희영 **영업** 이경희 정경원 정병철
광고제휴 김현섭 강서영 **프로모션** 민안기 오하나 최혜령 이은혜 유선화
출판등록 2000년 5월 6일 제10-1965호
주소 (우 413-120) 경기도 파주시 회동길 201(문발동)
대표전화 031-955-2100 **팩스** 031-955-2151 **이메일** book21@book21.co.kr
홈페이지 www.book21.com **블로그** b.book21.com
트위터 @21cbook **페이스북** facebook.com/21cbooks

값 10,000원
ISBN 978-89-509-0503-3 13320